JN251169

姜 尚中
Kang Sung-Jung
齋藤純一
Saito Jun'ichi
編

逆光の政治哲学

不正義から問い返す

Political Philosophy against the Light

法律文化社

はしがき

本書は，近現代の政治思想家たちが何を「不正」としてとらえたかのか，そしてそれにどう対応しようとしたかに光を当てることを目的として編まれたものである。タイトルに「逆光」という語を用いたのも，「ポジ」というよりも「ネガ」に照らしたときに，思想家たちは何を受け入れることのできない事柄とみなしたのかが，よりくっきりとした輪郭を結ぶのではないかと考えたからである。

本書が取り上げている主な思想家は，J・ロック，I・カント，J・ベンサム，A・トクヴィル，K・マルクス，A・グラムシ，M・ホルクハイマー，T・アドルノ，H・アーレント，J・シュクラー，丸山眞男，J・ロールズ，J・ハーバーマス，I・M・ヤングらであり，ごく選択的である。したがって，近現代の時代にあって，思想家たちが受け入れがたいとみなした事柄に万遍なく光を当てているわけではない。

とはいえ，本書の議論を通じて，宗教的な迫害，植民地主義の欺瞞と暴力，統治権力の濫用，人々を無力化する専制，資本主義のもとでの搾取，自然的劣性という表象，人種主義，ホロコースト，性差別，本人に帰責できない自然的・社会的偶然性が導く不利，個人を見舞う不運，そして制度や構造を通じた支配・抑圧といった数々のことがらが，思想家たちによってなぜ不正としてとらえられ，主題化されていったのかを理解することができるのではないかと思う。

いま挙げた事象の多くは，今日の私たちの眼から見れば，不正や悪であるのは明白と思われるかもしれないが，同時代においては必ずしもそうではなかった。というよりも，それらはむしろ当たり前のこと，さらには正当なことであるとさえみなされていた。思想家たちは，それをとらえ返し，自明な事柄を理不尽な事柄として見るあらたな視点を示してきた。

本書で言及した不正は，すでに過去のものとなったわけではない。たしかに，人種差別や性差別，そして植民地主義やジェノサイドが不正であることはいわば「共通の確信」として私たちの政治文化にしだいに定着してはきている。そして，数々の負の経験から，そうした不正は繰り返されるべきではないことを学習してきてもいる。しかし，それらが現に繰り返されていること，あるいは不正と認めながらもいまなお有効に対処できずにいる問題があることは否定できない。そのような後退がなぜ起こるのか，なぜ変えられるにもかかわらず変えることができずにいるのかも，本書で取り上げた思想家たちによって問われつづけてきた問いである。

政治哲学は，現状から距離を取ってそこに伏在している不正を看取しうる視点をどのように構築できるか，また，それとともに，これまでの確信に照らして明らかに不正とみなされる事柄をいかにして廃棄し，縮減していくことができるかを探求しつづけている。そして，何が不正とみなされるべきなのか，その不正にどのように対処すべきかについては，つねに意見が分かれ，論争が交わされている。編者としては，このような抗争をはらんだ政治哲学の探求に誘うものを本書が提供できていることを願うが，それについては，読者の皆様のご判断を待ちたいと思う。

本書が成るにあたっては，企画の段階から法律文化社の秋山泰さんに本当にお世話になった。編者の不手際にもかかわらず，最後まで快くご支援くださったことにあらためて心よりお礼を申し上げる。

2016年 春

編者　姜　尚中
齋藤純一

目　次

はしがき

逆光政治哲学関連年表

講義 1　不正義から問い返す政治……………………齋藤純一　1

▶プロローグ──なぜ不正義に注目するか？　1

1 ─　「不運」から「不正義」へ　2

2 ─　「不運」に対する政治的応答　6

3 ─　規範的期待と妥当性　9

4 ─　不正義感覚の射程　13

▶エピローグ　16

講義 2　リベラリズムの誕生と逆説　迫害と不寛容の罠
……………………………………………………山岡龍一　19

1 ─　寛容のパラドクス　19

2 ─　迫害の正当化　21

3 ─　近代国家と政治的寛容　24

4 ─　政教分離の原理とリベラルな統治　28

▶エピローグ　33

講義 3　植民地主義と不正義　カント：世界市民法の構想
……………………………………………………金　慧　35

▶プロローグ　35

1 ─　世界市民の３つの用法　35

2 ─　世界市民法とは何か　38

3 ─　法的状態と植民地主義　42

▶エピローグ　47

講義 4　功利主義と不正義　ベンサム：快苦の非対称性
……小畑俊太郎　49

1 —　不正義論としての功利主義哲学　49
2 —　快楽と苦痛の人間学　51
3 —　イングランド国制における「不正義」　56
4 —　統治者の監視と規律　パノプティコン原理の立憲主義的適用　61

講義 5　自由のないデモクラシー　トクヴィル：「行政の専制」
……髙山裕二　66

▶プロローグ——「民主」と「専制」　66
1 —　「専制」の来歴　西洋の政治文化の連続と断絶　68
2 —　民主的専制の誕生　行政権力の集中　74
3 —　自由のあるデモクラシーの条件　自己統治と自己制約　78
▶エピローグ——デモクラシーの未来，自由か専制か？　81

講義 6　労働と所有の不正義　マルクス：貧困・疎外・奴隷制
……植村邦彦　83

▶プロローグ　83
1 —　「不正そのもの」としての「貧困」　83
2 —　「疎外された労働」　「不正」の再定義　86
3 —　「不正」の歴史的規定性　88
4 —　「領有法則の転回」と「隠された奴隷制」　91
▶エピローグ——共同的存在の再獲得　94

講義 7　「自然」であるという表象　グラムシ：自然的劣等の問題化
……千野貴裕　97

▶プロローグ　97

1 — 自然的に劣った南部と「南部問題」 97
2 — イデオロギーとしての「自然劣等性」 100
3 — 「農業改革」の要求を覆い隠す「自然」の表象 103
▶エピローグ――実証的研究と規範的視座 110

講義8 ホロコーストを問い直す思想 フランクフルト学派の展開
……細見和之 114

▶プロローグ 114
1 — 『啓蒙の弁証法』の告げるもの 115
2 — ホルクハイマーの道具的理性批判 118
3 — アドルノとアウシュヴィッツ以降の生 121
4 — ハーバーマスにおけるシステムと生活世界 125

講義9 全体主義的思考を超えて アーレント：国家への問いかけ
……山田正行 129

▶プロローグ 129
1 — 襲いかかる「政治」 反ユダヤ主義・シオニズム・ナチズム 130
2 — シオニスト／アーレントの理論と実践 133
3 — 国民国家のパラドクス 137
4 — 異郷の政治哲学に向けて 139

講義10 フェアネスと正義／不正義 アファーマティヴ・アクションの困難
……田中将人 143

▶プロローグ 143
1 — ロールズ『正義論』の誕生 平等なアメリカ社会の光と影 143
2 — アファーマティヴ・アクションの魅力と難点 148
3 — アファーマティヴ・アクションとフェアネスの感覚 154
▶エピローグ――フェアネス（公正さ）の感覚 156

講義11　正義論の不正義　フェミニズムからみた労働の社会規範
……………………………………………… 大澤 津　158

▶プロローグ　158
1― フェミニズム的視座の拡大　159
2― リベラルな正義論　160
3― ヤングのリベラル批判　161
4― リベラルの応答　166
5― 自由の価値をどうとらえるか　168
▶エピローグ――受苦の「経験」から政治へ　170

講義12　グローバルな不正義と貧困　グローバル・インジャスティス：再考
……………………………………………… 上原賢司　173

▶プロローグ――不正義をグローバルに論じていく必要はあるのか　173
1― 遠く離れた人びとに私たちが負っているもの　175
世界の事態と規範原理
2― 現実世界の事態と規範の応答　182
▶エピローグ――これからのグローバルな不正義論　188

講義13　責任ということの思想化　丸山眞男における戦後
……………………………………………… 高橋愛子　193

▶プロローグ　193
1― 「受苦的人間（ホモ・パティエンス）」としての丸山眞男　194
2― 戦争の責任への省察　199
▶エピローグ　205

講義14　悪の政治学　逆光のポリティクス ……………… 姜 尚中　209
1― 問題提起　グローバル化と「憎悪」の再燃　209
2― 悪のポリティクス　212

3— 悪の連鎖と「国家悪」 216
▶エピローグ 218

人名索引 …… 221

★逆光政治哲学関連年表

年代	英	独・墺・露・他	仏・伊	米：米関係	日	世界史のトピック	日本史のトピック
			M.E.モンテーニュ			宗教戦争	
1600	T.ホッブズ J. ロック					英：東インド会社 英：ピューリタン革命 英：名誉革命	徳川幕府
1700	D.ヒューム	I. カント	J.=J.ルソー	J. マディソン, A. ハミルトン, T. ジェファーソン		米：独立戦争 仏：フランス革命	
1800	J.ベンサム J.S.ミル T.H.グリーン	G.W.F.ヘーゲル K. マルクス F. ニーチェ	A.トクヴィル		福澤諭吉 中江兆民	仏：２月革命 仏：パリコンミューン 米：奴隷解放宣言	明治維新
1900	J.M.ケインズ	M. ウェーバー U. レーニン M. ハイデガー, C. シュミット K. ポラニー	A. グラムシ		吉野作造 大杉栄, 大山郁夫	第１次世界大戦 第２次ロシア革命 コミンテルン ナチス政権掌握 第２次世界大戦 ホロコースト	帝国議会, 帝国憲法 大逆事件 アジア・太平洋戦争 原爆投下, 敗戦, 日本国憲法
1950	A.セン	[フランクフルト学派] M. ホルクハイマー／T. アドルノ／W. ベンヤミン N. ルーマン J. ハーバーマス	M. フーコー J. デリダ	H. アーレント J. シュクラー J. ロールズ R. ノージック R.ドゥオーキン	丸山眞男 藤田省三, 松下圭一	福祉国家の確立, 冷戦 パリ５月革命, オイルショック	高度経済成長, 60年安保闘争 68年大学紛争, 72年沖縄返還
2000 2015				I. M. ヤング, T・ポッゲ		世界の格差と貧困 ９・11テロ：対テロ戦争 リーマンショック EU財政危機 I. S.	３・11東日本震災 フクシマ原発事故 安保関連法制定

講義1
不正義から問い返す政治

Keywords　不正義／デモクラシー／制度・規範

▶プロローグ――なぜ不正義に注目するか？

私たちの暮らす社会が正義にかなった制度や規範から成り立っているかと尋ねるとすれば，そうは言えないという答えがただちに返ってくるだろう。国内の社会では，男性を有利に扱うジェンダー規範のために女性が不利な立場を強いられる状況が続いているし，同じ仕事をしても非正規雇用であるがゆえに賃金その他の点で不利に扱われる事態，正規雇用でも過労を強いられる事態にはまだ大きな変化は見られない。国際社会に目を向ければ，毎年1800万にも及ぶ人びとが貧困に関連する原因から死んでいく事態が続いている（Pogge 2002）。

こうした現実を直視し，不正義の廃棄や縮減を探究の課題とするとき，私たちは大きく分けて2つのアプローチをとることができる。1つは，「理想理論」（ideal theory）と呼ばれるアプローチであり，現行の制度や規範を批判的に評価するための正義の原理を，理想的な条件――判断が不偏的で，交渉力が対称的な条件――のもとで構成するアプローチである（これは，J・ロールズが『正義論』において採ったアプローチである）。

もう1つのアプローチは，「非理想理論」（nonideal theory）と呼ばれるものである。このアプローチは，現実に見いだされる不正義を特定し，それを廃棄ないし縮減していくことを目指す。人びとは，何が正義かについては考え（正義の構想）が分かれるとしても，何が不正義かについてはおおむね意見が一致しうるという想定がなされる（A・センは『正義のアイディア』においてこのアプローチを擁護する）。

本講義では，現に生じている不正義にまず関心を向ける「非理想理論」の立場をとる[1]。その理由は，次のようなものである。

第1に，正義をある仕方で理解する場合，つまり，現行制度が定めるルールを遵守し，一般に受け入れられている規範に従うことが「正義にかなっている」という理解に立つ場合，そうした制度や規範それ自体によって引き起こされる不正義をとらえることが難しくなるからである。ほとんどの人びとは，現行のルールに抵触する行動をとらずに暮らしており，このような正義の理解に従えば，何らかの能動的な行動によって他者に明白な危害（harm）を及ぼす事態のみが不正としてとらえられることになる。

第2の理由は，動機づけの問題にかかわる。何らかの不正義が見いだされたとき，それを引き起こしている制度や規範を改編していくためには，それらを正していこうとする動機づけが人びとのうちに働く必要がある。そうした動機づけが生じるのは，みずからが（もまた）抱いている規範的期待が損なわれるときである。そのとき，「不正義の感覚」（J・シュクラー）あるいは「不正の感情」（A・ホネット）が生じるのであり（Shklar 1990, Honneth 1994），何らかの具体的事態に触れて「それはおかしい」（That's not right!）という感覚や感情がまず呼び起こされるのでなければ，不正義を引き起こしている諸問題の連関を探り，それを変えていこうとする動きは生じにくい。「不正義の感覚」や「不正の感情」は，みずからの，あるいは他者の規範的期待が損なわれる非理想的な状況において喚起されるのであり，その際に，あらかじめ得られた理想的な評価基準に照らして判断が行われているわけでは必ずしもない。

第3の理由は，不正義は，そのすべてがそうではないとしても，具体的なコンテクストのうちに見いだされるからである。人種差別や性差別に対する抗議に見られるように，最も重要といってよい規範の変更は，当事者，つまり具体的に現実に触れている者の問題発見によって導かれてきた。そしてそうした問題発見は，これは「おかしい」のではないかという漠然とした「不正義の感覚」によって促される。政治は，対立や抗争を調整していく営為を指すだけではなく，現行の制度や規範にかかわる問題を発見し，新たに抗争を引き起こしていくという営みをその一面として含んでいる。

以下，第1節では，不運と不正義との関係を取り上げ，それらが連続していることを指摘するとともに，不正義とみなされるべき不運を特定しようとする「運の平等主義」の議論とその難点を考察する。第2節では，不運を不正義としてとらえ返していく営みとデモクラシーとの関係について考察し，不正義感覚とその表明は現行の制度や規範それ自体の妥当性を問い直すための政治的資源であることを指摘し，不運を不正義としてとらえ返す動きを阻害する諸要因を明らかにする。第3節では，現に社会的に妥当している規範や制度を問い直すことの意義とその困難について言及する。最後に第4節では，相互行為にかかわる不正義とより構造的な不正義を区別し，後者に対応していくためにどのような視点をとる必要があるかについて考える。

1 ――「不運」から「不正義」へ

★不運と不正義の境界

ジュディス・シュクラーの『不正義の諸相』（*Faces of Injustice*, 1990）は，不正義という問題について考える際にまず参照されるべき著作である。彼女が主張するように，「不運」（misfortune）と「不正義」（injustice）とを截然と切り分けることはできない。というのも，私的な不運とみなされてきた事柄も公共的な不正義としてとらえ返すことができるからであり，現にそのようなとらえ返しがなされてきたからである。不運と不正義はその意味で連続している。

たとえば，ドメスティック・ヴァイオレンス（D.V.）は近年に至るまで不正義とはみなされてこなかった。それは，それぞれが対処すべき，あるいは私的に甘受せざるをえない不運として個人化されてきた。同様に，身近な他者に対するケア（介護）もつい20年ほど前までは，家族や親族の間で私的に担われるべき事柄として考えられてきた（高齢者に対するケアは，介護保険制度の創設〔1997年，2000年実施〕によって，少なくとも部分的には，脱私事化され，社会化されるようになった）。

このように「私的な不運」から「公共的な不正義」へのとらえ返しがしばしば生じうるとすれば，シュクラーが述べるように不運であるという感覚から発せられる声にこそまず注目が寄せられる必要があるだろう。もし，不運を私的に堪え忍ぶほかない「宿命」であるかのよう受け止める見方がとられるなら，そうしたとらえ返しはなされず，問題が個人化される事態が続くことになるからである。

ここで，ある種の不運を不正義としてとらえながらも，それを必ずしも公共的なものとしてはとらえない見方を取り上げておきたい。市民間の平等な相互尊重を社会の編成原理に据えようとする平等主義の理論に，「運の平等主義」（luck egalitarianism）と呼ばれる立場がある。これは，R・ドゥオーキン，G・A・コーエン，R・アーヌソンといった第一級の論者によって擁護されてきた考え方である（Dworkin 2000, Cohen 2008, Areneson 1989）。

「運の平等主義」の基本的な考え方によれば，社会が対応すべき不運とは，個人の選択によって導かれるのではない不利である。もし何らかの不利がある人の自発的な選択によってもたらされたのだとすれば，その選択に対する自己責任が問われてよい。しかし，もしその不利が本人の制御しえない諸要因によるものだとすれば，それに対する自己責任を問うのは理にかなっていない。「運の平等主義」はそう論じる。

いかんともなしがたい不運——制御しえない要因によってもたらされる不運——には，生まれながらの才能，生育した家庭環境，あるいは人種やジェンダーなどの集合的なカテゴリーが含まれる。生来の才能が社会における現行の価値評価の基準に適合しないこと，貧窮に苦しむ家庭で生育すること，あるいは社会的に不利に扱われているカテゴリーに属すことについて，本人の責任を問うことはたしかにできない。

「運の平等主義」によれば，こうした制御しがたい不運（brute bad luck）に起因する不利は，選択が導く不運（option bad luck）とは異なり，その人には「値しない不利」（undeserved disadvantage）としてみなされるべきであり，J・ロールズの有名な表現を用いれば，そうした不利を負わせるのは「道徳的に見て恣意的である」――つまり道徳的に正当化することができない。

このように，「運の平等主義」は，個人が制御可能性をもつかどうかという観点から不運を２つに区別する。社会がその責任をもって対応すべきは，本人が制御できない要因から生じる不利だけであり，そうした不利を強いられることを「運の平等主義」は不正義とみなすのである。この見方は，私たちの直観にもかなりのところ適合している。すべてを環境のせいにするのではなく自分の責任が問われるべき事柄はあるのだという考え方は広く受け入れられてもいる。

★運の平等主義の問題点

「運の平等主義」は，このように不運と不正義との関係について重要な見方を提示している。繰り返せば，不正義とは個人の選択によらない（非自発的な）不利である。とはいえ，「運の平等主義」による不運／不正義のとらえ方については，次のような問題点を指摘することができる（この点については主にE・アンダーソンの議論［Anderson 1999］を参照）。

まず，第１に，各人が選択できる事柄と選択できない事柄を截然と区別することは容易ではないという問題がある。というのも，純粋に自発的な選択というものは厳密にはありえず，そこには本人に選択にはよらない諸要因もつねにすでに作用しているからである。たとえばやる気（努力性向）は，個人の選択に属する事柄と考えられがちであるが，生来の資質や生育環境によって大きく規定されることがすでに知られている（いわゆる“incentive divide”）。それぞれの個人にとって何が制御でき，何が制御できないかを切り分けることはたやすいことではない。

第２に，「運の平等主義」の考えを徹底すれば，本人自身の選択によって引き起こされた帰結に対しては，それがいかに過酷なものであろうと自己責任が問われることになる（たとえば，自然災害の多発する地域に住み続けて被災した場合，それも自己責任とみなされることになる）。このように，自発的な選択に対しては自己責任が問われるという考えは，問題を個人化していく新自由主義の考え方とも結びつく側面をもっている。[2)]

第３に，「運の平等主義」は，不正義とみなされる不運が導く不利（「値しない不利」）に対しては，その不利を解消ないし軽減するための「補償」(compensation) を政治社会に対して要求する。しかし，その補償を受けるために，しばしば自分が他者に比べて劣った者であるという自己認識を余儀なくされる場合がある（たとえば好景気で失業率が低い時期にも雇用の機会が得られず，社会保障の受給者になる者のように）。このような場合には，社会による補償と引き替えにスティグマ化を被ることになり，他の市民との間に平等な関係を築くうえで不可欠な自尊 (self-respect) の感情が損なわれることになる。

最後に，不運に対する「補償」というプログラムには，不利を引き起こしている当の制度や規範それ自体に対する十全な反省を導かず，いわば対症療法にとどまる危険性がある。確かに，「値しない不利」への対応は制度の改革を導く場合もある。たとえば，生育環境ゆえに不利を強いられる――大学に進学する十分な学力があるにもかかわらず貧困であるがゆえに学費の見通しが立たない――人びとに対しては，無償の奨学金制度を拡充する（あるいは学費を無償化する）といった制度的な対応がなされるかもしれない。

しかしながら，「運の平等主義」は，本人の自発的選択によらない不利の要因を押し並べて「運」という言葉で括ることによって，社会の制度や規範に起因する不利をもあたかも個人的なものであるかのようにみなすことになる (Young 2011：28＝37)。言い換えれば，「値しない不利」がそもそも何によって引き起こされているかの探求において，「運の平等主義」は不徹底なのである。

いま挙げたケースについて言えば，奨学金制度の拡充によって該当する個人に対して給付を行うことによっては，貧困が世代間で連鎖し，そのことによって子どもたちが不利を強いられているという事態には対処することができない。貧困であるにもかかわらず，「生の展望」を失わず，勉学への意欲をもち続けることができる人びとはやはり限られている。補償パラダイムには，このように，問題への対応を個人化し，脱政治化する傾向がある。

いま見てきたように，「運の平等主義」は，諸々の不運のうち「値しない不利」を導くものを不正義として特定する基準を明らかにしようとする立場をとっており，不運が不正義としてとらえ返されていく過程を描こうとするわけではない。政治的に見て重要なのはむしろ，そうした問い直しが公共的に行われ，規範的判断の修正が人びとに受容され，政治文化のうちに次第に定着していく過程である。シュクラーやホネットが，不運から不正義へのとらえ返しは民主的な政治過程を通じてなされるべきであると考えるのはそのためである。その過程を通じて，多数者の抱く「不正義感覚」を変化させ，それを政治文化に定着させることが重視されるのである。

2 ——「不運」に対する政治的応答

前節では，しばしば個人的なものとして受け止められる不運を公共的な政治過程を通じて不正義としてとらえ返すことの重要性を指摘した。とはいえ，あらゆる不運が公共的な注目や公共の議論を通じて不正義としてとらえ返されうるわけではない。そして，そのいくつかが不正義としてとらえ返されたとしても，それらすべてに対して制度的な対応が可能なわけでもない。本節では，不運から不正義への民主的な政治過程を通じた公共的なとらえ返しが可能であるとして，この過程を阻害すると考えられるいくつかの問題をまず指摘しよう。

★「不運」から「不正義」への移行のアポリア

まず，「おかしい」という不正義感覚（あるいはそれに類するもの）が当事者に生じたとしても，それがすぐさま諦めに転じ，アパシーのうちに解消されていく場合が往々にしてある。そうしたアパシーをもたらすのは，その感覚を誰に向けて表明すればよいかが不明である，かりに表明したとしても他の市民の共鳴や応答を望めそうもない，そしてそれを表明すればかえってみずからに不利を招く——いわゆる「従軍慰安婦」問題についてはこの「セカンド・レイプ」の危険性が指摘された——のではないかという，それ自体が半ば諦めを伴った認識である。

そして，そもそも不当と見られる状況に慣れきってしまえば，その状況はあたかも変更不可能な「宿命」であるかのようにみなされることにもなる。そうした「順応的選好形成」（adaptive preference formation）が徹底すれば，不正義感覚それ自体も生じにくくなるだろう。いずれにしても，他の市民による応答が見込めそうもないという否定的な見通しがアパシーを導いているのはたしかである。シュクラーは，他の市民が，ある事態を不正かもしれないと（うすうす）感知しながらもそれへの応答を避けようとする事態を「受動的な不正義」(passive injustice) と呼び，そのような応答回避が不正義の存続に手を貸すものであることを強調している。

> 不正義は，ただたんに，正義のルールが能動的に不正な人々によって日々侵害されるがゆえに繁茂するわけではない。現実の，あるいは潜在的な犠牲者から目を逸らす受動的な市民もまた不正の総量の幾分かに貢献している。[能動的な] 行為者にのみ注目し，不正義への能動的ではない貢献者に注目しないことが [正義の] 通常モデルの難点の一つである。(Shklar 1990：40)

不正義ともみなしうる事態の存続に市民の多くが加担するのは，次のような事情ゆえであろう。まず挙げられるのは，シュクラーのいう「受動的な不正義」を脱して，他の市民が被っている不正に抗すべく関与すれば物心両面における負荷が避けられず，そうした負担を回避したいという理由である。[3)] 自分自身は不正を少なくとも能動的に働いていない，そして，日々の生活の要求に応え，具体的な他者への責任を果たすだけで精一杯であり，およそ一般的な他者の苦難に対応するだけの余裕はないという自己了解がこのような応答回避を正当化する。

また，当の問題にコミットしようにも，自分の力は微々たるものであり，不正を正していくための実効的な力を持ち合わせないという政治的無力の感覚もそのような応答回避を正当化するだろう。不正は深刻であり，諸制度による媒介を経て自分自身の行動もそれに手を貸していると認識した場合にも，それはとうてい自分の手に負える問題ではではないという自己免責の作用が働くからである。

I・M・ヤングは，それ自体としては不正とは言えない (法を遵守する) 個々の行動――日々の消費行動――が，たとえば途上国におけるスウェット・ショップ (苦汗工場) での過酷な労働の存続に加担する事態を「構造的不正義」と呼んでいる (Young 2011)。どうすればそうしたマクロな構造を変えていくことができるかは個々の市民の視点からは展望しがたい場合もたしかに多く，このような政治的無力感を払拭していくためには，不正を正していくための実効的な方途についての一定の展望が得られる必要があるだろう。

不正義へのとらえ返しを阻む第3の問題は，現状には間違ったところがあるという感覚が制度や規範の問い直しという方向には向かわずに，問題を特定の他者の存在や行動に帰し，その他者を排除ないし否定する方向に向かう場合がある，ということである。たとえば，雇用保障の後退や治安の悪化を移民の存在に帰責し，移民排斥を訴えるショーヴィニズムはその一例である。このように「現実への否」の漠然とした感覚は，問題を誤って特定の者に帰し，それを罰するという方向に向かうことがある（W・E・コノリーはこうした事態を「悪の局在化」と表現する）。

最も厄介なのは，ある人びとの表明する不正義感覚が，多数者によって，みずからが妥当なものとして受容してきた規範に対する挑戦として受け止められる事態である。みずからのうちに生ずる動揺を避けようとするときには，いわゆる「バックラッシュ」が生じる。男性優位のジェンダー規範を問い直そうとするフェミニズムの実践が，繰り返し攻撃的な反応に見舞われているというケースにもこのことは看取される（多数派の正義感覚に対する挑戦という問題については後述する）。

★不正義感覚とデモクラシー

ある事柄を不正義としてとらえ返すことと，あらゆる者に発言権を否定しないデモクラシーとの間には分かちがたい関連がある。「排除のない包摂」（universal inclusion）を求めるデモクラシーは，あらゆる観点が代表されることを政治制度に対して要求する。他方で，表出される不正義感覚は，現行の政治制度がどのような問題を抱えているかを明らかにしていくのに資する。

不正義感覚が表明され，それに対する他の市民の注目や応答が成立することは，民主的な政治が意思決定の誤りを修正していくうえで不可欠である。異論は，現行の制度や規範に関して何らかの問題があることを可視的なものにしていく。その意味で，不正義感覚から発せられる異論や抗議は，制度や規範を再編していくためのフィードバックを作動させる，政治的に見て貴重な資源である。シュクラーは，この事情を次のように記している。

> 民主的な原理は，不正義の感覚の個々の表明を現にある［正義の］ルールに従って公正に扱うにとどまらず，よりよい，しかも潜在的にはより平等なルールへの眼差しをもって扱うことを私たちの責務としている。たしかに，デモクラシーは，それに内在する約束を速やかに実現することはないにしても，少なくとも抗議の声を沈黙させない。デモクラシーは不正義感覚の表出が変化を告げるもの（the herald of change）

であることを知っている。(Shklar 1990：108)

シュクラーは，このように，非排除的であることを原理とする民主的な政治過程が，不正義感覚の表出により開かれてあることによって，それが既存の制度や規範を変化させていく役割を担っていることを重視する。不正義感覚に発する抗議や異議申立ては，認知的観点から見て生産的である。というのも，それらは，これまで可視化されずにきた既存の制度や規範の問題に光を当て，それらを改編していくためのチャンスを導くからである。民主的な制度は，それが，多様な認知的観点（の代表）――とりわけ集合的な意思決定によって最も影響を被りやすい立場にある人びとのそれ――に開かれているならば，このようなフィードバックを通じてみずからを修正していくことができる。

3――規範的期待と妥当性

★現行規範の問い直し

すでに触れたように，「不正義の感覚」ないしは「不正の感情」は人びとが抱く何らかの規範的期待が損なわれるときに生じる。「おかしい」という感覚は，充たされてしかるべき期待が充たされないという否定的な経験から生まれる。そうした規範的期待の毀損は次の２つに大別される。１つは，それが，現に妥当し，広く受容されている制度や規範に照らして不当と判断される場合であり，もう１つは，規範的期待が現行の制度や規範それ自体を不当ないし不十分なものとして判断する場合である。

言うまでもなく，前者の場合には，表出される不正義感覚は他の市民によって正当なものとして受け止められやすい。制度によって他の市民とは異なった仕方――差別的な仕方――で扱われたり，他の市民には負荷されないようなリスクが押し付けられるなら，それらを不正義であるとアピールすることは比較的容易であり，他の市民の共鳴や応答も得られやすい。

より困難なのは，不正義感覚の表明が，現行の制度や規範の妥当性それ自体に対して疑問を投げかける場合である。人びとの抱く規範的期待は，社会化の過程，つまり一般に受容されている制度や規範を学習する過程を通じて形成される。 正／不正にかかわる（道徳的）判断もまたそうした制度や規範の影響のもとにある。したがって，ある種の不正義感覚の表明が，大多数の人びとが妥当なものとして受容している規範に対する根本的な問い直しを含む場合，それは，ただちに正当なものとは受け止められにくい。しかし，不正義の問い直しが最も重要になるのは，既存の制度や規範それ自体が常態化した不正義を生みだしていると考えられる，そのようなコンテクストにおいてである。

J・ハーバーマスは，ある規範が現に社会的に妥当していることとそれが受容すべき妥当性を備えていることとを次のように区別している。

> ある規範が「存立していること」あるいは社会的に妥当していること（Geltung）は，それだけではその規範が妥当性（Gültigkeit）をもつことまでを意味するとはいえない。ある規範が間主観的に承認されているという社会的事実と，それが承認すべきものであるということを区別しなければならない。[現に] 社会的に妥当している規範の妥当要求を不当なものと判断する十分な理由があることもありうる。(Habermas 1983=2000：S.71=102)

この区別に従えば，不正義感覚は，規範の「妥当」(Geltung) の水準からみれば受容しがたい仕方で，つまり，その「妥当性」(Gültigkeit) を問題にする仕方で表明されることがある。言い換えれば，それは，具体的コンテクストに即しながら，現行規範それ自体の変更や再解釈を求めるという仕方で表出される場合がある。不正義感覚は，現に妥当している規範と社会的事実との落差ゆえに生じるだけではなく，承認に値すると考えられる規範と現に承認されている規範との落差ゆえにも生じるのである。

歴史を振り返れば，制度の是正や規範の変更をこれまで導いてきた不正義感覚の表明も，そうした（「妥当」を越える）「妥当性」の水準に訴えてきた。近年の例を挙げれば，同性愛者であるがゆえに法制度上不利に扱われることを不当とみなす異議申立ては，婚姻にかかわる制度の見直しを求めてきた。アメリカ合衆国では，2015年に最高裁判決によって同性愛者にも婚姻資格が認められるようになり，日本でも近い将来に同様の制度的対応がなされると期待することができる。

人びとの抱く規範的期待は，確かに現に受容されている制度や規範によって形成されるものである。しかし，その期待が損なわれるとき，そうした現行の制度や規範を越えて受容されるべき規範に——少なくとも暗黙のうちに——訴える場合もある。ホネットは，「妥当の過剰」(Geltungsüberhang) という言葉でこのことを表現している（Honneth 2003）。

現行の諸規範をも問い直しうる規範をどう肯定的に定式化することができるかはここで立ち入って論じることのできる問題ではない。そうした規範を言い表すとすれば，極度に抽象度の高いもの——たとえば「目的それ自体としての人間性の尊重」（I・カント），「平等な尊重と配慮」（R・ドゥオーキン）といったもの——になるだろう。具体的に見いだされる不正義への対応を考察する本講義にとって重要なのは，ある事柄を不正義としてとらえる公共的な推論が人びとの間でどのようになされるかである。

★不正義を判断する基準

ある事柄が不正義であるとみなされるためには，それが誰にとっても受け入れがたい事柄であるという基本的な了解が成り立つ必要がある。誰もが避けたいと真剣に願う事柄は，思想史においては「共通悪」（common bad）という言葉で呼びならわされてきた。ジェノサイドなどの殺戮，拷問，強かんなどの暴行，そして飢餓がそうした回避されるべき基本的な悪，つまり「最高悪」として数え上げられてきた。シュクラーは，避けられるべき「共通悪」を「残虐さ」（cruelty）という言葉で総称し，それを回避することこそがリベラルな政治制度に要請される最も重要な役割であることを強調した（Shklar 1989）。彼女によれば，リベラリストは実現されるべき「共通善」を描く「希望の党派」というよりも「記憶の党派」，つまり過去になされてきた「残虐さ」を繰り返し想起し，それを避けることを何よりも重視する党派である。

歴史的経験に照らして，人びとを「残虐さ」ないし「屈辱」（humiliation）に曝す事柄を不正義としてとらえ，それを極力避けようとする道徳的なミニマリズムは，シュクラーのみならず，たとえばM・イグナティエフやR・ローティなど多くの論者によって共有されている。実際，「最高悪」とみなされる事態ですら回避できていないのが現状だとすれば，不正義への関心は，そうした事態にこそまず向けられるべきであるとする主張には説得力もある。

とはいえ，このようなミニマリズムにとどまるかぎり，共通の確信に照らしてすでに不正義とみなされる事柄には対応できるとしても，これまで不正義とはみなされてこなかった事柄を不正義としてとらえ返すダイナミズムは生じにくい。現行の制度や規範に照らして必ずしも不当とは考えられていない事柄を不正義としてとらえ返すためには，歴史的経験に基づく共通の確信にのみ頼るのではない判断が必要になる。

ある事柄（行為や状態）を不正義としてとらえる判断は，仮設的（抗事実的）な推論，つまりかりに自分自身がそれを被る立場にあったとしたら，そうした行為や状態を受け入れることができるかどうかという推論によって導かれる。みずからがその立場にあったとしたらとうてい受け入れることができないという判断が形成され，しかもその判断が他の人びとと共有されるときに不正義へのとらえ返しがなされる。

ある事柄を不正義として判断する基準（道徳的な正／不正を判断する基準）は，たとえば，理にかなった仕方で拒絶しうること（T・M・スキャンロンのいう「理にかなった拒絶可能性 reasonable rejectability」），あるいは，適格な観点から見て受容できないこと（D・エストランドのいう「適格な受容可能性 qualified acceptability」）といった仕方で定式化されている（Scanlon 2003, Estlund 2008）。とりわけスキャンロンの定式に照らせば，たとえごく少数の者しか受け入れがたいという判断を示さないとしても，その理由が受容可能なものであるとすれば，その判断の対象となった事柄は道徳的不正とみなされることになる（何が「理にかなった拒絶」とみなされるかについての判断もまた，それが受容可能な理由によって支持されているかどうかの検討に委ねられるのであり，この拒絶は現実の「拒否権」（veto）として作用するわけではない）。

ここで留意したいのは，「理にかなった拒絶可能性」や「適格な受容可能性」といったある種のテストが成り立つためには，「この事態をあなたは受け入れることができるか」を尋ねる根本的な「権利」（道徳的権利）がまず相互に承認されていなければならない，ということである。名宛人に応答を求めるこのような「権利」がまず承認されていなければ，その事態を不正義としてとらえ返すプロセス自体が作動しない。この点から見れば，そうした「権利」——R・フォルストの言葉を用いるなら「正当化への権利」（the right to justification）（Forst 2007）——を誰か（特定の集団）に対して否定していないかどうかを省みることが，不正義の問題を考えるうえで決定的に重要になる。

そうした「権利」は，呼びかけている者から応答を返されることによって初めて実現されうるものであり，人びとの間に呼応の関係が成り立たなければ実現しがたい。先に触れたように，不運と不正義とは連続しており，不運を私的なものとみなして公共的な議論から排除することが警戒されるべきなのは，このような呼応の関係が損われないようにするためである。

4――不正義感覚の射程

不正義感覚とその表明には，既存の制度や規範を問い直し，それらの再編を導く作用があると述べてきたが，その作用に制約を課す問題もあることを確認しておきたい。

★制度的対応の「限界」

周知のように，アメリカ合衆国では，人種差別を不正義と判断し，それを廃棄すべく制度の是正が重ねられてきたが，そのことによって非制度的な規範が根底から変わったかと言えば必ずしもそうではない。E・アンダーソンらが指摘するように，社会においてインフォーマルに妥当している人種規範は，いまなお黒人をはじめとする有色人種に相対的に不利な地位を与え続けている（Anderson 2010）。同様のことは，異性愛（中心主義の）規範にも当てはまる。同性愛者に対する婚姻資格の法的承認が，インフォーマルに妥当しているこの規範をただちに変えるものではないことは，消え去らない「同性愛者嫌悪」の暴力からも明らかである。

フォーマルな制度がインフォーマルな規範をそれに沿った方向に変えていく効果をもつことは，たとえばフランスにおける死刑制度の廃止などにも見ることができ，制度の及ぼす波汲効果を軽視すべきではない。しかし，制度の改編と規範の変容が手を携えて進んでいくとは限らず，インフォーマルな規範（それに基づく否定的表象）の変わりにくさゆえに，逆に制度が後退を余儀なくされる場合もあることを認識しておく必要があるだろう。

近年，日本の社会においても，少数者に対する「ヘイト・スピーチ」（特定の対象に向けて憎悪を投げつけることによって，それを被る者の心身のインテグリティを傷つける行為）に関心が向けられるようになってきたが，そのような憎悪表現は，それを投げつけられる者の自尊を損なうだけではなく，多数者がそれによって受益してきた制度や規範の問い直しを求める言論を萎縮させる効果ももたざるをえない。とくに社会の安定性が揺らぐときには，かつて安定性をもたらしていたと目される規範に対する過剰な同一化や愛着が引き起こされやすい。

たしかに，不正義感覚とその表出は，（不正と目される）何らかの規範が規範として再生産されていく反復の過程にいわばそのつど介入することを通じて，その再生産を違った方向に向けて導いていくことができる。しかしながら，社会的に長く妥当してきた規範は，それを受容する人びとの感性の次元にも根をおろしており，変化に抗する一定の耐性を備えている。それを変えていくためには，たとえばM・ヌスバウムが強調するように，不偏的な推論に訴えるだけではなく，具体的なシンボル，音楽や映像なども用いて，人びとの感性や感情にも働きかけていくことが必要になる（Nussbaum 2013）。彼女が，「貧困との闘い」を政策課題に据えたニューディール体制の成立とその崩壊について指摘するように，不正義感覚とそれへの共鳴は，規範的な言説とともに感性のあり方——人びとが何に対してどのような注目を寄せるか——によっても左右される。

★相互行為における不正義と構造的な不正義

不正義感覚は，あらゆる事柄に対して等しく反応するわけではない。ごく一般的に言えば，それは，人と人との間の相互行為において生じやすく，逆に，より構造化された関係——制度や社会過程によって媒介された関係——においては生じにくい。後者の場合には，不正義とみなされる事態は常態化しており，それを生じさせている個々の（能動的な）行為者も特定しがたいからである。そうした事態は，特定の者の行為というよりも，現行の制度や規範に順応した不特定多数の慣行によって引き起こされている。

したがって，個々の相互行為における正義／不正義に眼を向けるだけでは十分ではない。もちろん，そこに不正義がないかどうかを問うことはつねに重要であるが，この視点から，相互行為の背景をなす諸条件が正義にかなっているかどうかを問うパースペクティヴが得られとはかぎらない。制度的／構造的な次元での不正義にも眼を向ける場合，ロールズによる「相互行為における正義」と「背景としての正義」との区別が有益である（この区別は，正義をもっぱら前者に還元するR・ノジックの議論を批判する文脈において提起されている）。

> 個人やローカルな環境を見るだけでは，結ばれた同意が，社会的な見地から正しい，つまり公正なのか否かは分からない……。不正をもたらすのは，不誠実や詐欺だけではない。たとえ諸個人が公正に振る舞っていても，背景としての正義（background justice）は腐敗する傾向がある。別々の，独立した交渉の全体としての帰結は，背景

としての正義に向かうのではなく，遠ざかるのである。(Rawls 1993：267)

ロールズが問題にしているのは，契約等個々の相互行為が現行のルールに照らして正義にかなっているとしても，それらの行為の連鎖や累積が不正義とみなしうる帰結を生みだしている事態である。個々の相互行為には不正義が見られない——ノジックのいうように殺傷，窃盗，詐欺，契約破棄などがない——としても，このことは，社会の制度的秩序が正義にかなっていることを意味しない。ロールズは，人々の相互行為を可能にするとともにそれを制約している諸条件が正義に適っているかどうかを問おうとする視点を，そうした背景的な諸条件は公正とみなしうる以上，各人の不利な立場はその人自身の行動（自発的な選択）に帰すことができるという（リバータリアン的な）見方に対置しているのである。個々の相互行為がどのような背景的条件のもとでなされているか，そしてそこにどのような不正義が伏在しているかを問うためには，相互行為に焦点を当てるそれとは異なったパースペクティヴが必要になる。

相互行為の背景にある諸条件が正義にかなっているどうかを問うためには，行為の機会それ自体が各人にどのようにひらかれているか，そしてその機会が各人の「生の展望」をどのように可能にし／また制約しているかを見る必要がある。

E・アンダーソンは，（広義の）資本形成のための機会がどのように分配されているかについての考察を通じて，それが著しく非対称的なものになっている現実に注意を喚起している（Anderson 2010）。ここでいう資本は，経済的な意味での資本には限定されず，人的資本（human capital），社会関係資本（social capital），文化資本（cultural capital）を包括する広義の資本である。貧困層が，教育機会へのアクセスにおいて制約され，他者との信頼できる関係において乏しく，ライフスタイルにおいても劣っているとみなされがちなことは経験的にも明らかな事柄である。資本形成・維持の機会へのアクセスにおいて制約を被る人びとは，諸々の不利が複合する境遇に生きることを余儀なくされ，将来への展望そのものを失うことも稀ではない。

資本形成・維持の機会がどのように非対称的に分配されているか，また，各人にとっての機会がどのように開かれ，どのように制約されているかについては，各人の視点から十分な洞察が得られるとはかぎらない。各人にとっては，みずからに開かれている機会は所与とみなされがちであり，場合によっては，自らに不利な機会をもたらしている当の制度が妥当なものとみなされることさえある。このように「虚偽意識」（みずからを不利な立場におくような規範を内面化した意識）が深く浸透している場合には，それに基づく「不正義」の感覚は，不当な制度や規範を支持する仕方で働くこともあるだろう。

相互行為の背景的条件に不正がないかどうかは不正義の感覚だけではとらえがたいとすれば，みずからがそのもとにある条件を再認識し，再評価しうる視点が必要であり，政治理論の重要な役割はそうした視点を提供することにある。

★エピローグ

本講義は，不正義という視点から制度や規範を問うことがなぜ重要かについて述べてきた。それは，個々の不正義の経験に注目と関心をよせることによって，すでに受容され，妥当であると思われている事柄をも問題化することができる。そうした新たな問題発見は，民主的な過程を通じて既存の制度や規範を改編していくための機会を導くことができる。とはいえ，すでに指摘したように，そのような制度や規範の再編は，不正義感覚の表明に応じる他の市民の態度や行為があって初めて促されるのであり，そうした応答がなければ，この過程も不発に終わらざるをえない。これまでも幾多の不正義感覚の表出が繰り返されてきたとすれば，問題は，それらが発せられなかったということよりもむしろ，それらが無視され，聞き流されてきたということにある。

この「受動的不正義」の問題に対処するためには，いくつかのアプローチが考えられる。その１つは，T・ポッゲが，『グローバルな貧困と人権』において主張したように（Pogge 2002），みずからの能動的な行為によって他者に不正を働いていないとしても，共有される諸制度（あるいは社会過程）を媒介として他者に現に危害を加えている――そのかぎりで他者に危害を加えないという「消極的義務」にすら反している――という認識を迫っていくことである。

「消極的義務」違反との関係で言えば，不正を引き起こす因果系列にみずからが実際にかかわっているかどうかにかかわらず，特定された（明白な）不正義を縮減していくことができる力をもつ者に「積極的義務」の履行を求める，A・センのような考え方もありうる（Sen 2009）。それは，不正義を縮減しうる有効な力が非対称的に配分されている条件のもとで，その力をもつ者にそれを行使する責務を課そうとするものである。明確な因果関係を描きにくい構造的不正義については，こうした責務の観念に訴えていくことも１つの重要な取り組みである。

もう１つのアプローチは，「受動的不正義」がつねに完全なものではありえないこと，つまり，表出された不正義感覚への応答が少なくとも部分的には生じていることを重視し，それに対して人びとの注目を喚起していくものである。本講義で述べたように，「排除のない包摂」が民主的な政治制度のうちに少なくともある程度現実化されているとすれば，問題が公共的に対応すべき不正義かどうかを問う機会が失われてしまうことはない。そして，そうした機会がそのつど活かされていくかどうかに，不正義に感応的な政治文化を私たちがもつことができるかがかかっていると言える。

【注】

1） こう述べるからといって本講義は「理想理論」の果たしうる役割を否定しているわけではない。それが示す基準は現行の制度や規範のあり方を批判的に評価するうえで不可欠であり，個々の当事者には得られにくい評価の視点を提供しうる。

2） もとより各人による選択に対して責任を問うことが無意味なわけではない。重要なのは，当の選択が公正な条件のもとでなされているかどうか——そもそも責任を問いうるような選択状況に各人があるかどうか——を同時に問うことであり，あらゆる自発的な選択に対して無差別に自己責任を問うことではない。

3） そうした負荷（コスト）が過大に見積もられる傾向があることについては，ポッゲの議論（Pogge 2002）を参照。彼によれば，グローバルな貧困に対処するために必要なコストは富裕諸国のGDPの１％程度にとどまる。

【文献】

Anderson, E. (1999), "What Is the Point of Equality?," *Ethics*, Vol.109, No.2, pp.287-337.

—— (2010), *The Imperative of Integration*, Princeton University Press.

Arneson, R. (1989), "Equality and Equal Opportunity for Welfare," *Philosophical Studies*, Vol.56, No.1, pp.77-93.

Cohen, G.A. (2008), *Rescuing Justice and Equality*, Harvard University Press.

Dworkin, R. (2000), *Sovereign Virtue*, Harvard University Press.（小林公・大江洋・高橋秀治・高橋文彦訳『平等とは何か』木鐸社，2002年）

Estlund, D. M. (2008), *Democtatic Authority: A Philosophical Framework*, Princeton University Press.

Forst, R. (2007), *The Right to Justification: Elements of a Constructivist Theory of Justice*, Columbia University Press.

Habermas, J. (1983), *Moralbewßtsein und kommunikatives Handeln*, Suhrkamp Verlag.（三島憲一・中野敏男・木前利秋訳『道徳意識とコミュニケーション的行為』岩波書店，2000年）

Honneth, A. (1994), *Kampf um Anerkennung: Zur moralischen Grammatik sozialer Konflikte*, Suhrkamp Verlag.（山本啓・直江清隆訳『承認をめぐる闘争』法政大学出版局，2003年）

—— (hg.) (2003), *Umverteilung oder Anerkennung? Eine politisch-philosophische Kontroverse*, Suhrkamp Verlag.（加藤泰史監訳『再配分か承認か？』法政大学出版局，2012年）

Nussbaum, M. (2013), *Political Emotions: Why Love Matters for Justice*, Harvard University Press.

Pogge, T. (2002), *World Poverty and Human Rights,* Polity Press.（立岩真也監訳『世界的貧困と人権――なぜ遠くの貧しい人への義務があるのか』生活書院，2010年）
Rawls, J. (1993), *Political Liberalism*, Columbia University Press.
Rawls, J. (1999), *A Theory of Justice* revised edition, Harvard University Press.（川本隆史・福間聡・神島裕子訳『正義論　改訂版』紀伊國屋書店，2010年）
Scanlon, T. M. (2003), "Contractualism and Utilitarianism", *The Difficulty of Tolerance: Essays in Political Philosophy*, Cambridge University Press, pp.124-150.
Shklar, J. N. (1989), "The Liberalism of Fear", *Liberalism and the Moral Life*, ed. by Nancy L. Rosenblum, Harvard University Press, pp.21-38.
―― (1990), *The Faces of Injustice*, Yale University Press.
Sen, A. (2009), *The Idea of Justice*, Harvard University Press.（池本幸夫訳『正義のアイデア』明石書店，2011年）
Wolff, J. and de-Shalit, A. (2007), *Disadvantage*, Oxford University Press.
Young. I. M. (2011), *Responsibility for Justice*, Oxford University Press.（岡野八代・池田直子訳『正義への責任』岩波書店，2014年）

大川正彦『正義』岩波書店，1999年。
木部尚志『平等の政治理論――〈品位ある平等〉にむけて』風行社，2015年。

【齋藤純一】

講義2
リベラリズムの誕生と逆説　迫害と不寛容の罠

Keywords　寛容のパラドクス／正統vs異端による迫害／シヴィリテの制御／宗教戦争が政治的寛容を生んだのか／リベラルな寛容論の懐疑主義

1——寛容のパラドクス

人類の歴史は迫害にあふれている。宗教や人種，その他種々の偶有的差異に基づく，個人や集団に対する不条理な抑圧がまったくない歴史など，どこにもない。近代リベラリズムの有力で魅力的な定義は，こうした迫害への異議申立ての教義というものである。その際，「寛容」がその中心的原理となる。寛容こそ，リベラルな社会において希求される，代表的な市民的徳性だといえる。このことを確認したうえで，次の問いを立ててみたい。政治哲学の原理として，寛容を論じられるだろうか。じつは，行為やルール，政策の指針となる規範原理として寛容を考えると，政治哲学的には，あるパラドクスを惹き起こす。

このパラドクスを説明するために「政治哲学」と「寛容」を暫定的に定義してみよう。20世紀の政治哲学者レオ・シュトラウスによれば，「すべての政治活動は，保存か変化のいずれかを目指す」。「保存」は，悪しき変化を防ぐことを，「変化」は善きものを目指している。こうして政治活動は，善と悪の観念に導かれる。さらにシュトラウスは，プラトン的な「意見」と「知識」の区別に依拠して，哲学を「全体についての諸々の意見を全体についての知識に置き換えようとする試み」と定義する。ここでの「全体」とは，「万物」や「自然」を意味すると理解できる。そして政治哲学は，「政治的事柄の自然に関する意見を，政治的事柄の自然についての知識に置き換えようとする試み」だとされる。こうして「政治哲学は，政治的事柄の自然と，正しいあるいは善い政治秩序の双方を真に知ろうとする試みである」ことになる（シュトラウス：2-4）。これは（「善」や「知識」をめぐる論争的な問いを留保すれば），きわめて妥当な政治哲学の定義だといえよう。政治活動は善の実現を目指し，政治哲学は善の探求をする。善は定義上，選択されるべきものである（悪を理性的に選択することはできない）から，政治哲学の使命は，実現されるべき価値を明らかにせんとする試みとなる。

一方，寛容は，迫害と対に理解される。迫害には理由なきものもあるが，一般にそれは，迫害者が確信する善に基づいて，自らが悪とするものを弾圧することを意味する。こうして迫害は，善を実現し，悪を退けんとする試みだといえる。寛容は，そうした試みに対する制御である。寛容の現代語である“toleration”，“tolérance”，“Toleranz”といった語は，「忍耐」や「我慢」を意味するラテン語の“tolerantia”に由来する。よって寛容とは，自らが悪とみなすものを，排除できる権力をもっている主体に対して，そのような権力行使を我慢するように促す要求だと理解できる。つまり，寛容の要求は究極的には，自らが善とするものに基づく悪の排除を，そうした価値判断にもかかわらず，制御する要求となる。間違った確信に基づく迫害は，ここでは理論的な問題とはならない。なぜなら，それは結局，悪の実現にほかならないので，何のパラドクスも生まないからである。ここで考察したいのは，（何らかの正統性に基づく）善の確信に依拠する悪の排除を止めることが，善であるということができるか，という問いである。

この問いを哲学的に分析することも可能であり，有益であるが，本講では思想史的に考察していきたい。とはいえ，2点ほど分析的なことを確認しておく。第1に，寛容と無関心は厳密に区別されるべきである。寛容の態度は，行動としては無関心に似ているが，寛容の問題は特定のコミットメントを前提にしている。何かを悪とみなすにもかかわらず，それを許容すべきなのはなぜか，というのが寛容の問題なのであり，コミットメントの欠如である無関心とは区別されるべきである。それどころか，無関心は迫害を許容してしまう。迫害を悪とし，寛容を善とする価値判断が，ここでの問題なのである。

第2に，寛容の問題は現実にある権力関係を前提にする。権力をもつ，つまり迫害をする能力をもつものに対して，あえてその権力行使の制御を要求するのが寛容である。したがって寛容は，マイノリティによるマジョリティに対する要求として理解できる。マジョリティ（迫害という暴力の資源をもつ者）が，マイノリティ（そうした資源を，少なくとも相対的に欠く者）に対して，寛容を求めるなら，それは「寛容」概念の誤用だと考える。そのような誤用は，迫害の強化に資するという意味で，悪用だとみなすべきであろう。

2 ――迫害の正当化

西洋政治思想の伝統をみるとき，寛容の問題が顕在化したのは宗教，とくにキリスト教と国家権力の関係においてであった。宗教は，生の究極的な意味に関わり，世界（宇宙）の中における人間の位置を問題にするという意味で，包括的な道徳的教説であり，善の究極的な意味を必然的に問題にする。同時に宗教は人びとの行動や心情を大きく支配するものでもあり，政治権力との関係性が問題とならざるをえない。たとえば宗教は，権力の正統性という問題において注目されていた。M.ウェーバーが特定した支配の正統性の３類型の１つ，カリスマ的支配は，支配者の超人的な魅力に訴えるものであったが，それはしばしば宗教的なオーラを伴うものとして理解されてきた。かくしてキリスト教の歴史を，政治的正統性の論点から理解することができる。その典型例が近代の王権神授説である。ここでは，近代政治思想の問題を取り扱う前に，キリスト教における迫害と寛容の問題の原型を少し考察しておきたい。

古代ユダヤ教の一派として生まれたキリスト教は，ローマ社会において当初は他の宗教と同様の寛容の対象であったが，やがて迫害の対象となった。初期の迫害は，民衆指導的なものであり，伝統的な宗教的儀式に従わず，セクト的な行為をするキリスト者に対する誤解や中傷に基づくものが多かった。またタキトゥスによれば，64年におきたローマの大火の際皇帝ネロは，この民衆感情を利用し，キリスト教徒をスケープゴートにしていた。

３世紀後半になると，ローマ帝国は「蛮族」の侵入や財政問題によって深刻な危機を抱えた。その結果，キリスト教への迫害が激化する。皇帝デキウスは，キリスト教への組織的な迫害政策を始めたが，それは伝統的な宗教の復古によって政治的正統性を強めようとする試みであった。ゆえにこの迫害はキリスト教の一掃そのものを目指してはいなかった。結果としてキリスト教は，多くの棄教者や背教者を生むという危機を被ったが，迫害を乗り切った聖人も輩出した。また迫害は，困難を乗り換えるための団結を諸教会にうながし，普遍教会としてのカトリック教会を成長させる要因にもなった。

ディオクレティヌス帝の時代における大迫害を乗り越えると，キリスト教は312年にガリレウス帝の寛容令を勝ち取った。この政策転換の理由を特定するのは困難だが，その1つとして，現実として増加するキリスト教徒に対して，迫害政策が正統性強化という効果を上げていない，という認識があったと考えられる。したがって新政策はあくまでも寛容であり，「公共秩序に反しないとの条件つきで」キリスト教徒の存在と活動を許可するものだった（荒井・出村・出村 2007：144）。313年のコンスタンティヌス帝による「ミラノ勅令」によって，キリスト教は他の宗教同様の自由が与えられ，長い迫害の時代が終わる。コンスタンティヌスの回心については，多分に神話的要素が多い。ここではキリスト教が，この皇帝のカリスマ化に利用されたという仮説に注目したい。迫害時代に組織化を進め，帝国全土の信者に権威をもつ普遍教会となったキリスト教会を，コンスタンティヌスは政治的正統性のために利用したといえる。そして380年のテオドシウス1世の勅令で，キリスト教は事実上，ローマの国家宗教になった。

体制化することでキリスト教は，迫害の客体から主体に転じたことになる。この問題は，キリスト教の伝統における最高の権威とみなせる教父，アウグスティヌスの異端政策論に顕在化している。391年にアウグスティヌスは北アフリカのヒッポ・レギウスの司祭になり，396年に司教に就任した。教会の行政職も担うことになった彼が直面した問題の1つが，ドナティスト対策であった。ドナティストは，北アフリカのキリスト教会における急進派を指す名前であり，その特徴は教徒に対する清浄主義の主張にある。彼らは，大迫害時代に司教だった者が，聖書の引渡しという背信行為によって棄教しながら，迫害後に復権したことを許さなかった。そうした「裏切り者」によるサクラメントは無効とし，迫害期にも背信のなかった清浄なる義人による真の教会のみを正統とする考えを抱いていた。自らの正しさを確信するドナティストは，カトリック教会に対して批判の矢を向けた。ローマ帝国の権力とつながったカトリック教会は腐敗したとされ，さらには，殉教に意義を見出すような心性をもつドナティストは，過激な急進主義者となっていく。とくに当時，キルクムケリオーネスと呼ばれる，暴力手段を使って略奪行為を行う者が，ドナティストの中に現れていた。

ドナティスト問題は治安問題となっており，コンスタンティヌスの時代から帝国の弾圧を受けていたが，この種の団体に対する迫害は，中途半端な場合は逆効果となる。実際，アウグスティヌスがヒッポの司教になったとき，彼らはその勢力を拡大していた。411年のカルタゴ教会会議において，ドナティストは最終的に異端宣告をされる。体制側にたつアウグスティヌスは，教義の面と政策の面で，彼らの批判をすることになった。教義上の主な違いは，教会論にある。ドナティストが聖なる義人によるサクラメントのみを認めたのに対し，アウグスティヌスはそれを人間中心主義的だと批判し，神のみがサクラメントを聖化するのであり，司祭はあくまでも神の道具だとした。そして教会を聖なる人のみからなる純粋な共同体と思念したドナティストに対しアウグスティヌスは，現実の教会は善と悪が交錯する「混合体」だと主張していた。本講にとって興味深いのは，当局によるドナティストへの迫害に対するアウグスティヌスの考えである。当初は，異端を強制によって正すことを否定し，ロゴスによる説得を支持していたアウグスティヌスは，最終的には権力による迫害を善として認める立場にたった。

これはアウグスティヌスの教義上の変化というより，司教という教会行政家としての判断の変化であった。彼はまず現実として，皇帝の権力の影響でドナティストからカトリック教会へ帰順する人が増えているという，事実を認めざるをえなかった。それ以上に問題なのは，ドナティストの一部の過激な破壊行為によって公共の安全が脅かされる程度が無視しえないものとなっていたことであった。実際，キルクムケリオーネスによってアウグスティヌスが暗殺される危険性もあったとされている。こうして，いわば統治者の立場から，公安の観点をもって，自らの教義と抵触することを意識しながら，アウグスティヌスは迫害を正当化したといえるであろう。しかしここには問題がある。第1に，迫害の効果に関するアウグスティヌスの判断そのものが慎重に考慮されねばならない。コンスタンティヌスの時代の迫害が，結果としてドナティストの拡大を生んでいたように，迫害の政策の効果を正確に予測することは難しい。第2に，アウグスティヌスが「強いて入らしめよ（無理に連れてきなさい）（compelle intrare）」（ルカ福音書14. 23）という原理の妥当性をこの件において認めたという事実が，彼の権威もあり，後の時代の迫害のキリスト教的正当化に利用されたことは無視できない。もちろんかかる利用に対して，アウグスティヌスに責任はない。おそらく迫害の正当化は，彼の状況を考えると理に適ったものとさえいえよう。ただし，その正当化において，「不敬虔な者たちがキリストの教会に対して加える不正な迫害があり，またキリストの教会が不敬虔な者たちに対して加える正しい迫害もある」(アウグスティヌス 1984：424) と記したとき，あるいは，強制の目的に注目しながら「ドナティストについていうなら，彼らは誰をも善へ向けて強いていない」(442) と断言したとき，アウグスティヌスは迫害と寛容の政策に善の概念を導入することで，寛容のパラドクスに巻き込まれていったのである。

3——近代国家と政治的寛容

キリスト教をめぐる迫害と寛容の問題が先鋭化したのは，近代国家の形成期であった。先にふれた王権神授説こそ，この時代の思想である。王の権威は神に直接由来し，それゆえに絶対的だとするこの教義は，絶対王政の正当化の思想であった。これは，カトリック教会の普遍的権威があった中世では，認められない教義である。中世における王権は，程度の差はあれ，数多ある封建的政治権威の１つだったという点で，その権威が相対的な存在であった。マグナ・カルタ (1215年) という，封建貴族とイングランド国王のあいだで交わされた，王権を制限する憲章の存在は，国王の権威の相対性を表す事例である。

16世紀ヨーロッパは，中央集権国家の形成期である。それは同時に，宗教改革および反宗教改革の時代でもあった。改革の主導者ルターは，教皇庁の「贖宥状」に対する批判から，カトリック体制そのものの批判にまで進んだ。現体制の批判から，原初の体制，つまり原初教会へと回帰する彼の神学の根本原理は，「信仰のみ」「聖書のみ」「万人祭司主義」であった。それは，神と個々の信徒のあいだの直接的関係の重要性を強調することで，媒介者たる教会の位階制度を否定する思想である。この論理は宗教権威のみならず，世俗権威の理解も転換させるものであった。世俗権力は，その権威づけに教会という霊的権威に頼ることなく，直接神の権威に訴えることが可能になる。ルターは良心という，人間の内面においては，神以外のいかなる存在へも服従を認めなかったが，人間の外面的行為に関しては，世俗権力への服従を求めた。その際に彼が依拠したのが，パウロによる「ローマ人への手紙」第13章の記述，「人は皆，上に立つ権威に従うべきです。神に由来しない権威はなく，今ある権威はすべて神によって立てられたものだからです」であった。

こうしてルターは，救いを各人の良心の問題とする宗教的個人主義をとりつつ，同時に，その良心による世俗権力への服従の義務を説いた。ザクセン選帝侯の保護下にあったルターは，領邦教会制を採用した。教会をその地の世俗権力の庇護の下に置き，世俗権力の正当化に資するようにするという方策は，現実主義的なものであった。ルターは一方で，カトリック教会と結びつく政治勢力から身を守らねばならず，他方で，自らの教えを濫用して社会的混乱を惹き起こす勢力も押さえねばならなかったからである。後者に関してルターは『盗み殺す農民暴徒について』を書き，かつてのルター派司祭ミュンツアーに扇動された農民暴徒に対し「彼らを打ち殺し，絞め殺し，刺し殺さければならない」と主張した。暴動は「悪魔的」であり，彼らは自らを「キリスト教的兄弟」と僭称している点で「最大級の瀆神者」であり，世俗的統治者は「悪をなす者を罰するための神の使役者である」とルターは述べている（ルター 1969）。

近代主権国家が確立していく中で，多くの教会は国教会となっていく。これはプロテスタント国に限らない。カトリックが主流派を占めるフランスでも，ガリカニズムというかたちで，国の教会の権威がローマ教皇のそれから独立していった。フランス国王は1516年に「ボローニャの政教条約」をローマ教皇庁と結び，高位聖職者の指名権を獲得し，王権と教会が強く結びついた。16世紀フランスでは，ユグノー（プロテスタント）の存在が大きくなっていたため，これは，旧教と新教の対立に政治的権威を導入することとなった。当然，迫害と寛容の問題が浮上する。

1562年から98年のフランスは，宗教戦争という内乱に襲われる。その頂点が72年の聖バルテルミの大虐殺であった。このユグノーに対する暴力的迫害は，旧教と新教のあいだにあった微妙な均衡，つまり寛容の可能性を奪った。その結果，ユグノーはカトリック王を，正統性を欠く暴君（僭主）とみなすようになる。暴君放伐論の著作が数多く出版され（オトマンの『フランコガリア』〔1573年〕やモルネーの『僭主に対するヴィンディキアエ』〔1579年〕），暴力革命が正当化された。ところが，アンリ３世の治世下である84年に王位継承者アンジュー公が亡くなり，ユグノーのアンリ４世が継承者となったとき，カトリック側が暴君放伐論を展開することになる。それはユグノーの議論の立場を交換したものにとどまらず，より急進的なものになった。ユグノーの革命論では，抵抗の主体である「人民」は貴族のような一般人民の代表者だったが，89年に出版されたフランスの神学者ブシェの『アンリ３世の当然の退位について』や，99年に出版されたスペインのイエズス会士マリアナの『王と王の教育について』においては，その「人民」に私人も含まれた。かくして，17世紀イングランドの内乱期，王権神授説を奉じるフィルマーによって，革命の急進主義原理の起源がカトリック思想に帰されることになったのである。

ユグノーと，カトリックの強硬派（「リーグ」と呼ばれる）の双方が急進化したとき，中間の立場をとる穏健派カトリックが存在し，「ポリティーク」と呼ばれた。これは，政治的妥協の立場に対する蔑称だったが，ポリティークの人びとこそ，当時における寛容思想の信奉者であった。彼らは主として公共の安全の観点から，政策的必要として寛容を要求した。その代表が『国家論』（1576年）で主権論を論じたボダンである。国内的至高性と，国外的独立性の原理として，すべての国家に単一の最高立法権力である主権が在すると論じたボダンは，宗教政策に関しても，1国家に1宗教というのが最善だと考えた。しかしこの理想が不可能な場合，2つの宗教の共存が許容されるべきだと彼は論じた。たとえ宗教を強制しても，信仰の変更という効果は望めないし，強制された信仰はむしろ無神論を生み出し，社会的な混乱を生むとボダンは判断した。

こうした政治的寛容の思想は，初期近代ヨーロッパにおいて影響力をもった新ストア主義の思想でもあった。激しい情念から自由な，理性的判断に基づく政治的現実主義を統治者に求めるこの思想を奉じたブラバン出身の人文主義者ユストゥス・リプシウスは，『政治学』（1589年）の中で統治の手段として宗教を論じていた。ここでも，1国家1宗教の原則が支持されたが，それはあくまでも「臣民の利益，安全，安寧」として理解された「公共善」の実現のためであり，この統治目的に必要であれば，宗教の自由は認められるべきだと主張していた。新ストア主義が依拠するのは「国家理性」の原理であり，国家の秩序維持による国民の安寧の実現を最高の統治理由とする考えだとされる。

ただし近年の研究は，このようなマキアヴェリ的ともいえる国家理性論だけが，16世紀フランスの政治的寛容の原理ではないという修正を加えている。宇羽野はこの時代のパルルマン（Parlement）のメンバーの寛容論を中心に再検討を加え，次のような特徴を描き出している（宇羽野 2014）。第1に，ポリティークの思想の背後に，「シヴィリテの制御」と呼べる考えが認められる。このcivilitéというフランス語はラテン語のcivilitasに由来し，これはギリシア語のpolisのラテン語訳civitasとセットになっている。かくしてシヴィリテは，都市共同体の統治様式やそこでの市民のあり方を意味し，そこから派生して礼節や礼儀作法といった市民的行為様式の意味を帯びていた。ポリティークの寛容論には，アリストテレスやキケロの影響を受けた人文主義法学の影響があり，ポリス的な政治＝法による統治という，いわば立憲主義的な契機があったとされる。第2に，当時の思想家の多くが，トマス・アクィナスの「誤れる良心」論の伝統に立脚した，キリスト教的人間学を抱いていた。信仰があるなしに関係なく，良心に従うことが人間にとって重要なのであり，良心に反した行為でなければ何人も罪に問われないという考え方が，多くの寛容論者に共有されており，良心の強制は無駄なだけでなく不正であるという判断が共有されていたとされる。良心の強制は結局無神論に帰結し，それはシヴィリテの秩序を否定する野蛮な状態を生み出すと考えられていた。

こうして宇羽野は，従来国家理性論の系譜で理解されてきたモンテーニュの政治思想を，以上2つの論点から再解釈し，モンテーニュは自然法を完全に否定した懐疑主義的保守主義者なのではなく，各人が自己の法廷たる良心において，衡平の原理を求めて判断力を行使することを積極的に認めた思想家なのだと主張する。つまり，各人は基本的に自らの社会の慣習に従いながらも，すべての慣習が相対的であることも自覚し，良心において「適切」だと思える判断を試みることで，衡平を追求すべきなのであり，こうした追求をする自由こそが，人間にとって重要なのだとモンテーニュは考えたとする。「彼の政治的寛容は，共同の同意による既存秩序の保持というシヴィリテの伝統を踏襲しつつ，衡平の実現をまず各人の良心の法の下におくことで，各人がその良心に従い，多様な生の受容を可能にする法＝政治秩序の構築を目指した点」(宇羽野 2014：261) にこそ，モンテーニュの独自性があるというのが宇羽野の主張である。

こうして秩序構築の計算に訴える行政権力 (マキアヴェリ，リプシウス) や，秩序形成のための至高の立法権力 (ボダン) だけでは，政治的寛容は不十分であり，シヴィリテや衡平といった司法権力への配慮が，必要だとされた。これは，善の実現という目的論的思考に立脚した，本講が立てた寛容のパラドクスの構想を相対化する論点を含む点で，きわめて意義深い議論である。ただ，ここに提示されたモンテーニュの寛容思想は，道徳思想にとどまっており，近代的な寛容の政治思想の一歩手前にあるといえる。ここでわれわれは，リベラリズムの寛容論と目されるロックの政治思想に向かうことになる。

4 ——政教分離の原理とリベラルな統治

ロックの『寛容書簡』(1689年) は，『人間知性論』(1690年) の作者である大哲学者の作品であり，『統治二論』(1690年) というリベラリズムの古典とセットとなる作品であるという点で，小品であるがリベラリズムの古典としての地位を確立している。寛容というテーマそのものは，ロックが生涯にわたって論じてきたものである。その議論の内容には，変化ないしは発展がある。若き頃の寛容論は，彼がオックスフォードのフェローであったとき，1660年と1662年に書かれたとされ，20世紀になって初めて『世俗権力二論』として出版された (Locke 1967)。この著作でロックは，統治者による宗教的事柄の統制を大いに認めるという，権威主義的と呼べる立場をとっている。確かにロックは，内的礼拝と外的礼拝を区別し，前者，つまり良心の次元では，各人はただ神のみの下に服従するとし，統治者を含むあらゆる人間による強制が無駄であることを認めていた。しかし外的礼拝，つまり人間の外的行為の次元では，聖書によって明示的に規定されている本質的事柄と，規定されていない非本質的事柄 (たとえば，礼拝における服装や振舞い，儀礼形式等) があり，後者は，統治者の権力の下に置かれるべきだと論じていた。

当時のロックは，寛容の原理そのものへの共感を表していたが，統治政策としての寛容の実効性には懐疑的であった。若きロックは，イギリスの共和政期から王政復古にかけての社会的無秩序，とりわけ，急進的な非国教徒 (たとえばクエーカー) が惹き起こす社会統合の破壊に嫌気を感じていた。一般の人びとは，いわば形相なき質料たる群衆 (multitude) だとみなしていた彼は，上からの秩序形成が不可欠だと考えた。神法，国法，教会法，良心という順番で法的位階秩序を同定し，上位法の規定が残した領域においてのみ，下位の法は規定ができるとして，良心の法，つまり良心の自由の領域を制限する理論を提示した。良心に基づく信教の自由の要求は，国法，つまり統治者の意志の範囲内にとどまるべきであり，良心は上位法を無効にできるといった主張は，神の意志に反するものであり，世俗秩序を破壊するものだとして激しく批判された。

ロックの寛容論がリベラルなものになったのは，1667年頃に書かれたとされる『寛容論』においてだといえる。彼の意見が変化した理由を完全に明らかにするのは難しいが，2つの事実が重要とされる。第1が，1665年のクレーフェ訪問である。そこで彼は異なった宗派（カルヴァン派，ルター派，カトリック，バプテスト）が実際に平和共存するさまを観察した。第2は，1667年におけるアシュリー卿，後の初代シャフツベリ伯との出会いである。この政界の大物の侍医兼秘書となることで，ロックは統治者（シャフツベリは非国教徒の寛容を支持していた）の観点から寛容を論じるようになった。

実際，『世俗権力二論』が将来の定まらない学究の手による，スコラ的な議論であったのに対し，『寛容論』は人文主義的知識人による，現実的な寛容の政策論であった。『寛容論』は，統治者が託された目的を「人民の善，保護と平和」（Locke 1997：135＝189）と規定し，この目的に即して寛容の内実を論じた。統治者の使命は人民同士が危害を加えないで，平和に共存できるようにすることであり，信仰の自由を含む人民の自由は，この目的に反しない限りできるだけ認められるべきだとされた。ロックによれば，統治の実質的な内容は，人民の「生命，財産と自由」（142＝200）を保護する法をつくることであり，それ以外の目的で立法はなされるべきではない。

統治と宗教の関係に関して『寛容論』においてロックは，第1に良心の強制の無意味さを主張する。「強制は人びとの心を変えることはできない」（142＝199）。第2にロックは，宗教的，つまり道徳的な徳と，統治者が目指す「公共の福祉（the weal of the public）」とを峻別し，前者は個人の良心の問題であり，その判断と後者の問題が一致しない場合があることを指摘している。彼が取り上げる事例が，キリスト教的な慈愛に基づく「施し」であり，これは宗教的には有徳な行為であるが，社会の利益を考慮して，これを禁じる法を統治者はつくることができるとした。つまり，統治者が考慮するのは公共の善であり，それは宗教的な，つまり私的な善と必ずしも一致しない。かくしてロックは，統治者は「一部の悪を寛容できる」（146＝205）と主張する。もちろん，公共の善に反するような悪は寛容すべきではない。では，こうした統治者の法と，個人の良心が対立した場合はどうなるか。その場合，人は良心に従って服従を拒否しながら，同時に法に従って刑罰に服するべきだという，消極的不服従の説をロックは唱えている。

公共の善，とりわけ平和を重視するロックの寛容論は，きわめて政治的であるといえる。ある宗教が社会にとって破壊的な見解を実践するなら，それは寛容すべきではない。たとえば，他の国家への忠誠を誓うような宗教団体は，国家統治にとって危険だとロックは考えた（ロックおよび当時のイギリス人の多くにとって，カトリックがその例であった）。あるいは，何らかの党派が，国家の平和にとって危険なほどに膨れ上がった場合は，統治者はそれを抑圧してよい。そしてかかる抑圧は，あくまでも危険の防止のためであり，特定の宗教的教義に依拠しないので宗教的な弾圧ではない，と彼は主張する。こうしてロックの寛容論は国家理性論に近づく。実際，強制と寛容を秤にかけて考察するとき，公共への危険性のある団体は強制的に扱うべきだが，潜在的に危険な宗教団体の場合，寛容に扱うならそれは小集団に分裂する傾向があり，より無害になるだろうと述べている。この場合迫害や強制は，むしろ相手を頑なにし国家にとって手強い存在としかねないというマキアヴェリ的思慮を，ここに見て取ることができる。

『寛容論』で当時のイギリスの状況を論じる箇所になると，ロックの国家理性論はより露骨になる。王国の安全と平和のためには，寛容と迫害のいずれの政策がよいのかという問いが提起され，その際に考慮すべきは，「国内にあなたの友人がたくさんいて，かつ勢いがあり，そして敵がほとんどいなくて，みくびってよいものであり，または少なくとも，両者の数が圧倒的に違っていて，反抗者があなたを悩ませようとしても，そのことをたいそう危険かつ困難にしてしまう」(151＝213-14) ようにすることだとされた。ロックの助言を簡潔に述べるなら，それはカトリックを迫害し，狂信者を寛容せよ，ということになる。カトリックは教皇の無謬性を盲信するがゆえに，友として遇することができず，さらには聖バルテルミの虐殺が示すように残酷な宗教なのだとロックは論じる。そして反カトリック政策は他のプロテスタント諸国との友好関係を強化するであろう。他方，狂信者のセクトを迫害するなら，それはいたずらに敵を増やすだけである。狂信者はむしろ，現政府にとって有用な存在に変容しなければならない。彼らを国教会の友にすることはできなくても，国家の友になるよう説得することはできる。ロックはこのようなある種冷淡ともいえる判断を披露する。彼の冷静な計算が示すのは，一般に暴力は統治の安泰に貢献せず，愛が共同性を育むのだという，政治的思慮だったといえよう。

ロックの『寛容書簡』における寛容論は，基本的に以上の『寛容論』の政治的思慮論の延長にある。つまり，公共善の実現を統治目標とし，迫害の不合理性と寛容の合理性を説くものであった。ここではさらに3つの論点を検討したい。第1は，宗教的個人主義の強調である。これはすでに良心論で展開されていた論点だが，ここでより明確に議論の前提となっている。つまり，各人の救済の責任は，その本人のみがとれるのであり，他者はそれに関与できない。ロックの議論は市場における個人の行動原理に似たものとなる。「天国へ至る唯一の狭い道」に関して「私は統治者を安んじて案内人とすることはできません。統治者もおそらく，私と同じくその道については無知でありましょうし，私の救済については，私以上に関心を持っていないことは確かであります」(Locke 2010：19-20＝370)。

第2の論点は，懐疑主義に基づく平等論である。各人の信仰は，その人にとって正統なのだとロックは主張し，信仰における真理の社会的相対性を指摘する。そして，すべての人が自らの宗教を正統とみなし異端を迫害するなら，不可避的に平和は不可能になる。迫害を正当化するなら，迫害されることも正当化してしまう。「今ある場所において，偶像崇拝は，根絶されるべきだと固く信じる人は，その場所の名前を変えて，同じ原理を自分自身に当てはめてみてください。アメリカの異教徒もヨーロッパのキリスト教徒も，その国の教会と意見を異にすることを理由に財産を失うことは正当でないのは同じなのです。どこにおいても，宗教を理由に市民としての権利を損なわれるべきではないのです」(27＝380)。こうして，社会的信念の相対性から，権利の相互性が引き出され，信仰の自由が弁証された。

第3の論点は政教分離の原理である。『寛容書簡』においてロックは，国家と教会が明確に区別されるべき異なった結社であることを強調する。国家は，その成員が市民として享受する財 (civil goods) を保全することを目的とする，強制力を伴った団体である。そのような財としてロックは「生命，自由，身体の安全，苦痛からの解放，そして，土地や貨幣，日常必需品等々といった，外的事物の所有」(7＝354) をあげている。他方，教会は「人びとの自発的な集まりであり，人びとが神に受け容れられ，彼らの魂の救済に役立つと考えた仕方で神を公に礼拝するために，自発的に結びついたもの」(9＝356) とされた。ロックは「各人が自由な仕方で礼拝することが教会の目的」(25＝377) だとしたので，強制力を使用して市民としての財を保護する国家と教会は，根本的に異なった結社だとされた。

政教分離に関しては，以下の３点が確認されるべきである。第１に，これは団体としての国家と教会の分離であり，政治と宗教の分離ではない。ロックの思想は根本的な次元でつねにキリスト教信仰に依拠しており，彼は個人的に国教徒であり続けていた。イギリスの寛容政策も，国王を最高首長とする国教会制度を前提としてロックは考察している。第２に，分離の意義は，この両者の混同が両者にとって不利益を生む点に求められている。教会にとって国家の利用は，魂の救済の補助という本来の役割を阻害する。そして国家にとって教会の利用は，統治者の権威の絶対化につながり，暴君を生み出してしまうであろう。第３に，国家と教会は別の目的に服するが，この世の事柄に関する限り，国家の目的は教会のそれに優先する。したがって，通常は教会が促進する礼拝に国家は介入すべきではないが，もしもそれが治安のような公共善と関係するとき，国家はその目的のために介入することが許される。

最後の点は，ロックの寛容論が究極的には統治論であることを示している（『寛容書簡』でも，カトリックと無神論者は，寛容の対象から外されていた）。しかしそれでは結局，ロックの寛容論は統治者の恣意に屈するものになるのか。ここで『寛容書簡』の議論は『統治二論』のそれと組み合わされるべきものとなる。『統治二論』の主旨は，絶対君主政を，正統な政治社会（civil society）ではないとして，否定することであり，恣意的な意志を振るう暴君に対する革命権を正当化すること（つまり，マリアナ流の抵抗権を導入すること）であった。『寛容書簡』においてロックは，必ずしも明示的に革命権に訴えてはいないが，公共善に反した法を強制する統治者に対して，人民には服従の義務がないことを主張し，そのような場合には「神のみ」が「地上における立法者と人民のあいだにある裁定者」(34＝388) であると宣言している。そして，人間同士の争いは，法か暴力によってのみ解決できるのであり，法による解決ができない場合は，暴力によるしかないとロックは述べている。また，ロックが政教分離の要求を掲げたのも，国家と教会の一体化の帰結が，恣意的な統治にほかならないからであった。「もし法や実力，刑罰によって，宗教に何ものかを持ち込むことが一度認められれば，それに限界を設けることはできません。それどころか，同様にして，統治者が自分勝手に作り上げた真理の規準に従い，すべてのものを変えることが許されるでしょう」(26-27＝379)。

▶エピローグ

こうして，政治的寛容の議論が，権力制限論と組み合わされることで，リベラルな寛容論が生まれたといえる。しかし，はたして寛容のパラドクスは解けたのだろうか。ロックの寛容論は，ある種の悪を寛容するだろうが，明白な善の前では，強制を正当化するであろう。宗教的寛容においてこの可能性を封じているのは，相対主義に至らないリベラルな懐疑主義だといえる。しかしこれとて，特定の宗教を危険視するような世論が現れたとき，充分な制御装置となるかはあやしい。

リベラルな寛容は，哲学的な原理というより，一定の歴史的慣行に支えられた実践ないしは思慮だとみなすべきであろう。こうした政治的思慮を中心におくリベラリズムは，政治哲学にはなりえないのかもしれない（これは，異なった仕方でJ.グレイが到達した結論〔Gray 1989〕に類似した見解だといえる）。政治哲学は，このような実践の中にあって，それをいわば暫定的な仕方で理論的定式化を試みるものだと考えることができる（たとえばロールズの仕事を，そのように理解するのも可能である〔Rawls 1971：19-21＝28-30〕）。いずれにせよ寛容の問題は，いまだに開かれた仕方でわれわれに課せられているのであり，この実践をリベラルな仕方で継続していくことこそ，リベラルの役目ではないだろうか。

【文献】

Flanklin, Julian H. ed. (1969) *Constitutionalism and Resistance in the Sixteenth Century: Three Treatises by Hotman, Beza, & Mornay*, New York: Western Publishing Company, Inc.

Gray, John (1989) *Liberalisms: Essays in Political Philosophy*, London: Routledge, 山本貴之訳『自由主義論』ミネルヴァ書房，2001年

Locke, John (1967) *Two Tracts on Government*, ed. by Philip Abrams, Cambridge: Cambridge University Press, 友岡敏明訳『世俗権力二論』未来社，1976年

—— (1997) An Essay on Toleration, in Locke, *Political Essays*, ed. by Mark Goldie, Cambridge: Cambridge University Press, 山田園子訳『寛容論』（山田園子『ジョン・ロック「寛容論」の研究』溪水社，2006年に所収）

—— (2010) *A Letter concerning Toleration*, in Richard Vernon ed. *Locke on Toleration*, Cambridge: Cambridge University Press, 生松敬三訳『寛容についての書簡』（大槻春彦編『ロック　ヒューム』世界の名著32，中央公論社，1980年に所収）

—— (1960) *Two Treatists of Government*, ed. by Peter Laslett, Cambridge: Cambridge University Press，加藤節訳『統治二論』岩波文庫，2010年

Rawls, John (1971) *A Theory of Justice*, Cambridge, Mass.: The Belknap Press of Harvard University Press, 川本隆史・福間聡・神島裕子訳『正義論　改訂版』紀伊國屋書店, 2010年

アウグスティヌス（1984）「ドナティスト批判」〔金子晴勇訳〕（『アウグスティヌス著作集8』教文館に所収）

荒井献・出村みや子・出村彰（2007）『総説　キリスト教史1　原始・古代・中世篇』日本キリスト教団出版局

宇羽野明子（2014）『政治的寛容』有斐閣
川出良枝・山岡龍一（2012）『西洋政治思想史　視座と論点』岩波書店
シュトラウス，レオ（2014）『政治哲学とは何であるか？とその他の諸研究』〔飯島昇藏・石崎嘉彦・近藤和貴・中金聡・西永亮・高田宏史訳〕早稲田大学出版部
トロイマン，ルドルフ（1976）『モナルコマキ』〔小林孝輔・佐々木高雄訳〕学陽書房
モンテーニュ（1995）『随想録』〔関根秀雄訳〕白水社
ルター（1969）「盗み殺す農民暴徒について」〔渡辺茂・魚住昌良訳〕（『世界の名著18　ルター』松田智雄編，中央公論社に所収）

【山岡龍一】

講義3
植民地主義と不正義　カント：世界市民法の構想

Keywords　「世界市民法」と植民地主義批判／国境を超えた他者の視点／「訪問の権利」／「法的状態」と「自然状態」／「共和制」と「専制」

▶プロローグ

多くの人はイマヌエル・カントの名前を聞いて「永遠平和」という言葉を連想するのではないだろうか。実際にカントの作品の中でも，『永遠平和のために』は最も広く読まれている著作であることは間違いないだろう。この著作の中で展開されている常備軍廃止の訴えや，共和制による平和の実現というアイデア（いわゆる「デモクラティック・ピース論」），あるいは国家連盟創設の提言などは，政治哲学や国際政治学といった領域においてだけでなく，広く平和について考える際の導きの糸となってきた。紛争解決の手段としての戦争を廃絶し，恒久的な平和へと至るための道筋を描いたこの著作は，現代においても依然そのアクチュアリティを保ち続けているといえるだろう。近年においてはとりわけ，カントが提示した「世界市民」という思想にあらためて光が当てられている（ボーマン・ルッツ-バッハマン 2006）。

カントは世界市民という語を複数の意味で用いているが，本講義で検討するのは，『永遠平和のために』の中で提示されている「世界市民法」の構想である。世界市民法というあまり聞き慣れない法をカントが提示した背景には，カントが同時代に見いだした植民地主義という深刻な不正義がある。本講義では，世界市民法の内容とその背景を検討することによって，こうした不正義に対してカントがどのような理論的応答を行ったのかを検討する。まず第1節では，「世界市民」という語を3つの用法に区別する。第2節では，そのなかでも「世界市民法」に焦点を当てて，植民地主義に対するカントの批判を検討する。第3節では，カントの植民地主義批判を法的状態という概念との関係から考察する。以上の3節を通じて，カントが「世界市民」という語に込めた豊かな意味と実践的な含意を明らかにすることが本講義の目的である。

1——世界市民の3つの用法

カントが世界市民という語に与えた意味内容は決して単純ではない。そこでまずカントが用いる世界市民という語を3つの用法に区別しておきたい。[1)]

ある人が特定の政治共同体に所属することによって初めて市民でありうるの

と同じように，世界市民もまたそれに対応する政治共同体を前提とする。このように考えれば，世界市民が所属する政治共同体は世界規模の政治共同体であるということになる。カントの言葉でいえば，これは「世界市民的体制（weltbürgerliche Verfassung）」あるいは「世界市民的状態（weltbürgerlicher Zustand）」と呼ばれる（TP：310, Idee：28）。この意味での世界市民は，世界規模の政治共同体の設立によって成立する地位を指す概念である。複数の主権国家に分割された現行の国際社会とは異なり，「世界市民的体制」においては，既存の諸国家は解消され，すべての人間がこの政治共同体に包摂される。そのためこの体制においては，諸国家のあいだで生じる紛争を解決するための共通の法と，それを執行するための強制力が存在することになる。カントはみずからの歴史哲学を展開した著書のなかで，人類の歴史のあゆみを人間の素質の発展過程としてとらえ，この過程の終局に，あらゆる国家を包含する組織としての「世界市民的状態」が現れるだろうと述べている。

ところがカントは，こうした特徴をもつ世界市民的体制は専制に陥る可能性が高いという理由から，到達するべき理念として相応しくないとも述べている。カントが専制と呼ぶのは，立法権と執行権が分立しておらず，国家元首に権力が集中している政治体制である。この選択肢にかえてカントが提示するのが，諸国家が自発的に加入することによって形成される「国家連盟」である（ZeF：354）[2)]。これは諸国家が主権を放棄しないまま，互いに契約を交わすことによって成立する国家横断的な組織である。「国家連盟」においては，諸国家が服することになる共通の法は存在しないものの，各国家は互いに平和を保障しあうことによって戦争の終結を目指すとされている（ZeF：356）。ここでは，こうした「国家連盟」についての構想と上述の「世界市民的体制」との相違についてはこれ以上立ち入らないが，少なくともカントは，公式の政治制度をそなえた世界規模の政治共同体として「世界市民的体制」という語を用いており，世界市民はその政治共同体の一員であることを意味する。そうした体制においては，人びとはもはや個々の国家の市民ではなく，世界規模の単一国家の市民という立場に立つことになる。

カントの著作にみられる第2の意味での世界市民は，1つ目とはまったく異なり，ある特定の思考や態度のあり方，すなわち「思考様式」を指して用いられている（Anthr：130, 寺田 2012）。この用法に従えば，自分自身の見解の正しさを信じて疑わない「自己中心主義」(Anthr：128-29) 的な態度は世界市民として相応しいとはいえない。世界市民には，みずからと異なる考えを抱く他者をつねに前提とし，そうした他者の観点からも思考することが求められる。もちろんこうした他者は，同一の国家に属する市民とはかぎらない。世界市民が「世界」市民と呼ばれるのは，国境を越えた他者の視点からみずからの見解を相対化することによって，みずからが所属する国家の振る舞いを外部の視点から吟味しようとするからである。この意味での世界市民は，1つ目の意味での世界市民のように，既存の諸国家を超越する市民の立場を指すわけではないものの，そうした諸国家を相対化する立場から考えることを要求する。この立場に立つ市民は，自分自身が所属する国家の法や政策を批判的に吟味すると同時に，他の国家で生じる不正義にも敏感でなければならない。そのため思考様式としての世界市民には，ある特定の国家に所属しながらも，他の地域や国家で生じた問題を感知し，そこに矯正されるべき不正義を見いだす態度が求められる。

こうした世界市民の立場から，国境を越えた公共圏の可能性が生まれる。この公共圏は，問題を共有し，意見を交換する議論のネットワークによって形成される (ボーマン 2006)。カントは彼の生きる時代においてすでに，こうした不正義についての感覚によって結ばれたネットワークが形成されつつあると考えていた。「地球上の諸民族の間にいったんあまねく広まった (広狭さまざまな) 共同生活体は，地球上の1つの場所で生じた法の侵害が，あらゆる場所で感じられるほどにまで発展を遂げたのである」(ZeF：360)。1つ目の世界市民が世界規模の政治制度に基づいた法的地位を有する市民を意味するとすれば，2つ目の世界市民は共通の問題関心に基づいた議論する市民を意味する。したがって世界市民は，世界規模の政治制度によって保障された市民の地位を指すとともに，そうした政治制度を前提としない，国境を越えた公共圏に参与する市民をも指して用いられている。

さらにカントは，上記の2つの用法とは異なる意味でも世界市民という語を用いている。本講義が注目するのはこの第3の意味での世界市民であり，それが「世界市民法 (Weltbürgerrecht)」である。これについては，節をあらためて検討することにしたい。

2 ——世界市民法とは何か

カントは『永遠平和のために』の中で，法を，国家法，国際法，世界市民法の3つに分類している。国家法は国家内部における市民相互の関係を規制する法であり，国際法は国家間の関係を規制する法である。これに対して世界市民法は，ある国家と外国人の関係を規制する法である。ここからわかるように，世界市民法は「世界市民的体制」の法ではなく，諸国家の並存状態を前提とした上で，ある国家とその国家に属さない外国人との関係について定めた法である。

カントは，国際社会に平和をもたらすためには，国家法と国際法だけでは不十分であり，それらの「不可欠の補足」(ZeF : 360) として世界市民法が必要であると考えた。そこでカントは，『永遠平和のために』において上記の3つの法についての構想を提示している。まず，「国家法」においては，「どの国の市民的な体制も共和的でなければならない」。ここで共和制と呼ばれている政治体制は2つの構成要素からなる。1つは，立法にかかわる権利としての「自由」，制定された法によってすべての人が等しく拘束される「平等」，さらにすべての人が法に従う「従属」，これら3つが保障された政治体制である。もう1つの要素は，立法権と執行権が分離されていること，つまり権力分立の原理である。カントがこの提言によってその存在を規範的に否定したのは，先ほどふれた「専制」である。専制においては，ある特定の人物が立法権と執行権をともに掌握することによって，恣意的に法を運用し，そのため国民の権利が侵害されるおそれが生じる。カントが提唱する共和制は，こうした危険を阻止するよう構想されているといえる。

次に，「国際法」は，「自由な諸国家の連合の上に基礎をおくべきである」。この構想に従えば，諸国家は，自発的に契約を締結することによって，国家間のあいだで生じる紛争を戦争とは異なる手段で解決するべきである。そうした契約の結果として成立するのが先ほど述べた「国家連盟」である。カントはこの連盟が徐々に拡大し，ますます多くの国家を包摂することによって，すべての戦争が永遠に終結した状態に近づくと述べている。カントがこの構想によって未然に防ごうとしたのは，いうまでもなく戦争である。諸国家のあいだに法的関係を確立することによって，戦争によるのとは異なる紛争の解決方法をあらかじめ定めておくことがこの構想の目的である。

そして3つ目が「世界市民法」である。この法は「普遍的な友好の諸条件に制限されるべきである」。カントがここで「友好」と述べているのは，「外国人が他国の土地に足を踏み入れたというだけの理由で，その国の人間から敵としての扱いを受けない権利のことである」(ZeF : 358)。外国人は他の国家に対して「交流を試みる権利」(MS : 352) をもつべきであり，他国の領土に足を踏み入れたという理由のためだけに敵として扱われてはならない。そのため各国家は，その国家を訪問する外国人に対して「友好的」に振る舞うことが求められる。とはいえ，訪問する者がその国家に要求できるのは，あくまで「訪問の権利」であって，定住が可能となる「客人の権利」ではない。一時的な訪問を越えて定住を求める場合，その国家とのあいだで特別な契約が必要となる (ZeF : 358)。

ただしカントは，国家が有するそうした権限に，ある限定を加えている。すなわち，「その国の人間は，彼の生命に危険の及ばない方法でするかぎり，その外国人を退去させることができる」(ZeF : 358, 傍点引用者)。この但書きに従えば，たとえば自国で迫害されるおそれのある難民を強制的に退去させることは許されないことになる (Benhabib 2004)。こうした危険が現実的である場合は，その外国人は訪問の権利にとどまらず，その国家に滞在する権利をも有することになる。

では，そもそもなぜカントは以上のような特徴をもつ世界市民法を提示したのだろうか。後に詳しくみるように，たとえ世界が複数の国家に分割されているとしても，人間が国境を越えて移動することは避けられない。そのため，人びとの「相互作用」を規制する法は，同一の国家に属する市民間においてのみならず，国家と外国人のあいだにおいても必要とされるのである。こうした意味で，同一の世界に属する人間のあいだの「相互作用」を規制するための法として「世界市民法」が求められるのである (MS : 352)。世界市民法が定める友好は，国家が外国人の有する訪問権，あるいは交流を試みる権利を尊重することを意味する。ただしここで注意しなければならないのは，「友好」は，訪問する外国人に対して国家が遵守するべき義務を意味するだけでなく，訪問者である外国人に課せられた義務でもあるという点である (Niesen 2007)。つまり訪問者は，訪問権によって許容された範囲をこえた「非友好的な振る舞い」を行ってはならないのである。カントは西洋諸国が他の国家や民族に対してみせる横暴な振る舞いについて次のように述べている。「我々の大陸の文明化された諸国家，特に商業を営む諸国家の非友好的な振る舞いを比較してみるならば，彼らが他の土地や他の民族を訪問する際に（彼らにとって訪問は征服と同一のことである）示す不正行為は，恐るべき段階にまでおよんでいる」（ZeF：358）。西洋諸国による商業を目的とする他の国家への訪問は，世界市民法によって保障された訪問の権利を著しく逸脱している。西洋から遠く離れた「アメリカ，黒人諸国，香料諸島，喜望峰」などの地を「訪問」したとき，西洋諸国にとって「それらは誰の土地でもなかった」。というのも，「彼らはそこの住民を無に等しいと考えたからである」。「東インド（ヒンドスタン）においては，彼らはたんに商業的支店を設置するだけであるとの口実のもとに外国の戦闘民族を導入したが，しかし彼らとともに先住民の圧迫，広範な範囲におよぶ戦争を引き起こすその地の諸国家の煽動を行い，飢餓，反乱，裏切り，そのほか人類を苦しめるあらゆる災厄の嘆きをもたらしたのである」（ZeF：358-359）。

カントが世界市民法によって規制しようしたのは，まさにこのような西洋諸国による他の人民に対する植民地主義にほかならない。世界市民法が国家法や国際法に比べるときわめて消極的な規定しか含んでいないのも（「世界市民法は普遍的な友好の諸条件に制限されるべきである」），この法の目的のひとつが，すでに広範に行われていた西洋諸国による植民地活動を禁止するためであったと考えることができる。もちろん，すでに述べたように，世界市民法の目的は植民地主義という不正を禁止することにのみあるのではない。迫害を免れるために他国に逃れた難民や，船が難破したために他国の領土に上陸せざるをえなかった乗組員を保護すること，さらに交易や布教活動のために国境を越えて交流を求める者にその訪問を認めることも，世界市民法によって受け入れ国の人びとに課せられた義務である。

したがってカントに従えば，世界市民法は一方で，西洋諸国が他の大陸の人びとに対して行っている植民地活動を禁止することを目的としつつ，他方ではひろく訪問を求める人びとの権利を保障するために存在するべきなのである。後者の目的を達成するために訪問者に定住の権利までも付与することは，その権利の濫用による植民地活動を招きかねないという理由から，おそらくカントはこれを認めることができなかった。とはいえ，難民などから発せられる定住の要求に対して扉を閉ざしておかないようにするため，カントは訪問権に但書きを加えて，退去が生命の危険をもたらす場合に限って滞在する権利を認めた。言い換えれば，世界市民法が上記の２つの要請をともに充たすことができるために，原則的には訪問の権利のみが認められ，退去が生命の危機を招く例外的な場合にのみ滞在の権利が許容されるのである。

すでに述べたように，交流を求める訪問者に認められるのは訪問権であり，定住の権利までもが世界市民法によって保障されるわけではない。後者の権利を付与するか否かは基本的に受け入れ国の裁量に委ねられるべきであるとカントは主張する。これに関してカントは日本と中国の例を挙げている。中国は外国からの訪問者に「来航 (Zugang)」は許したが「入国 (Eingang)」は許可しなかった。これに対して日本は「来航すらもヨーロッパ民族のうちの一民族にすぎないオランダ人だけに許可し，しかもその際にかれらを囚人のように扱い，自国民との交際から閉め出した」(ZeF : 359)。カントはこれら両国が外国人に対してとった措置を「賢明」であったと評価している。当時の日本が外国人の訪問権を厳しく制限したことをカントが是認することができたのは，西洋諸国の人びとによる訪問権の濫用という歴史的事実が存在したからである。もちろん訪問を求める者は，その動機が交易であれ布教であれ，そうした活動を許可してくれるよう受け入れ国に要求することはできる。とはいえ訪問権によって保障されるのは，交易や布教を要求する権利であって，交易や布教を行う権利そのものではない (Waligore 2009)。

訪問権によって外国人は，交易や布教といった活動の許可を求めることができる。たとえ要求された国家がそれに応じないとしても，少なくとも要求することは禁じられていない。さらに，生命の危機を招く退去命令が認められないことからわかるように，受け入れ国は訪問者が滞在を求める理由を把握しなければならない。そうでなければ，個々の事例において退去命令が世界市民法によって許容されるのかどうか判断できないからである。したがって，中国や日本は国家として外国人の滞在に関して決定を下す権限があるものの，これは外国人の滞在に関して恣意的に判断を下すことができるという意味ではない。すでにみたように，少なくとも国家は外国人からの要求に耳を傾ける義務が課されており，外国人を退去させることが生命の危機を招く場合には滞在の権利を付与することが求められているからである。この意味で，外国人の滞在に関する国家の決定権限は，外国人に対する一定の義務によって制約されているといえる。

カントは，中国や日本といった非西洋の国家が西洋諸国の人間に対してとった措置について論じるだけでなく，国家を形成していないとされる人びとと西洋諸国の関係についてもふれている。次節では，国家を形成していないとされる人びとに対する植民地主義をカントがどのように考えていたのかを考察することにしよう。

3 ――法的状態と植民地主義

世界市民法は，西洋諸国の人間と国家を形成していないとされる人びととのあいだにどのような規範を課すのだろうか。カントは，国家を形成していないとされる人びとがすでに居住している土地に隣接する土地を，彼らの同意なく西洋諸国の人びとが取得することが許されるかどうかを問うている。西洋諸国の人びとが，先住する人びとが居住する土地から遠く離れた場所を開拓することは，「双方の人民のどちらによる自分の土地の使用も他方に損害を与えないという仕方でなされるならば，それを行う権利には疑問の余地はない」。しかし，「先住民が（ホッテントット，ツングース，多くのアメリカの民族のように）広大な荒れた地域によって生計を立てている遊牧民や狩猟民である場合に，開拓が可能なのは暴力によってではなく，もっぱら契約によることになるだろう」（MS：353）。たとえ国家を形成していないとしても，彼らには生活するために使用する土地を占有する権利が認められるべきである。そのため暴力による土地の取得が不正であるのはいうまでもないが，契約による取得の場合であっても，「先住民が土地の割譲について無知であるのを利用するようなことがあってはならない」（MS：353）。このようにカントは，西洋諸国の人びとと国家を形成していないとされる人びととのあいだに存在する知識や力の格差を利用した土地の取得を世界市民法によって禁じている。この点でカントは，カント以前に国境を越えて土地を取得する権利を論じたJ・ロックやE・ヴァッテルといった哲学者とは決定的に異なる立場に立っている。ロックやヴァッテルは，土地の所有権の根拠をその土地の有効な活用に求めることによって，狩猟生活を営む人びとの居住地に対する所有権を否定する論理を展開した（平子 2005, Boucher 1998）。

こうした議論は，前節で検討した日本や中国と西洋諸国の関係とどのように異なるのだろうか。前節でみたように，カントは西洋諸国の人びとが日本や中国の領土内の土地を正当に取得する可能性を想定していない。相互の契約によって可能となるのは，定住の権利ではあっても土地の取得ではない。これに対して上記の場合においては，「遊牧民や狩猟民」が生活のために移動しながら使用する広大な地域の一部を取得することの可否が問題になっている。カントは暴力による強制的な取得や相手の無知を利用した取得は認めないが，契約による土地の取得は必ずしも否定しない。たとえこれらの人びとが一時的に使用する土地であったとしても，同意による土地の取得によって入植者は先住する人びとと「隣接」する関係のもとに入る可能性を有するのである。

ところでカントは，国家を形成していないとされる人びとが使用する土地を，西洋諸国の人間が暴力を用いてでも開拓することが許されると主張する立場に言及している。「なるほどこうした暴力行為を世界のためになるとして正当化する根拠は十分にあるようにも見受けられる」。それは「未開の人民を開化する」ためである。中国や日本とは異なり，遊牧民や狩猟民は国家，あるいはカントの言葉を用いれば「法的状態」のもとにないとみなされる。したがってカントの定義に従えば，かれらは「自然状態」のもとにあるということになる。そうだとすれば，これらの民族は法的状態へと移行することによって文明化するべきではないのか。これらの人びとがみずからそうした移行を実現する意志を欠いているならば，外部から強制することも許されるのではないか。こうした主張に対してカントは次のように応答している。「しかし，よいと思い込まれているこうした意図のどれも，そのために用いられる手段における不正義の汚点（Flecken der Ungerechtigkeit）を洗い清めることはできない」（MS：353）。

ここでカントは，文明と未開といった二分法を用いた暴力行使の正当化を明確に否定している。たとえ，目的（文明化）が正しいとしても，そのために用いられる手段（暴力）が不正とみなされるのであれば，そうした手段の行使は禁止されるべきである。そのため，西洋諸国による入植活動は，あくまで公正な条件に基づく契約によってのみ許容される。

しかしここで問題にしたいのは，入植のために行使される暴力が許されるか否かではなく，西洋諸国の人間が契約によって土地を取得し，先住する人びとと「隣接」するという事態である。というのも，西洋諸国の人びとは，入植によって先住する人びとと隣り合うことになるにもかかわらず，そこには彼らがともに服すべき共通の法が存在せず，したがって自然状態にあるとみなすことができるからである。カントに従えば，「すべての他の人々と不可避的に隣り合う関係にある場合は自然状態から法的状態へ移行するべきである」(MS：307)。この原理が述べているのは，他者と隣り合うという事実によって，法的関係を欠いた状態から抜け出し，ともに国家を形成すべきであるという義務が生じるということにほかならない。

カントによれば，人間は誰しも隣り合う他者とのあいだで法的関係を結ぶ義務がある。というのも，どのような人間も他人と完全に隔絶した状況で生きることはできず，何らかのかたちで共生せざるをえないため，共生のためのルールとして法が必要になるからである。カントは，法を不可避的に要請する物理的要因として「地球の球面性」を挙げる。地球は無限に広がる平面ではなく球面をなしている。そのため，どこまでも散らばって生きることはできず，いずれは隣り合うことが避けられない。つまり法的状態へと移行しなければならないのは，「他の人びとと相互作用（Wechselwirkung）の関係に入ることが避けられない」(MS：312) ためである。そのため，他者との「隣接」こそが「法的状態」への移行の義務を生じさせるのである。そしてこの「相互作用」は，ある国家に属する人びととその国家に属さない人民との関係においても成立する (MS：352)。

このように，隣り合う関係にありながらも自然状態にとどまる人間は相互に法的関係を結ぶべきであり，しかもこの原理は，個人間においてばかりでなく国家間の関係にも妥当する。つまり国家間の関係を規制する，強制力を伴った法が存在しない状態は自然状態とみなしうるのであり，したがって国家は個人と同様に，法的状態へと移行する義務を負っているのである。ただしカントは，諸国家からなる自然状態の場合とは異なり，諸個人からなる自然状態においては，「力を用いて」でも法的状態へと移行するべきであると述べている。すなわち，「だれもが他の人に対して，力を用いて自然状態から出て法的状態へ入らせることが許される」(MS：312)。この主張に従えば，隣り合う関係におかれた人びとは，それぞれが法的状態への移行の義務を負っているだけではなく，自然状態にとどまろうとする者に対して法的状態へと移行させるための強制さえも許容されるということになる。

法的状態への移行の義務が，しかも他者を強制して移行する義務が，他者との隣接関係という事実から生じるのだとすれば，入植による新たな隣接関係の成立によって，西洋諸国の人びとが先住する人びとを強制して移行することもまた正当化されるのだろうか。入植者は，必要であれば力を用いてでも先住者とともに新たな国家を形成しなければならないのだろうか。この点に関してカントは，以下のように述べている。

〔……〕自然によってでも偶然によってでもなく，もっぱらわれわれ自身の意志によってある人民と隣接することになる場合，これらの人民にはわれわれとの市民的結合の見込みがないならば，われわれはこうした市民的結合を樹立し，これらの人びと（未開人）を法的状態に移す（たとえば，アメリカの未開人，ホッテントット人，オーストラリアの人びと等をそうする）という意図のもとに，必要とあれば力によって，あるいは（それよりいっそう良いとはいえないが）詐欺的な買収によって，植民地を建設し，このようにして彼らの土地の所有者となるということ，そして彼らの最初の占有を顧慮することなくわれわれの優越を利用することがゆるされないのだろうか。〔……〕しかし，よい目的のためにはすべての手段が正当化される，とするジェスイット主義が被る仮面は見え透いている。（MS：266）

ここでカントは，入植した人びとが先住する人びとを強制してともに法的状態へと移行することは許されないという見解を示している。つまり，入植による新たな隣接関係の成立という事実から国家形成の義務は生じないとされているのである。カントは，西洋諸国の人びとが力や知識の「優越」を利用して先住する人びとの所有権を侵害しながらも，それを法的状態への移行という名目によって正当化する欺瞞に対して厳しい批判を向けている。こうした欺瞞を許容しないためには，入植による隣接と法的状態への移行とのあいだの連関を切り離す必要がある。そのためカントは，法的状態のもとにあるとされる西洋諸国の一員（入植者）と自然状態にあるとみなされる人間（先住者）とのあいだには，たとえ隣接関係があるとしても共通の国家を形成する義務は成立しないと主張するのである。

そうだとすれば，隣接という事実から必ずしも強制的な法的状態への移行が生じるわけではないということになる。先住する人びとの内部から法的状態への移行の動きが生じないのであれば，隣接する外部の人間が介入して，こうした動きを強制的にひき起こすことは許されないのである（Niesen 2007：95）。興味深いのは，上記の引用文の中でカントが，隣接が生じる要因を「自然や偶然」と「意志」とに分け，入植によって生じる隣接を「意志」によるものとみなしている点である。この表現に従えば，入植による隣接関係は入植した人びとの「意志」によるものであり，その場合は法的状態への移行の義務は生じない。つまりカントは,「自然や偶然」によって他者と隣り合うことが避けられない場合にのみ,法的状態へと移行し,「国家法」によって規制される関係に入る義務が生じると述べているのである。これに対して,一方の人びとの「意志」によって隣り合う関係が成立する場合は,「国家法」によってではなく,あくまで「世界市民法」によって規制される関係にとどまるべきであるということになる。

このように隣接が生じる要因を「自然や偶然」と「意志」に分けた場合,一方の人びとの「意志」に基づく土地の取得によって他者との隣接関係が成立する事例としてカントが想定しているのは,明らかに西洋諸国の人びとによる入植である。カントは自身の生きる時代において,みずからの「優越を利用する」意図をもって隣接する選択を下した西洋諸国の人びとによる不正義を目の当たりにしていた。そうした不正義を回避するためには,入植による隣接と法的状態への移行の義務とを切り離すことによって,国家を形成していないとみなされる人びとに対する植民地活動を防止する必要がある。カントが提示する世界市民法は,まさしくそうした隣接関係によって生じうる不正義を禁じるためにも必要とされるのである。

とはいえ,たとえ世界市民法を実定法へと具体化することによって植民地主義を禁じることが可能になるとしても,すでに行われた植民地活動についてはどのように考えるべきであろうか。最後に,この点に関して若干の考察を加えたい。

先住する人びとの意志に反して行われた入植や暴力的な土地の取得は明らかに不正である。そうした不正行為に対して,どのような補償や矯正が行われるべきであるかをカントは述べていない。しかしこれまでの議論からいえば,入植した人びとが不正な行為を行ったとしても,彼らの後続世代は入植を「意志」したわけでも,先住する人びとと共生することを選択したわけでもない。彼らはいわば「自然や偶然」によってその土地に生を享けたのであり,その意味で入植を行った先行世代とは異なる立場にある。カントによれば,「すべての人は根源的に(つまり選択意志の一切の法的行為に先立って)土地を適法に占有している。つまり人間は,自然ないし偶然が(人間の意志によらずに)置いたところにいる権利をもっている」(MS:262, 傍点引用者)。

自然や偶然によってある土地におかれた者(生まれてくることはすべてこれにあたるはずである)は,その土地に対する何らかの権利があり,他の土地に強制的に移動されるべきではない。入植者が不正に取得した土地から,後続世代を放逐することによって不正な入植という過去の不正義を是正することは，そうした後続世代の人びとが有する土地への権利を侵害するという新たな不正義を生み出すことになる。そうだとすれば，後続世代は先住する人びとと避けられない隣接関係にあり，また共生せざるをえないことになるのでないだろうか（Waldron 2002）。

おそらくこれは，難民や亡命者のように，ある意味で選択の余地なく移住せざるをえない人びとにも当てはまる。そうした人びとが移住先の土地に滞在する権利が与えられるべきなのは，そのような移住が必ずしも本人の意志によるものとはいえないからであり，帰国という選択肢が事実上存在しないからである。カントは過去に生じた不正な土地の取得に対してどのような矯正策が正義に適っているかについては語らなかったものの，彼の議論から，後続世代と先住する人びとが共生しながらともに過去の不正義に向き合うという展望を読み取ることも可能だろう。

▶エピローグ

本講義では，カントが用いる世界市民という用語を，世界規模の政治共同体としての「世界市民的体制」，特定の思考様式によって特徴づけられる「世界市民」，国家法と国際法に並ぶ「世界市民法」という3つに分類し，3つ目の「世界市民法」に植民地主義という不正義に抗するためのカントの理論的応答を見いだした。「世界市民法」は，主権国家が並存する国際社会を前提としているという点で「世界市民的体制」とは異なるが，法（権利）について語っている点で2つ目の「世界市民」とも異なる。

すでに述べたように，人びとは限られた地球の表面上で生きざるをえない以上，布教や交易，あるいは亡命といった理由から国境を越えて人が移動することは避けられない。この意味で，人間はいずれかの国家に属しながらも，みずからが属する国家を越えて互いに接触せざるをえない。しかしこれは，植民地主義という不正義が生じる条件でもある。国家と外国人，あるいは国家に属する人びとと国家を形成していないとされる人びとのあいだの正義に適った関係を法によって定めることが必要なのはそのためである。こうした課題に応えるためにカントは，世界市民法によってあらゆる人間に訪問権を許容しながらも，あくまで「訪問」の権利に制限することによって植民地活動を禁止しようと試みたのである。

【注】

1） カントの著作については以下の略号を用いて，アカデミー版カント全集（Kant's gesammelte Schriften, die Königlich Preußischen Akademie der Wissenschaften Hg.）

の頁数を本文中に記した。邦訳は『カント全集』(全22巻・別巻1，岩波書店，1999～2006年) に依拠したが，訳文を変えた箇所もある。

Anthr: Anthropologie in pragmatischer Hinsicht (1798) (渋谷治美訳「実用的見地における人間学」『カント全集』第15巻)。

Idee: Idee zu einer allgemeinen Geschichte in weltbürgerlicher Absicht (1784) (福田喜一郎訳「世界市民的見地における普遍史の理念」『カント全集』第14巻)。

MS: Metaphysik der Sitten (1797) (樽井正義・池尾恭一訳「人倫の形而上学」『カント全集』第11巻)。

TP: Über den Gemeinspruch: Das mag in der Theorie richtig sein, taugt aber nicht für die Praxis (1793) (北尾宏之訳「理論と実践」『カント全集』第14巻)。

ZeF: Zum ewigen Frieden (1795) (遠山義孝訳「永遠平和のために」『カント全集』第14巻)。

2) これら諸構想の特徴と相違に関しては，Sharon and Byrd (2010：196ff) を参照。

3) 諸個人からなる自然状態と諸国家からなる自然状態との相違に関しては，金 (2014：216-18) を参照。

【文献】

Benhabib, Seyla (2004) *The Rights of Others: Aliens, Residents and Citizens*, Cambridge University Press.

Boucher, David (1998) *Political Theories of International Relations*, Oxford University Press.

Byrd, B. Sharon and Hruschka, Joachim (2010) *Kant's Doctrine of Right: A Commentary*, Cambridge University Press.

Niesen, Peter (2007) "Colonialism and Hospitality," *Politics and Ethics Review*, 3 (1).

Waldron, Jeremy (2002) "Redressing Historic Injustice," *The University of Toronto Law Journal*, Vol.52, No.1.

Waligore, Timothy (2009) "Cosmopolitan Right, Indigenous Peoples, and the Risks of Cultural Interaction," *Public Reason*, 1 (1).

金慧 (2014)「カント――移行をめぐる三つの議論」犬塚元編『岩波講座　政治哲学2　啓蒙・改革・革命』岩波書店。

平子友長 (2005)「カント『永遠平和のために』のアクチュアリティ――ヨーロッパ帝国主義批判の書として」東京唯物論研究会会報『唯物論』79号。

寺田俊郎 (2012)「世界市民の哲学としてのカント哲学」カント研究会編『現代カント研究12　世界市民の哲学』晃洋書房。

ボーマン，ジェームズ (2006)「世界市民の公共圏」ジェームズ・ボーマン，マティアス・ルッツ－バッハマン編／紺野茂樹・田辺俊明・舟場保之訳『カントと永遠平和――世界市民という理念について』未来社。

ボーマン，ジェームズ・ルッツ－バッハマン，マティアス編／紺野茂樹・田辺俊明・舟場保之訳 (2006)『カントと永遠平和――世界市民という理念について』未来社。

【金　慧】

講義4
功利主義と不正義　ベンサム：快苦の非対称性

Keywords　最大多数の最大幸福／精神病理学の公理／快苦の非対称性

1――不正義論としての功利主義哲学

ジェレミー・ベンサム（1748〜1832年）の功利主義哲学が，賛否いずれの立場を採るのであれ，同時代および後世に対してきわめて大きな影響を与えたことは，ほぼ見解の一致するところであろう。その影響は，ベンサムの活動した18世紀後半から19世紀初頭のイングランドにおいて，法律改革や議会改革，救貧法の改正，監獄施設の改善，ロンドン大学の設立，イングランド国教会批判，そして官僚制構想の展開など，多岐にわたっている。明治期日本においても，ベンサムの著作は他の欧米思想家に比して群を抜いて多く翻訳され，陸奥宗光などの法制官僚や小野梓などの自由民権運動の思想家を中心に積極的に受容された。そして現代の政治哲学においても，とりわけロールズ『正義論』の刊行以降，功利主義は（多くの場合批判的にではあるが）注目されている状況にある。では，そのように長期的な影響力を保持し続けている功利主義とは，一体いかなる政治哲学なのであろうか。

ベンサムは，彼のデビュー作である『統治論断片』（1776年）の冒頭において，功利主義哲学の要諦について，「正と不正の基準は最大多数の最大幸福である」と宣言した（Bentham 1988：3）。これは，ベンサムの著作において「最大多数の最大幸福」という言葉が登場する最初の，そして数少ない場面である。数少ない，というのは，この言葉は『統治論断片』の刊行以降40年以上ものあいだ，刊行された著作のなかに登場することはなかったからである。つまり，ベンサムはじつのところ，彼の功利主義哲学の根幹に据えられた「最大多数の最大幸福」という言葉それ自体について，直接的に説明することはほとんどしていないのである。

だが，「最大多数の最大幸福」という言葉は，誤解を招きやすい表現でもある。「最大幸福」という文言に見られるように，その言葉は一般的に，立法者が社会全体の幸福の総量を積極的に増進することを正当化する原理として見なされてきた。たとえば，カール・ポパーは『開かれた社会とその敵』において，「幸福の増進」よりも「苦悩の減少」のほうが道徳的にみて重要であるにもかかわらず，功利主義哲学は両者を均等に扱っていると批判する。だが，「幸福の増進」という積極的目的は，苦しむ人たちに援助を提供したり苦悩を減少したりする試みに比べればはるかに「緊急性が少ない」だけでなく，「善意の独裁を生みがち」である（ポパー 1980：245註 6）。したがってポパーによれば，功利主義哲学は「最大多数の最大幸福を要求する代わりに，もっと控え目に，すべての人のために避けることのできる苦悩を最小量にすることを要求すべき」なのである（ポパー 1980：319註 2）。

さらに，ポパーと同様の議論を展開しているのが，シュクラーの「恐怖のリベラリズム」である。シュクラーによれば，リベラリズムの課題は「残酷さが引き起こす恐怖」の回避のみに限定されるべきであり，統治者は幸福の増進といった積極的目的に関与するべきではない。幸福の積極的な増進は各々の市民に委ねられるべき事柄である。彼女は，正義の積極的実現ではなく，不正義の回避こそがリベラリズムの課題であることを以下のように強調している。「幸福を追い求めたり拒絶したりするのは，わたしたち１人ひとりなのである。リベラリズムは自制して，政治と，権力の潜在的濫用者を制約する提案とに活動範囲を制限しなければならない」（シュクラー 2001：130-31）。このように，幸福の最大化原理として功利主義を批判的に理解する仕方は，政治哲学の領域においてほとんど自明の前提とされてきたといえよう。

もちろん，ベンサムが「幸福の増進」という積極的目的の意義を否定していなかったことは確かである。しかし，後述するようにそれは，ある限定された一局面においてであった。ベンサムは実際には，「幸福の増進」という積極的目的以上に，「苦痛の減少」という消極的目的の達成をより重視していたのである。以下では，従来軽視されてきた，ベンサムの功利主義哲学におけるそうした消極的側面にとくに注目していくことにしたい。本講義は，ベンサムの掲げた「最大多数の最大幸福」の特質を，「苦痛の減少」を主たる目的とする不正義論として読み解く試みである。

2 ——快楽と苦痛の人間学

★快楽の多様性

最初に，「最大多数の最大幸福」における「幸福」とは何かについて検討しておこう。『道徳および立法の原理序説』(1789年，以下『序説』と略記）の第1章「功利性の原理について」は，よく知られている印象的な文章で始まる。

> 自然は人間を苦痛と快楽という２人の主権者の支配下に置いた。彼らだけが，私たちに何をするべきかを指示し，私たちが何をするのかを決定する。彼らの玉座には，一方には正と不正の基準が，他方には原因と結果の連鎖が結わえられている。それらが，私たちが行うすべてのことについて，私たちが話すすべてのことについて，私たちが考えるすべてのことについて，私たちを支配している。〔…〕功利性の原理はこの従属を認識し，これをその体系の基礎とみなしており，その体系は理性と法律の力によって幸福という建造物を打ち立てることを目的としている。(Bentham 1996：11)

すなわち，快楽の追求と苦痛の回避が，人間のあらゆる行為の基礎にあるという。それらは，人間が何をするのかを説明する人間本性に関する心理学と，何をするべきかを指示する正と不正に関する倫理学の双方を構成する。快楽と苦痛という「２人の主権者」は，このようにベンサムの幸福概念の中核的位置を占めている。

しかしながら，ベンサムが提示した「幸福」の一要素たる「快楽」の観念に対しても，これまでに多くの誤解に基づく批判が投げかけられてきた。19世紀の思想家トマス・カーライルは，『現代のパンフレット』(1850年）において功利主義哲学を浅薄で卑俗なものと見なし，「豚の哲学」と呼んで非難した。ここには，人間の追求する「快楽」はそもそも物質的で享楽的なものであり，低俗であると見なすカーライル自身の論点先取的な見方が反映されている。しかし，現代でも頻繁に目にするこうした快楽に関する見方は，ベンサム自身のものではない。『序説』の第５章「快楽と苦痛，その種類」において，ベンサムは，快楽と苦痛を，それ以上分解しえない14の「単純な快楽」と12の「単純な苦痛」に分類している。快楽のみを例示すると，それらは，感覚の快楽，富の快楽，熟練の快楽，親睦の快楽，名声の快楽，権力の快楽，敬虔の快楽，慈善の快楽，悪意の快楽，記憶の快楽，想像の快楽，期待の快楽，連想に基づく快楽，そして解放の快楽である（Bentham 1996：42）。一瞥して，ベンサムの想定していた快楽には，物質的な種類のものだけでなく，精神的，社会的，さらには神的な種類のものまで含まれており，きわめて広範囲にわたることが明らかであろう。権力や富の追求に幸福を感ずる者もいれば，努力の末に何らかの学問や技芸を磨き上げていくことに幸福を感ずる者もいる。また，他者との社交を通じて親睦を深めたり名声を高めたりすることに強い関心を抱く者もいれば，神と向き合う敬虔な生活こそが最大の幸福であると考える者もいる。どのような種類の快楽の追求に最も充実した幸福を感ずるかは，各人によって多様であるだろう（なおベンサムは，多様な種類の快楽を想定したが，J.S.ミルのように，高次の快楽と低次の快楽という質的区別を行ってはいない。ミルは，カーライルに反論して，「高次の快楽の方が本質的に優れている」のであって，「満足した豚よりも〔……〕不満を抱えたソクラテスの方がよい」と述べている〔ミル 2010：269〕。ベンサムの快楽論は明らかに，ソクラテスのような哲学を追究する生き方を善き生の１つと見なしているが，哲学を追究する生き方が，権力や富を追求する生き方よりも本質的に優っているとは見なしていない）。

このように，ベンサムの幸福観は確かに快楽主義的であるが，そこには多様な種類の快楽が含まれていた。ベンサムによれば，人間のあらゆる行為は，快楽の追求と苦痛の回避という欲求によって動機づけられる。したがって，快楽と苦痛の種類が多様であるということは，行為の動機もまた多様な種類がありうることを意味する。実際，ベンサムは『序説』の第10章「動機について」において，人間の行為を生み出す動機を，「自利的動機」，「反社会的動機」，「社会的動機」の３つの種類に分類している。「自利的動機」とは，具体的には身体的欲求，金銭的関心，権力欲，自己保存（苦痛に対する恐怖，安寧への愛好，および生命への愛着を含む）であり，これらは人間の行為の最も根源的な駆動因であった。もし人間が自利的動機に基づいて行為していなければ，みずからの生命を維持することすら困難であっただろう。自利的動機はまた，社会発展の原動力でもある。だが，ベンサムによれば人間は，自分自身だけでなく，他者の幸福や不幸にも関心を抱く社会的存在であった。「反社会的動機」とは，具体的には反感や悪意であり，他者に与えられる苦痛から快楽を得る行為を促した。反感を抱く人間の不幸から快楽を感ずることは，人間本性の一部であった。最後の「社会的動機」は，さらに，他者の幸福をそれ自体として志向する「純粋に社会的な動機」と，自利的動機に基づいて他者の幸福を志向する「準社会的な動機」

とに分類された。前者の具体例は善意であり，後者は評判の欲求，親睦の欲求，そして宗教であった。これらの社会的動機はいずれも，他者の幸福を積極的に増進する（ことを意図した）行為を促したのである（Bentham 1996：116）。

もちろん，厳密にいえば社会的動機に基づく行為の目的も究極的には自らが快楽を感ずることに帰着するのだが，これらの行為が自利的動機に基づく行為と範疇的に区別されているのは，言葉の通常の意味でそれが利他的行為であるからにほかならない。ベンサムは，1814年以降晩年に至るまで執筆を続けたが未刊行の『倫理学』において，功利主義は利己主義と同義ではないことを以下のように強調している。「功利主義者によって提唱されている目的は，最大多数の最大幸福であって，誰かの一時的な満足ではない。この格言の中に利己主義は含まれていない。利己主義という非難は，この原理の語感から生ずるに過ぎない」（Bentham 1983a：57）。このように，ベンサムにおいて人間は，他者との関係性のなかでみずからの幸福を追求する社会的存在であったのである。

★苦痛の道徳的重要性と立法学

さて，これまでのベンサムの快楽論について本講義の問題関心からみて重要なことは，ベンサムは，利他的行為を含む「幸福（快楽）の増進」という積極的行為を，基本的には各人の「自由で自発的な行為」（Bentham 1996：292）に委ねていた，ということである。立法者が各人によって異なる多様な「幸福（快楽）」を一義的に定義し，人びとに押しつけることは不可能であり，抑圧的でもあった。

> 立法者が主として対処しうるのは，苦痛または苦痛を与える諸原因に対してである。立法者は，快楽を与える諸原因については，時折の偶然による以外には，ほとんど何事も為しえない。（Bentham 1996：70）

したがって，立法者が主として取り組むべき問題は，諸個人の自由な幸福追求の過程で他者に加えられうる「苦痛」の抑止であった。ここで確認しておきたい重要な点は，こうした快楽と苦痛をめぐる対処の仕方の違いの背景には，快楽と苦痛に関するベンサムの非対照的な認識があった，ということである。ベンサムの心理学をさらに立ち入って考察してみよう。

ベンサムの考えでは，ある人間が何かを失うことによって生ずる苦痛は，別の人間がそれによって得られる同量の快楽よりも大きく感じられる。ある人間が，財力が同程度の別の人間によって10万円を盗まれたとしよう。ある人間が失った10万円と別の人間が獲得した10万円は客観的には同量であり，全体としては幸福の総量は何も変化していないように見える。しかしベンサムによれば，盗まれた人間の感じる喪失の苦痛は，盗んだ人間の獲得の快楽よりもはるかに大きく感じられる。不利益を被った人間の側に生ずる苦痛は，それによって同量の利益を獲得した人間の側に生ずる快楽を，ほとんどの場合に上回ると考えられるのである。ベンサムは，このような快苦をめぐる人間の非対称的な認識を，「精神病理学（mental pathology）の公理」と呼んだ（Bentham 1996：3 n.a.）。それは，疾病の原因を探究する学問という文字通りの意味ではなく，快苦の非対称的な認識をもたらす心理的作用の研究に対して，ベンサムが名付けた独特な名称である。したがって，この「精神病理学の公理」に基づくならば，苦痛の抑止と減少こそが立法者の主たる課題とならねばならない。

それでは，立法者は具体的にどのような苦痛を抑止し，あるいは抑止すべきでないのであろうか。この点に関する考察が行われているのが，『序説』の第16章「犯罪の種類」である。第16章の冒頭で，ベンサムは「最初に，犯罪であるか犯罪でありうるような行為と，犯罪であるべき行為とを区別する必要」について言及している（Bentham 1996：187-88）。ここで論じられるのはもちろん，既存の犯罪（犯罪である行為）の解説ではなく，犯罪とされるべき行為についての諸類型である。ある行為が犯罪とされるためには，当該の行為が社会全体に対して，快楽よりも苦痛をより多く生み出すもの，つまり「有害」なものと感じられなければならない。ベンサムは，こうした抑止されるべき有害な行為の諸類型は，基本的には，世界各国に普遍的に妥当するものと考えている。というのも，誰もが殴打されれば痛みを感じ，中傷されれば怒りを覚えるように，人間にとって最も基礎的な苦痛は，多様な快楽とは対照的に，各国の歴史的文化的特殊性を超えて世界の市民の間でかなりの程度一致すると考えられるからである。「この分析は，どの国の法的な関心にも適用しうるものである。〔……〕様々な時代や国々の法的な関心は，まったく共通なものではなく別々なものであるということは，等しく真実から程遠い推測である」（Bentham 1996：272）。

ベンサムは，『序説』第16章において，様々な種類の犯罪を類型化している。

その基準は，当該の犯罪によって危害を被る人間（被害者）が，加害者自身，特定可能な個人，特定不能な個人の集合，そして社会全体のいずれであるかという点にある。その中で最も重要かつ普遍的に適用可能な犯罪は，被害者が明確に特定可能な「個々人に対する犯罪」であった。ベンサムは，そのような「個々人に対する犯罪」として，具体的に以下の4つを提示している。すなわち，「人身」に対する犯罪，「財産」に対する犯罪，「評判」に対する犯罪，そして「地位」に対する犯罪である。人身，財産，評判，地位の安全は，およそいかなる国や地域の人々にも共通する重大な利益であり，したがって，それらに対する侵害は，普遍的に明白かつ多大な苦痛をもたらすものと考えられたのである。「それはどこであっても，世間の非難を受けやすいし，また受けるに違いないものである。すなわちそれは〔……〕国や地域が異なると記述が異なることを要求される傾向が少ない」(Bentham 1996 : 275-76)。立法者は，これらの重大な利益に対する犯罪に対しては，それによって加害者が獲得する快楽以上の苦痛をもたらす刑罰を課すことで，犯罪を抑止しなければならない（ただし，過度に厳格な刑罰は無用の苦痛を生み出すために不適切である）。

苦痛の抑止に基づく「真の犯罪」の特定は，同時に，既存の犯罪における「偽りの犯罪」の特定を伴った。ベンサムによれば，他の個人に何の危害も加えていない行為は，「犯罪」と呼ぶに値しなかった。しかしながら，ベンサムの時代のイングランドでは，こうした無害な行為の多くが「犯罪」として規定されていた。たとえば，宗教的異端者や同性愛者のような性的マイノリティの行為は，「犯罪」として罰せられた。だが，いかに彼らの行為がマジョリティにとって奇抜に思えたとしても，実際の危害を何ら生み出してない以上，異端や同性愛に関する刑罰規定は撤廃されるべきであった。ベンサムは，このように人間の苦痛に依拠した立法の「自然的配列」は，個人と社会全体にとって真に有害な犯罪と偽りの無害な「犯罪」を選定し，各人の自由な幸福追求のための基本的枠組みを提供すると主張したのである。すなわち，「最大多数の最大幸福」は，各人による自由で積極的な幸福追求と，立法者による有害な行為の抑止に限定された法制定とによって，それぞれ異なる仕方で推進されるべきものとして構想されていたのであった。

3 ――イングランド国制における「不正義」

★国王の「影響力」と統治者の責任(1)――バーク

以上の『序説』における立法学の構想は，1777年以降に執筆され，1780年に印刷された（刊行は1789年）。『序説』を執筆した段階のベンサムは，既存の統治者を優れた資質の持ち主として想定しており，彼らはみずからの（優れた）立法学の構想を快く受け入れるだろうと考えていた。しかし，こうした統治者に対する楽観的な期待はやがて挫折し，ベンサムは，統治者の利益と社会全体の利益のあいだに横たわる根本的対立について自覚するに至る。『序説』を執筆した18世紀のベンサムが，「私人間」において生ずる「不正義」の問題に取り組み，彼の提案する立法の「自然的配列」の整備を既存の統治者に期待したとすれば，19世紀以降のベンサムの一貫した課題は，「統治者」の利益追求が惹起する「不正義」の問題にあったといえよう。彼は後年，以下のように回顧している。「私は〔……〕改革者であった。しかし，権力者が改革に反対するとはまったく想像していなかった。私は，彼らはただ，改革に取り組むために良きことは何かを知りたがっているだけだと想像していた」（Bentham 1843c：66）。

ベンサムが既存の統治者に対する批判を展開するに至った背景としては，1803年におけるパノプティコンの建設計画の挫折（Schofield 2006：109-36）や，1809年における議会改革論者であったジェイムズ・ミルとの出会い（Dinwiddy 1975：683-700）などが指摘されている。だが，ここでは，ベンサムが統治者像を転換したことの意味を，彼の個人的体験に限定するのではなく，名誉革命以来のイングランド国制をめぐる政治思想史的文脈から考えてみたい。従来とは異なる視点で考察すれば，異なる事実が重要性を帯びてくるはずである。

周知のように，1688年の名誉革命は，「国王大権」に一定の制限を課し，議会の政治的重要性を高めてイングランドに立憲君主制を確立した。しかしながら，議会と国王行政府との関係をどのように制度化するかという問題はなお未解決のままであり，イングランド国制は依然として不安定な体制だったのである。そこで，議会と行政府をつなぐ媒介項として，国王とその支持者（コート派）によって注目されたのが「パトロネージ（恩顧授与権）」の活用であった。すなわち国王は，議員に対して「官職」や「位階」や「年金」を分配することを通じて，議会への「影響力」を確保すべきであるというのである。国王とコート派は，このように法的権限としての国王大権の制限された状況下にあって，「パトロネージ」による「影響力」の行使というインフォーマルな手法に訴えることによって，議会との連携を図ろうとしたのであった。だが，こうした手法は，議会の独立性を著しく損なうものとして，18世紀を通じて激しい論争の対象となる。論争にはボリングブルックやヒュームなど多くの論者が参戦しているが，ベンサムとの関連でとくに重要なのは，ロッキンガム派ウィッグの政治家であったエドマンド・バークの影響力論である。

バークは『現代の不満の原因の考察』（1770年）において，国王ジョージ3世の駆使する「パトロネージ」について以下のような強い危機感を表明している。「大権としてはほとんど枯渇して消滅したのも同然であった国王の権力が，最近では影響力という名のもとに，口当たりはよいが一層強い力を秘めた形において発展してきた」（Burke 1981：258）。「大権」がともすれば「喧騒や暴力」を伴い，庶民院との敵対を惹起するのに対して，「影響力」は庶民院を「権力の手先に変質」させ，国王行政府の支配下に置くものである。それは，官職や年金などの分配を通じて行使されるがゆえに，議員にとっては甘美であるが，それだけに「一層強い力」をもつものであった。

このような国王権力の新たな形態は，議会の独立性を著しく毀損し，統治者の責任を掘り崩すものであるとバークはいう。内閣制度は今や，「2つの体系」に分断されてきている。1つは，「宮廷の真の信任と秘密に与る内閣」であり，もう1つは，「統治の軍事的執行的義務を果たすだけの単なる外面的内閣」である。国民に「責任」を負うのは後者の「外面的内閣」であるが，実際には宮廷の信任を受けた「顧問官たち」が「一切の権力を専断している」。その結果，無力な議会はいかなる政策に対しても黙従する状態に陥り，「密室と陰謀で作られた徒党（cabal）が，国民的行政に取って代わってしまった」というのである（Burke 1981：260-61）。バークは，このような宮廷の信任と秘密に与りながら無責任な内閣と，形式的存在にすぎないにもかかわらず責任を問われる内閣への分裂を，「二重内閣制」と称する。それは，バークにとって，「不自然な恩顧主義の体制」であり，名誉革命によって確認された「憲法全体の精神を破壊する体制」にほかならなかった。

こうした「二重内閣制」を克服し，統治者の責任を確立するためのバークの処方箋は，主として２点にわたる。１つは，政党政治の確立による政治の公共性の回復であった。バークにとって，「国民的利益を促進するために結合した集団」という真の「政党（party）」の名に値する集団は，自身の所属するロッキンガム派ウィッグをおいて他にありえなかった。ロッキンガム派の政治原理は，「政党全体を含まないいかなる権力の提供も，私的な考慮によって決して受け入れないこと」にあったからである（Burke 1981：318）。ロッキンガム派の「雄々しく名誉ある原理に基づく高潔な権力闘争」は，徒党による「地位と報奨を目的とする卑俗で私心のある闘争」とは容易に区別されうるとされた。すなわち，政党人としての人格的な高潔性や有徳性の確立が，国王の「影響力」に対するバークの主たる処方箋であった。

「二重内閣制」を克服するためのもう１つの処方箋は，同一の問題意識に立って1780年に行われた，いわゆる『経済改革演説』において提示されている。バークはこの演説で，国王の裁量のもとで増加の一途をたどっていた「王室費」を槍玉に挙げる。それは，国王が「パトロネージ」を行使する際の重要な財政的基盤であった。ここではバークは，「王室費」を削減することを通じて国王の「影響力」を抑制しようとしたわけである。したがって，バークにとって「王室費」の削減は，たんなる節約や倹約といった意味での財政的問題にとどまるものではなかった。それは，議会の独立性の回復を目的とする点で，優れて政治的あるいは憲法的問題でもあったのである。バークは「王室費」の削減の政治的意義を以下のように強調している。「他の政府のもとでは，出費の問題は単なる経済性の問題にすぎず，それ以上のものではない。しかしながら，我々の政府のもとでは，出費のあらゆる問題に憲法上の考慮が常に混入せざるを得ない」（Burke 1996：518）。

もっとも，このように「王室費」の削減を議会で訴えたバークではあったが，その主張は「パトロネージ」の廃止にまでは至らなかった。バークによれば，国王の恩顧のなかには，政党人としての「有徳な野心への刺激」を担保しうるものも存在する。

> 私は，報奨として受け取られる限りは腐敗として作用しない，ある種の恩顧を授与する権限を国王に残しておきたいと思う。人々が，父親か，あるいは父系と同様の由緒ある間柄を通じて国王から恩義を受け取る場合，そこから生ずる依存関係は，感謝の念からの義務感であって，隷従の足枷ではない。このような関係は，徳（virtue）を

もたらし，それを促進するものである。(Burke 1996：528)

すなわち，一定の恩顧は国王に対する「感謝の念からの義務感」を生み出し，統治者の側に「徳」をもたらすというのである。ここにおいて，国王の「パトロネージ」に対抗するために政党人の人格的な高潔性や有徳性を求めていたバークは，それらを担保する制度として国王の「パトロネージ」を容認するに至っている。だが，「不自然な恩顧主義の体制」を舌鋒鋭く批判しておきながら，結局のところそうした体制に回帰していくバークの姿勢は，ベンサムにとっていかにも不十分なものであった。

★国王の「影響力」と統治者の責任(2)――ベンサム

19世紀のベンサムが，すでに世を去っていたバークの影響力論に敢えて注目した背景には，1807年における庶民院での「公費に関する特別委員会」の設置があったと考えられる。同委員会はその年のうちに，「支払局」，「イングランド銀行と公債の運用」，「年金と閑職」について矢継ぎ早に調査を行い，3つの報告書を作成した。とくに「年金と閑職」を扱った第3報告書は最も大部で反響を呼び，1808年には改訂版が，1809年には補訂版が作成された。この第3報告書は，巨額の公費が依然として多くの年金や閑職に投入されていること，さらに売買されている官職が現在でもなお多数存在していることを明るみに出したのである。ベンサムは第3報告書を読んでそうした慣行の理論的支柱としてバークをとらえ，1810年に『エドマンド・バーク閣下に対する経済性の擁護』を執筆した。そこにおいて彼は，統治者の惹起する「不正義」の問題について以下のような認識を示している。「政府が関心をもつ問題のなかには，支配する少数者の利益が，彼らが誰であろうと，普遍的利益と一致する問題が存在する。〔……〕だが不幸なことに，ほとんどの政府，とりわけ我々の政府のもとでは，偏狭で邪悪な利益（sinister interest）が普遍的利益と和解しがたい敵対状態にあるような別の問題が存在している」(Bentham 1993：43)。

ここでベンサムが政府の「邪悪な利益」と見なすのは，議会が国王行政府の「影響力」のもとに従属し，「統治者の責任」が掘り崩されている状態である。その限りでは，じつのところ，バークとベンサムはイングランド国制をめぐる問題意識を共有しているといえる。しかしながら，バークが一定の恩顧授与を統治者の「徳」を担保する制度として認めたことは，ベンサムにとって不徹底で都合のよい結論と思われた。「彼の目的は，浪費と腐敗の資源と手段を獲得することができる場合には，浪費と腐敗の原理を維持し続けることであったろうし，実際にそうであった」(Bentham 1993：51)。だが，ベンサムの考えでは，「官職」であれ「年金」であれ，「恒久的な報奨」を創設することは有徳なインセンティブをもたらすことに連動しなかった。それはたんに，議員が国王行政府に対して，「国王の奉仕者の行為が何であろうとも，見境のない支持を与える」ことを帰結するだけであった(Bentham 1993：71)。

このようなバークの結論をもたらした理論的要因として，ベンサムは，バークが暗黙裡に依拠していると思われた「責任」の概念に注目する。「統治者の責任」をいかにして確立するかということは，『統治論断片』以来，ベンサムの「自由な国家」構想の一貫した政治学的課題であったが，最晩年に刊行された『憲法典』(1830年)では，「責任」の概念は以下のように洗練されて提示されている。

> 実効的な責任の創造と維持のためには，〔……〕罰則が，他の状況においてと同様に公職者の状況においても，採用されうる唯一の手段であると思われる。ある人に特定の状況に付随する責務を果たさせるためには，何らかの形態の報奨は確かに採用されうる手段であるし，一般的に言えば，唯一の適切な手段である。しかし，これらの同一の責務の規則的かつ適切な履行を保障する目的にとっては，罰則が〔……〕効果的に適用可能なものとされうる唯一の手段である。(Bentham 1983b：21-22n.a.)

すなわち，「報奨」は，たとえ特定の状況下で責務を履行させるのに有効ではあっても，継続的かつ規則的に責任を効果的なものにすることはできない，というのである。ベンサムの考えでは，統治者の責任を確立するためには，「報奨」によって善行を推奨する「報奨的責任」ではなく，「罰則」によって悪行を抑止する「罰則的責任」に基づく制度設計が必要であった。統治者が悪事を働いた場合に，迅速かつ確実にそれが露見し，罰せられる制度こそが必要だったのである。したがって，このようなベンサムの責任概念の区別は，彼が統治者に対して，何よりもまず，善を積極的に為すよりも悪を為さないことを求めたことを示唆していよう。

実際，ベンサムは1809年に執筆した『議会改革の教理問答』において，統治者に最も求められる資質として「廉潔(probity)」という消極的徳目を挙げている。統治者の「廉潔」とは，「何であれ彼〔統治者〕の義務を犠牲にするようないかなる利益も，〔……〕受け入れたり，獲得しようとしたり，維持したりすることを控えること」を意味する（Bentham 1843a : 539）。これが，具体的には，国王の「パトロネージ」によってもたらされる恩顧を断固として拒否する態度であることは明らかである。また，1822年に執筆された『公職に適用されるべき経済性』において，「廉潔」は「道徳的適性能力（moral aptitude）」と言い換えられているが，その意味するところは基本的に同じである。

> 道徳的適性能力によって意味されていることは，〔……〕実践的に無害であるということにほかならない。そのような無害は，無能力にほかならない。個々の官吏の立場に必要な権力を与えつつも，この無能力を確立することは，大変困難であるが，立法の領域において〔……〕絶えざる目的であるべきである。（Bentham 1989 : 15）

バークが統治者に求めた「徳」の概念が，国家（国王）に対する献身的態度を意味するとすれば，ベンサムの「道徳的適性能力」の概念は悪事を為しえない「無能力」を意味する。もちろんベンサムは，人びとの苦痛を緩和するために，統治者に「必要な権力」が付与されるべきことを認めている。彼は『憲法典』において，「救貧大臣（Indigence Relief Minister）」や「保健大臣（Health Minister）」の設置を提唱しているが（Bentham 1983b : 171-72），これらは当時のイングランドに存在していない官職であった。したがって，諸個人の自由な幸福追求を可能にするために，統治者の必要な活動量は相当なものになると考えられる。だが，それにもかかわらず，統治者にまずもって必要な資質とは，社会全体の善を積極的に増大させるよりも，社会全体に害を加えないことにあった。ここにも，快苦の非対称性をめぐるベンサムの一貫した認識を看取することができよう。快楽の増大ではなく，苦痛の抑止と減少こそが，19世紀以降のベンサムにとっても喫緊の課題であったのである。

4 ――統治者の監視と規律　パノプティコン原理の立憲主義的適用

それでは，統治者が「廉潔」＝「道徳的適性能力」を発揮するための，「罰則的責任」に基づく制度とはいかなるものであろうか。ベンサムは様々な具体的提案を行っているが，それらに共通する問題関心は「公開性（publicity）」の徹底である。ベンサムは「公開性」の必要性について，「内的な批判は，外的な批判の援助がなければ，廉潔を保障するのに十分ではない」と述べている（Bentham 1999：30）。すなわち，統治者の人格的な有徳性に期待したのでは不十分であり，制度的に彼らの言動を衆目の監視下に置くことが必要だ，というのである。ここで，近年のベンサム研究であらためて注目されている「パノプティコン」について言及しておきたい。というのも，スコフィールドが指摘するように，パノプティコンとベンサムの政府論のあいだには構造的な連関が存在するからである（スコフィールド 2013：127）。

パノプティコンとは，1780年代後半以降にベンサムの取り組んだ，囚人を収容するための施設の特徴である一望監視的建築様式のことである。同時代のイングランドでは不衛生かつ不経済な監獄の運営実態をめぐって論争が行われていたが，ベンサムは，パノプティコン原理に基づく一望監視的建築様式を構想することによって，これに応えようとしたのである。『パノプティコン，すなわち監視施設』（1791年）において提示されたその施設の建築様式は，まさに独特で奇抜なものであった。施設は円形で，その円周に沿って囚人の各監房が配置され，空間を隔てた中央部には監視塔がそびえている。囚人の各監房の壁側には小窓が，内側には鉄格子が設置されており，外部から光が差し込むことによって囚人の様子は監視塔側からは一目瞭然である。他方，360度見渡すことのできる中央部の監視塔の窓には光を屈折させるブラインドが巧みに配置されることによって，囚人は監視塔の看守の様子を窺い知ることができない。したがって，囚人は自分がいつ監視されているかわからず，看守の存在の有無にかかわらず，つねに看守の存在を意識するようになる。いわば，監視塔の看守は見られずして見るという監視の一方的関係が，看守と囚人のあいだに成立するのである。そして看守もまた，囚人の虐待や経理の不正などを行わないように，視察官として運営状況をチェックする治安判事や，施設をいつでも訪問できる一般の市民――「世間の法廷という巨大な公開委員会」（Bentham 1843b：45）――によって一方的に監視されることになる。

このような監視の連鎖を建築構造的に作り出すことによって，ベンサムは囚人を規律化していこうとした。そこでは，囚人の規律違反は即座に露見し，看守の目に留まることになる。したがってベンサムによれば，囚人はすぐに，「この監獄において違反は決して無事ではありえないことを理解」するはずであった（Bentham 1843c：82n.‡.）。つねに誰かに見られているという意識の内面化は囚人に自己規律をもたらす。周知のように，こうした一方的監視による囚人の規律化の構想は，フーコーの『監獄の誕生』によって，近代国家の規律権力の特質を如実に示すものとして，あるいは監視社会の到来を告げるものとして見なされた。だが，パノプティコン構想から近代国家の権力の特質を抉り出したフーコーの手際は鮮やかではあるものの，こうした監視と規律のネットワークを一般市民の社会生活の隅々にまで浸透させていくということは，ベンサムの考えていたことではおよそない。

むしろここで重要な点は，ベンサムは統治者に対する批判的認識を深めるに従って，こうした監視と規律のパノプティコン原理を統治者に対して適用していった，ということである。監視の対象は，19世紀以降ベンサムが統治者の「邪悪な利益」を自覚する過程で，囚人から既存の統治者へと重点移動していった。ベンサムは晩年に刊行した『憲法典』において，統治者の常態的な監視と規律を可能にする建築様式について論じている。そこでは，中央部の監視塔は消滅し，代わりに，大臣の活動を監視するための建築様式が新たに構想されている。

> 各執務室の形態は以下のように想定してみよう。外観については，13面の多角形である。それらのうち11面は，非常に多くの待合室の外壁を形成している。残りの2面は互いに隣接しており，〔……〕1つは入口でもう1つは出口である。（Bentham 1983b：445）

すなわち，多角形に構成された大臣の執務室は多数の待合室に囲まれており，大臣との謁見を望む市民がそこに出入りする。「多角形の中央部には，大臣用の椅子とともに，作業台もしくは長方形の机」が配置され，大臣は常時，待合室にいる（と思われる）市民によって監視される。今や中央部に位置しているのは，周囲を見渡す監視塔の看守ではなく，周囲から監視される大臣である。ベンサムの考えでは，大臣が「統治者の責任」を十分に果たしうるのは，このように衆目の監視下に常態的に置かれることによってであった。これによって大臣の悪事は即座に露見し，彼の活動は規律化されるだろう。

このような『憲法典』の制度設計は，パノプティコン原理の立憲主義的適用といえよう。もちろん，ここでいう「立憲主義的」とは，監視の状態を建築構造的に作り出すことで統治者の活動を無害化しようとするもので，一般的語法とはかなり異なった意味である（ベンサムは「権力の分立」それ自体を自由の源泉と見なす考え方には批判的であった〔小畑 2013：121-23〕）。だが，これまでみてきたように，統治者の「邪悪な利益」を自覚した19世紀以降のベンサムは統治者の権力の制御に取り組んできたのであり，パノプティコン原理に基づく『憲法典』の制度設計もまた，立憲主義の現代的展開と見なしうるのである。

ベンサムの構想した「自由な国家」は，ケインズ的な「福祉国家」ではないが，かといってリバタリアン的な「最小国家」でもない。それは，諸個人に自由で積極的な幸福追求を委ねる一方で，私人と統治者の双方がもたらす「苦痛」の抑止と減少こそを主眼とするものである。そしてその根底には，快苦の非対称的認識というベンサムの心理学――「精神病理学の公理」――があった。その意味で，ベンサムの功利主義哲学の真意を表現するには，「最大多数の最大幸福」よりも，「最大多数の最小不幸」のほうが適切であったのではないか。それはまさに，不正義論としての功利主義哲学と呼びうるものであった。

【文献】

＊ ［CW］は『ジェレミー・ベンサム著作集（The Collected Works of Jeremy Bentham）』の略記

Bentham, J.（1843a）Catechism of Parliamentary Reform, *The Works of Jeremy Bentham*, vol.3, J. Bowring（ed.）, William Tait.

――（1843b）Panopticon; or, the Inspection-House, *The Works of Jeremy Bentham*, vol.4, J. Bowring（ed.）, William Tait.

――（1843c）Memoirs and Correspondence, *The Works of Jeremy Bentham*, vol.10, J. Bowring（ed.）, William Tait.

――（1983a）*Deontology together with a table of the springs of action and article on utilitarianism*, A. Goldworth（ed.）［CW］, Clarendon Press.

――（1983b）*Constitutional Code*, vol.1, F. Rosen（ed.）［CW］, Clarendon Press.

――（1988）*A Fragment on Government*, R. Harrison（ed.）, Cambridge University Press.

――（1989）Economy as applied to Office, *First Principles preparatory to Constitutional Code*, P. Schofield（ed.）［CW］, Clarendon Press.

――（1993）Defence of Economy against the Right Honourable Edmund Burke, *Official Aptitude Maximized Expense Minimized*, P. Schofield（ed.）,［CW］, Clarendon Press.

――（1996）*An Introduction to the Principles of Morals and Legislation*, J. H. Burns and H. L. A. Hart（eds.）［CW］, Clarendon Press.

――（1999）*Political Tactics*, M. James, C. Blamires, and C. Pease-Watkin（eds.）［CW］, Clarendon Press.

Burke, E. (1981) Thoughts on the Present Discontents, *The Writings and Speeches of Edmund Burke*, Vol.2, P. Langford (ed.), Clarendon Press.
—— (1996) Speech on Economical Reform, *The Writings and Speeches of Edmund Burke*, vol.3, W. M. Elofson and J. A. Woods (eds.), Clarendon Press.
Dinwiddy, J. R. (1975) 'Bentham's Transition to Political Radicalism, 1809–10', *Journal of the History of Ideas*, 36 (4).
Schofield, P. (2006) *Utility and Democracy: The Political Thought of Jeremy Bentham*, Oxford University Press.

小畑俊太郎 (2013)『ベンサムとイングランド国制——国家・教会・世論』慶應義塾大学出版会。
シュクラー，ジュディス (2001) 大川正彦訳「恐怖のリベラリズム」『現代思想』(29巻7号) 青土社。
スコフィールド，フィリップ (2013) 川名雄一郎・小畑俊太郎訳『ベンサム——功利主義入門』慶應義塾大学出版会。
ポパー，カール・R (1980) 内田詔夫・小河原誠訳『開かれた社会とその敵』(第1部) 未来社。
ミル，ジョン・S (2010) 川名雄一郎・山本圭一郎訳『J.S. ミル功利主義論集』京都大学学術出版会。

【付記】 本稿は，日本学術振興会科学研究費・若手研究(B)課題番号15K16985 (代表者)，基盤研究(B)課題番号15H03164 (分担者) に基づく研究成果の一部である。

【小畑俊太郎】

講義5
自由のないデモクラシー　トクヴィル：「行政の専制」

全能の力はそれ自体，悪しきもの，危険なものに私には見える。
——トクヴィル『アメリカにおけるデモクラシー』第1巻

Keywords　専制と暴政／西洋の政治文化／法と法を越える支配／民主的専制／地域自治／陪審制／行政権力の集中／「市民宗教」

▶プロローグ——「民主」と「専制」

かつてドイツの法・政治理論家のカール・シュミットは，19世紀の政治思想史は1つの標語で概観できると言いきった。すなわち，「民主主義の勝利の行進」である。近代革命後，西洋のすべての国家で，「進歩は，まさしく民主主義の伝播と同義であり，反民主主義的な抵抗は，単なる防衛であり，過去の遺物の弁護であり，新しいものに対する古いものの闘争であった」（シュミット 2007：58）。民主主義が，人類の進歩を意味すると同時に，現実的な政治目標になったのが19世紀の特徴だったということができる。

しかし，民主主義が現実的な政治原理となるにつれて，その形態は一義的ではないことが明らかになってきた。「それは，その最も重要な敵対者である君主主義的原理が消滅したとき，内容の明確さをおのずと失い，あらゆる論争的概念と同じ運命をわかつことになった」（シュミット 2007：62）。つまり，「民主」主義は別の政治原理（主義）と対抗するなかでは積極的な意味をもちえたが，他の主義が消滅すると，それ自体としては明確な内容をもちえなくなったとされる。事実，フランス革命後の第二共和政における〈人民投票型〉「独裁者」の登場は，民主主義が「保守的でも反動的でもありうる」ことを示した。

こうして民主主義が勝利に向かうなかで露呈したディレンマを初めて体系的に論じた政治思想家が，アレクシ・ド・トクヴィル（Alexis de Tocqueville, 1805～59年）である。確かに，彼の生きた19世紀前半のフランスの政治体制は（短期間の共和政を除けば）帝政か王政で，身分制は廃止されたとはいえ基本的に制限選挙制度が採用されていた。しかしトクヴィルは，ヨーロッパに比べて民主主義の勝利が確定的となったジャクソン時代のアメリカを訪れ，民主主義の利点と欠点をつぶさに観察した。また，彼は民主主義を，すでに完了したいわば静的な概念ではなく，ヨーロッパ諸国で現在進行中の動的な概念としてとらえることで，その行く末を占うことができたのである。トクヴィルの観察した民主主義は，平等を実現した政治・社会である以上に，平等化する政治・社会だった（その意味で，文脈において民主主義よりは「民主化」，あるいは政治体制を越えた社会状況を指すものとして「デモクラシー」と表記したほうが適当だろう）。シュミットの『現代議会主義の精神史的状況』（1923年）の議論に引きつけていえば，トクヴィルは民主主義に対抗する原理がなお根強く存在する時代に，それが消滅した後の「民主」的時代の問題の輪郭を描いたのである。

ところで，日本国内でも明治時代から，トクヴィルの主著『アメリカにおけるデモクラシー』（以下，『デモクラシー』と略す）は，福澤諭吉などによって注目されてきたことはよく知られている。1873（明治6）年には，福澤の弟子である小幡篤次郎によって抄訳（邦題『上木自由之論』）が出版されている。それは『デモクラシー』第1巻の一部を英訳版（ヘンリー・リーヴ訳）から翻訳したものだが，福澤はその部分に依拠しながら分権論・民権論を主張した（『分権論』1877〔明治10〕年刊）。たとえば『デモクラシー』第1巻第5章では，中央・地方の権限に関して「政治の集権」と「行政の集権」という概念が登場し，前者は全国一般にかかわる事柄（たとえば外交・安全保障），後者は全国各地方の必要・便宜に従う事柄の集権というように区別されるが，福澤はこれらを「政権」と「治権」と表し，トクヴィルに従うかたちで前者は自由にとって必要だが後者は不必要，むしろ危険であると論じた。と同時に福澤は，『デモクラシー』第1巻で描かれた政府から自立した社会（「私立」）の必要を強調した。それ以後，明治の議論がどこまで影響したかはともかく，日本ではトクヴィルのデモクラシー論といえば分権論や政治参加が連想され，また「公」とは異なる市民の団体活動（今日ではNPOやNGO）の意義を論じる場合にしばしば参照されてきた。

確かに，トクヴィルの『デモクラシー』第1巻（1835年）では，アメリカにおける地域自治をはじめ自由の諸制度の存在が評価される一方，「行政の集権」の不在が指摘されている。だが，『デモクラシー』第2巻（1840年）では，「行政の集権」が現実的な脅威，すなわち民主主義において自由を脅かす最大の脅威として論じられる。直接的には，両巻の5年のあいだにヨーロッパで進んだ産業化と，それに伴う行政の役割拡大の観察が彼の問題関心を移行させたが，しかしトクヴィルによれば，デモクラシーそれ自体に「専制」を招来する原因が内在しているという。つまり，民主主義にとって自然なのは自由よりは専制なのだ。言い換えれば，それは放っておけば専制に至るおそれがある。そこで，従来のように弥縫策として自治を素朴に論じる前に，専制といういわば不正義の性格をまずは見定める必要があるのではないだろうか。

トクヴィルは，自由になった人間が自由を放棄するという民主的社会の矛盾を新しい専制として指摘した。確かに，新しい脅威を示す言葉として「専制」は古いと自覚しながらも，トクヴィルが同概念を用いたことにはそれなりの意味がある。つまり，そうすることで，彼の専制論は自由と専制という問題をめぐって格闘してきた西洋政治理論の伝統に連なることになったのである。専制の概念は，暴政や独裁に比べると政治思想史でそれほど注目されないが，その概念史は暴政と同様に長い歴史をもつ。また，必ずしも暴力的ではない――むしろ（後述するように）被治者の「同意」（民意？）を前提とするような――専制のほうが，近代以降の抑圧的体制を表現するのに都合のよいものとして浮上するだろう。それは，人類が文明化と民主化を同時に進展させた世紀の行進をいわば裏側から照射する概念として再注目されるのである。

本講義では，まず，西洋思想における「専制」の概念史の変遷を，主にメルヴィン・リクターの議論（Richter 1973）に依拠しながら概観する。そして次に，その歴史を踏まえてトクヴィルの指摘する民主的専制である「行政の専制」の特質を明らかにする。最後に，彼がそれに抗して構想した民主主義の別の形態，自由のあるデモクラシーの条件を考察する。それは，冷戦体制崩壊で勝利した西側諸国の政治体制としての「リベラル・デモクラシー」ないしそのイデオロギーとは必ずしも同義ではない。むしろ，そのズレ自体がトクヴィル思想を今日意味あるものにすることを示したい。

1 ――「専制」の来歴　西洋の政治文化の連続と断絶

★古代から近代へ――「同意」という罠

「専制」の概念の歴史は，古代ギリシアに始まるとされる。それは，家長や奴隷主など「主人」を意味するデスポテース（despótēs）の支配に由来する。すなわち，専制あるいは「主人的支配」とは基本的に，主人が奴隷を支配する関係を指していたのである。

アリストテレスは『政治学』のなかで次のように述べている。「すなわち，国家の支配は自然による自由人を対象とするが，主人（despótēs）の支配は自然による奴隷を対象とする」（アリストテレス 2001：23）。したがって，専制は本来的には奴隷である非ギリシア人，野蛮な諸国民に対する支配であって，それは「東洋的」な観念であると考えられた。これに対して，ギリシア人にとって，彼ら自由人が従うのは支配者の意志や欲求ではなく，ポリスの法（掟）だった。なるほど，専制も（支配者の恐怖や力ではなく）臣民の「同意」に基づく支配でありうるが，それは自由人であるギリシア人からすれば支配者への服従（＝奴隷になること）への同意であって，共通のルールの遵守への同意ではなかった。

このように，被治者の同意があるということは，それだけでは専制を避け，善い統治を保障するものでは何らない。しかも注意したいのは，専制とは法に従わない支配というわけでは必ずしもないことである（アリストテレス 2001：161）。問題は，「主人的」支配が少なくとも外見上「法に従う」ことはありえても，その場合に，支配者が究極的には法も自分の好きなように制定・改変できるということにある。これに対して，反専制的な統治は，自由人が実質上「法に従う」支配であり，その法は支配者も従わなければならず，彼らがそれを恣意的に制定・改変できないことを含意する。権力（者）も従う〈法の支配〉あるいは〈抑制された権力〉という考え方にこそ，西洋の政治文化の伝統があるといえる。

その後，（本来西洋的ではないとされた）専制の議論は一時停滞するが，中世末期に復活する。それにはアリストテレスの著書のラテン語訳の影響もあったが，この場合（詳細はここでは省くが），専制という概念がヨーロッパに無関係な「アジア的」なものとしてではなく，教皇権に対する闘争という文脈で用いられた。そして17世紀，ヨーロッパで絶対王政の時代が到来すると，ジャン・ボダンと，彼の議論を受けたグロティウスやプーフェンドルらによって専制論は活性化する。

専制は奴隷制あるいは征服者が（敗者を）奴隷とする権利と結びつけて論じられ，その支配はやはり臣民の暗黙の「同意」を前提とするとみなされた（ボダンは「主人的支配」は偉大であるとする一方で，暴君放伐論〔monarchomachia〕を意識して，同意を専制の条件とすることはなかったが）。とりわけ，プーフェンドルは同意――それが強迫や暴力の結果であれ――を専制や奴隷制を正当化する根拠として明確化しようと試みた（Richter 1973：5）。そして，こうした統治の形態と同意の理論を踏まえて，これらを社会契約理論にまとめ上げ，それを肯定さえしたのはトマス・ホッブズである。

ホッブズは，善き統治と堕落した統治というアリストテレス的区別は認めない。よって，専制は支配者が自分自身を利する統治であるとして批判する根拠は失われる。ホッブズにおいて新しかったのは，獲得（征服）による国家と設立による国家を区別し，前者を父権的，専制的支配と規定しているが，「同意」を基礎にする点で両者は質的に異ならないと考えた点である（『リヴァイアサン』第2部第20章）。つまり，専制的国家も人為によって創出された国家（社会契約によって設立された近代国家）も，いずれも人びとが恐怖から支配（者）への服従に同意するという構成において変わらないのである。前者では人びとが征服者を恐れているのに対して，後者ではお互いを恐れて支配への服従に同意するという形式的な違いがあるのみである。自然状態において，人は「万人の万人による闘争」を避け，自己保存のために社会契約を結び，等しく支配者＝主権者に服従することに同意するが，支配者はいったん同意が得られたなら絶対的な権力を維持・行使できると考えられた。法もこの権力（権威）によって作られるのであって，その逆ではない。こうしてホッブズは，恐怖を背景にした「同意」を唯一の支配の正統性根拠とすることで，「専制」概念をいわば解毒化し，古代ギリシア以来の西洋の政治文化に裂け目を入れることに成功したのである。もっとも，ホッブズは「自然権」の保障を同意の前提としており，この点では権力を制限する近代立憲主義の途を同時に開いたとみることもできる。

★専制批判の再興と権力の分立

専制と他の統治形態の質的相違を再び強調した思想家として，ジョン・ロックがいる。彼の専制的・父権的権力批判の標的は，ホッブズよりは王権神授説論者のフィルマーだったが，政治思想史上ではホッブズの政治権力論を批判したという意味がある。一度同意が得られたらなんでもできるという「絶対的」な政治権力のもとでは，人間の自然権は保障されない，そうロックは鋭く指摘したのである。しかも『統治二論』の著者にとって，その個人の生来の権利は自己保存（生命）に限られず，財産や自由に対する権利も含まれる。統治者は，そうした権利を保障するという「自然法」の枠内で，権力を行使することができるのである。仮に政府が人民の信託に違反して権力を行使すれば，人民にはこれを解体する「抵抗権」があるとさえロックは論じる。抵抗権は政治権力を契約（共通のルール）に縛りつけておく理論的装置として機能することになるのである。

さらにロックは，立法権，執行権，連合（外交）権に権力を分立させる必要を論じた。彼はそうすることで，〈法の支配〉あるいは〈抑制された権力〉という西洋政治文化の理念に，権力を分立させる機構論を新たに導入したのである。他方，ロックは専制を自由人の政治文化の外に位置づける点で，アリストテレスの用法（主人と奴隷の関係において成立）を踏襲している。すなわち，『統治二論』第２論文における専制（的権力）は，戦争の勝者とその捕虜という関係において成立しうるものとされる（同第15章）。これに対して，専制を真に政治的な問題，すなわちそれを西洋内部の１つの統治体制として，しかも西洋の政治文化を脅かす現実的な危険として論じたのは，モンテスキューだった（ただロックは同18章で，専制とは別に，「権利を越えた」権力の行使として「暴政」について論じている）。

モンテスキューが専制を西洋の政治文化を解体する脅威として論じた背景には，フランスにおける絶対王政絶頂の時代があった。このとき，ルイ14世の絶対主義を東洋の専制君主の支配に照らして批判するような言説が生まれてきたのである。そのなかでモンテスキューは，専制をヨーロッパにおいても例外的ではない１つの統治形態として特徴づけた。彼は『法の精神』のなかで，１人の支配者の個人的逸脱である「暴政」と区別して，「専制」を恐怖という情念を原理とする１つの政体として規定したのである（同書第３部９章）。

モンテスキューの関心は，それと対照的な自由な政治体制を特徴づけることにあった。彼は，ロックの『統治二論』が出版された名誉革命後のイングランド国制を観察しながら，様々な手段を通じた権力の制限の必要を訴えた。『法の精神』の著者は，立法，執行，司法に権力を分立させる必要を論じたことで知られるが，立法権を最高権力と規定したロックとは違い，それぞれが権力を独占することなく，３つの権力が相互に抑制・均衡し合うこと，また司法権を執行権から独立した権力として認めた点で新しかった。もっとも，国王・貴族・平民という身分集団がそれぞれの権能を代表することが前提とされていた。その時代には，どの集団にも属さずに統治権力と直接対峙するようなむき出しの「個人」は存在せず，それらの伝統的な「中間集団」が国家権力の抵抗の拠点として網の目をなしていたのである。この点では，モンテスキューの議論を参照しながら脱封建制化した三権分立を主張することになるのは，アメリカ建国期のフェデラリストたちだった。

その後フランスでは，多くの啓蒙思想家が専制について論じるようになるなか（『百科全書』の項目でも大きく取り扱われている），たとえば重農主義者（フィジオクラート）によって「合法的専制（despotisme légal）」という概念を用いた啓蒙専制を正当化するような議論が登場する。しかし，これに厳しく対峙したのは，『社会契約論』の著者だった。ルソーはその第３編第10章「政府の悪弊とその堕落の傾向について」のなかで，次のように述べている。「異なったものに異なった名称を与えるため，私は，王権の簒奪者を暴君，主権の簒奪者を専制君主と呼ぶ。暴君とは，法を侵して王権を奪っても，治めるときは法に従うものであり，専制君主とは，法そのものを越えるものである」（ルソー 2010：133）。

「法そのものを越える」統治。外見上法に従うかどうかはともかく，法そのものを越えることを本質とする専制を堕落した支配とするルソーの理解は，ここまで論じてきた西洋の政治文化の伝統に合致する。ところが，ルソーは専制君主の危険を論じながらも，人民の支配が専制に陥る危険は看過したと言わなければならない。端的に言って，『社会契約論』は，国家が樹立された後，政治権力が絶対的なものになることを阻止するような〈抑制された権力〉論を欠いていた。実際，フランス革命期の指導者はルソーの議論に従いながら――ただし彼の専制批判の面は顧みることなく――，恐怖政治を「自由の専制」として正当化したのである。ロベスピエールは，1794年2月5日の国民公会で，こう言い放った。「革命の統治は，暴政に抗した自由の専制なのだ」。フランス革命が明らかにしたのは，権力の担い手が君主であれ人民であれ，絶対的・無拘束的になれば専制に通じるということだった。

カントは，革命後数年して出版された『永遠平和のために』(1795年) のなかで次のように語っている。「厳密に言うと，民主政は必然的に専制になる」(カント 2007：65)。カントにとって，専制とは統治者が誰であれ，行政権と立法権を分離せず，統治者がみずから法を制定し，また執り行う統治を意味した。このときすでに，じつは「君主」に代わった「民主」主義こそ，権力を分散せず，むしろより集中するのではないかと懸念されていたのである。

★ナポレオンの登場と新しい専制

恐怖政治と，それに続くナポレオンの帝政を批判したジェルメーヌ・スタールは，「フランス同様，ヨーロッパにおいて古いのは自由であって，新しいのは専制である」(『フランス革命の考察』第5部1章) と述べたが，その意味するところは明らかだろう。西洋の政治文化の伝統は自由であり，これを否定する専制は新しい (moderne) という意味である。新しい専制の特徴は，行政権と立法権の分離を廃棄し，結果的に「法そのものを越える」こと，またそれまで暴政の歯止めとなってきた様々な「中間集団」を根絶することだった。スタールとともに，この新しい専制を批判した思想家としてバンジャマン・コンスタンがいる。彼は専制に新しい要素を加えることで，専制概念のいわば近代的転回を部分的に明らかにした。コンスタンに従えば，ナポレオンの統治は権力を分離・制限しないだけでなく，別の「民主」的要素を基盤とする点で新しかった。それは，宣伝によって各人の思想のうちにまで深く浸透し，民衆を操作・動員する統治である。つまり，従来東洋のうちに表象されてきた静態的な統治 (暗黙の同意) ではなく，つねに民衆に働きかけ，また民衆に運動を強いるような能動的な統治だった (Richter 1973：14-15)。それゆえ，専制という概念はもはや馴染まず，

『征服の精神と簒奪の精神』(1814年) の著者は「簒奪」という言葉を用いて，これを従来の専制概念に対比した。「一言でいえば，専制は沈黙によって統治し，人に黙っている権利を与える。これに対して，簒奪は彼に話すように強いる。そして思想の内奥まで追及し，良心に背くよう強制することで，簒奪は被抑圧者に残された最後の慰めまで奪うのだ」(Constant 1997 : 197)。「近代人の自由」の擁護者にとって，「簒奪」は従来の専制や暴政よりも劣悪な統治だった。

もちろん，この統治の性格はナポレオンという指導者の個性（パーソナリティ）によるところが少なくない。とはいえ，ナポレオンなき後もこうした (執行権に権力を集中する) 専制の危険が消滅することはなかった。ナポレオンが失脚した後，フランスは再び王政に戻るが (復古王政 1814〜30年)，そこでも専制の議論は増すことはあっても減ることはなかったのである。ここで注目しておきたいのは，復古王政期に，専制のなかでも行政権力の集中が政治的立場を越えて批判の対象にされるようになったことである。自由派を代表するロワイエ＝コラールは，1822年1月24日の議会演説で，「粉々になった社会から集権制が生まれ」，われわれは政府に管理された国民になったと主張した。また，それ以前にも保守の論客だったフェリシテ・ド・ラムネが，雑誌『保守主義者』の論説 (1818年10月) で，「行政が専制化する」ことに多大な懸念を示していた。同様に，国民の代表である立法権よりも，行政権の肥大を特に懸念したのは，フェルディナン・ベシャールのような正統王朝派（レジティミスト）だったことは記憶されていい。『行政集権論』Ferdinand Béchard, *Essai sur la centralisation administrative* (1836年) はその代表的な成果である。

確かに，この時代は政治体制として「民主」主義が採用されていたわけではなく，むしろフランス革命後の歴史の「進歩」からすれば反動，揺り戻しが生じた時期にあたる。だが，身分制の解体と平等化の進展を逆戻りすることはできない。それは旧体制（アンシャン・レジーム）期に「社団」と呼ばれ個人を包摂してきた職能団体や，王権を掣肘してきた貴族階級の解体過程を意味したが，それはかえって専制の生まれやすい環境を生じさせることになったのである。

そうした議論を踏まえ，専制の概念を再定義した思想家がトクヴィルである。彼に新しかったのは，身分制解体後に生まれた「民主的」社会の構造のうちに新しい専制の原因を見いだしたことである。つまり，権力の集中は一部の支配者や政府の暴力的な手法によるのではなく，民主化する社会のなか，人民の心性に起因し，それによって集権への「能動的」な同意が可能になると論じたのである。その議論は大きく，「多数者の専制」と「行政の専制」に区分できるが，本講義では後者に絞って論じることにしよう。実際，「行政の専制」の脅威こそ，思想家トクヴィルの最大の関心だった。

2 ――民主的専制の誕生　行政権力の集中

★集権の論理と心理

「問題をより詳細に検討し，5年にわたって新たな省察を加えた結果，私の懸念は少しも減らなかったが，その対象は変わった」(Tocqueville 1992：834＝下253)（以下，頁数のみ記す)。これは『デモクラシー』第2巻，第4部の一節である。続いてトクヴィルは，こう述べる。「専制や暴政という古い言葉はまったく適切ではない。問題は新しい。これを名づけえぬ以上，その定義を試みなければならない」(836＝下256)。『デモクラシー』第1巻で多数者の専制について論じた際には専制と暴政が混用されたが，第2巻で行政の専制について論じる際にはほぼ「専制」に統一し，新しい定義が試みられる。

トクヴィルは，『デモクラシー』第2巻でデモクラシー（平等化）が人間の観念と感情，すなわち考え方（論理）や感じ方（心理）に及ぼす影響を論じているが，それが政治に及ぼす影響について論じたのが第4部で，新しい専制の相貌を明らかにする。そこではまず，①集権ないしそれへの「同意」を生じさせる民主的な論理と心理について，②次に行政の集権を助長する別の要因について，③最後に従来の専制とは異なる行政の専制の性格について分析されている。

ここではまず，民主的な論理と心理を便宜上それぞれ2つに分けて説明することにしよう。民主的心理の1つ目は，差異への嫌悪と嫉妬である。デモクラシーの時代，すなわち形式上（制度上）みな平等になる時代に，人は自分が他人とは異なる扱いを受けることに我慢ならない。同等の隣人が自分より上の境遇にある場合にはこれを激しく妬み，自分の立場にまで引き下げようとさえする。「あらゆる境遇が不平等であるときには，どんな大きな不平等も目障りではないが，すべてが画一的ななかでは最小の差異も衝撃的に思える」(813＝下222)。トクヴィルによれば，このことは各人に他人の特権や上位者の存在を認めるのを拒ませるが，その一方で平等を奨励し画一的に扱ってくれる匿名の（特定の個人や身分ではない）中央権力には進んで従う気にさせるという。

もう1つ，民主的心理として孤立と無力感がある。形式上みな平等な時代に，人は独立することで自信と誇りを持とうとする反面，社会のなかに1人投げ出されて痛切な無力感に苛まれる。旧体制下のような共同体的紐帯は存在せず，特定の他人による扶助も期待できない。「これが極端になると，誰もが卑屈になるなかで一人聳え立つあの巨大な存在に，彼は自然と目を向ける」(812＝下222)。トクヴィルによれば，こうして無力な個人は「巨大な存在」である中央権力に依存し，権力が巨大であってほしいと望むようにさえなる。

次に，民主的論理として〈全体〉の論理がある。身分制から解放されると，人はこれまで信じてきた伝統的な価値や習慣，あるいは特定の他者の意見を急に信用しなくなる(514-5＝上17-18)。ところが，その同じ平等が，万人みな似通った考えをもつと考えさせ，その結果，より数の多い側に真理があると思い，全体(マス)を信じる気分にさせる(521＝上29-30)。こうして，世界のうちに自己と全体しか見なくなる民主的論理は，個人を軽視し社会全体とこれを代表する権力を重視する考え方を生みだす。「彼らはいともたやすく社会の利益が全(すべ)てで個人の利益は無であると認めてしまう」(809＝下216)。さらにトクヴィルは次のように言う。「特定の個人に固有の権利があるという観念は人間精神から急速に消失し，社会が全能でほとんど単一の権利を持つという観念がそれにとって代わる」(810＝下217)。ここでは，社会全体を全能と考える論理と，中央権力を全能と考える論理は同型であるとみなされていることにも留意が必要だろう。

もう1つの民主的論理は，人民主権である。民主主義では人民主権がその政治的教義になるのは必然だが，その場合，人民を1個の塊と見るとともに，それを代表するとされる政府を単一で全能の存在とみなす傾向がある。つまり，主権を日常行使する仕方とその指導者の種類は様々だとしても，それを体現する中央権力の権利と義務については万人の意見が一致する，そうトクヴィルは言う。「誰もが政府を単一不可分で，神の如く(providentiel)万物を創造する権力のイメージで思い描いている」(811＝下218)。こうして主権者と神の類比が成立し，人民，実際にはこれを代表する権力が単一で全能，いわば神の如く見られるようになるという。逆に，政府と個人のあいだに介在する2次的権力，中間集団の存在は――両者の透明な関係に不純物を混入するものであるかのように――認められない傾向にある。

こうして民主的な論理と心理は，さしあたり中央権力の担い手が誰であろうと，集権を生じさせる傾向があるとされるが，行政の集権を助長する要因はほかにもある。

★行政の役割の拡大

行政の活動範囲を拡大させる最大の要因は，産業の発展である。身分制の解体は，人間の欲望を解放するとともに，お互いに財を求めて競争し合わせる。また，それはこれまで主要な階級であった地主と農業者の数を減少させ，例外的な階級だった産業従事者の数を激増させる。このとき，行政の活動範囲はおのずと拡大する。「工業が盛んになるにつれて，国民は道路，運河，港湾その他，富の獲得をしやすくする半公共的事業の必要をますます強く感じるが，民主的になるにつれて個人はこのような事業の施行に大きな困難を覚え，国家はこれを実施するより大きな能力を持つ」(829-30＝下246)。もちろん，教育や福祉にかかわる公共事業の増大も行政の役割を拡大させる。また国家は，金持ちの富を引き寄せる「公債」，数の多い貧乏人のお金を吸い取る「貯蓄銀行」によって，富を不断に増大させるという。

他方，トクヴィルは産業に従事する階級の「従属性」も指摘し，それが行政の肥大の温床になるおそれがあるとする。というのも，『デモクラシー』の著者によれば，この階級が権益を生みだす工業財産は，かつて貴族が所有した土地とは違って絶えず動揺し，権力の規制も受けやすいと考えられるからだ。確かに，こうした動産と不動産の区別や産業階級への過小評価には，トクヴィルのいわば貴族的な偏見を指摘することも難しくないが，産業化によって増殖する動産（工業財産）が景気の動向（あるいは恐慌）の影響をまともに被りやすく，またその活動は政府の規制を受けやすくなるというのは事実だろう。何より，この産業階級は経済活動と権益の保持のために秩序の維持，およびそれを可能にするだけの強力な中央権力を要求するとされる。「産業はわれわれを率い，主権者が産業を率いる」(831＝下248)。

こうして行政の活動範囲が拡大すると，集権化を生じさせる民主的論理と心理と相まって，行政権力は絶対的になる。このとき，「市民は絶えず行政の統制の手に落ちてゆき，知らぬ間に少しずつ，新たに得た個人の独立のなにがしかを日々行政に差し出す結果になる。そして，時として王座を覆し，国王を踏みつけるその同じ人間が，小役人のどんな些細な指示にも抵抗せずに従う」

(832＝下250)。ここには，行政に全権を委ね，唯々諾々と従って独立を失ってゆく市民の姿がかいま見えるが，奪われるのは彼らの独立だけではない。

★行政の専制の性格

産業化時代に，「行政は以前より集権化される」だけではない。「より詮索がましく，事細かに」なる。「どこでも行政は，かつてなく私事にはいり込む」。かつて市民の自治によって担われた教育や福祉も国家が一手に引き受けることで，行政は市民「一人一人の生活のさまざまな行動を指導，啓蒙し，必要なら彼の意志に反して幸福にしようと企て」る(824-5＝下239)(強調引用者)。こうして行政の活動が拡大し経済成長を後押しすることで，国家は繁栄し，国民全体が「幸福」になれるかもしれない。だが，トクヴィルにとって幸福という結果以上に，そこに至る過程が重要であり，もっと言えば，幸福には多様なかたちがありうる。

国家の富が増え，国民の所得を増やす政治も，「専制」と呼ばれる場合がある。それどころか，行政の専制は「人間的で穏やかなもの」でさえある(836＝下255)。というのも，国民の生活の面倒を見てくれるような行政は，横暴であるどころか穏やかで，国民にとって優しい支配でありうるからだ。また，そのなかで国民は，情熱は乏しいが，お互い勤勉で堅実であるとされる。では，なぜトクヴィルはこの体制を民主的専制と呼ぶのだろうか。

トクヴィルがおそれるのは，民主的社会の国民が暴君を指導者に戴くことはないとしても，行政権力のうちに後見人をみることである。そして，この「巨大な後見的権力」は――通常の父権とは違って――，市民を「決定的に子どものままにしておくことしか求めない」。行政権力は市民を幸福にすることには反対しないが，彼らがみずから幸福になろうとすることは徹底して拒む。このとき，「市民から考える煩わしさと生きる労苦を完全に取り払うことができないはずがない」，そうトクヴィルは断じる(836＝下257)。この統治は，国民の自由を目に見えて抑圧することはない。人間的，あるいは合法的にではあるが，ゆっくりとでも確実に自由の幅を制限してゆく。なぜなら，それは市民が自分で「考える煩わしさ」を取り除くことで，(本来は政治・社会への多様な参加を通じて)考える自由の行使を無効にしうるからだ。この事態が深刻なのは，そのうち人は考える意欲と能力を失うおそれがあると考えられるためである。

行政権力は,「行動を強いることは稀だが, 人が行動することを絶えず妨げる。破壊はせず, 誕生を妨げる。暴虐にはならないが邪魔をし, 人を圧迫して無気力にさせ, 憔悴させて茫然自失の状態に陥らせる」(837＝下258)。確かに, 民主主義国家には選挙があり, それは国民が自由を行使する貴重な機会ではある。だが, 機会が「それほど短く, 稀であっては, 彼らがみずから考え, 感じ, 行動する能力を少しずつ失い, 人間の基準以下に徐々に落ちてゆくのを妨げることはできないだろう」(839＝下260)。「人間以下」, 人間ではなくなってしまうという表現以上に, 行政の専制の危険を伝える言葉がほかにあるだろうか。

最終的に, 行政府への権力集中は法の支配をも脅かすところにその専制的本質がある。先ほど行政の専制は合法的であると書いたが, それは通常「法に従う」統治である。しかし, 行政権力の肥大が司法権の独立を侵害するおそれをトクヴィルは見逃さなかった。とくに, 行政に関わる事柄を扱う裁判所を新設して旧来の司法権の独立を狭めていく危険を, 革命前後のフランス行政の観察に基づきながら指摘している。特別裁判所の数と権限が拡大する一方で, 通常裁判所の裁判官を政府がみずから選ぶことで, 行政権はあらゆる制約を取り払う可能性があるという (827＝下242-43)。これはまさに, 西洋の伝統的な専制論でいう「法そのものを越える」ことを意味している。

3 ――自由のあるデモクラシーの条件　自己統治と自己制約

★自治と習慣

デモクラシーは, 自然と個人より全体を優先し, 専制の道に向かう。来たる専制は行政の専制であり, 行政権力の肥大と統制の強化である。これに対して, 別の形態の民主主義, いわば自由のあるデモクラシーの可能性は存在するのだろうか。それを実現するには知識と技術 (art) が必要である, そうトクヴィルは言う (818＝下229)。そこでまず必要とされるのは, 自治とその習慣だと考えられる。「実際, 自治する習慣を完全に放棄した人びとが, 従うべき指導者をどうしたらうまく選ぶかを考えだすのは難しい」(841＝下261)。

自治とは, 一義的にはいわゆる地域自治, すなわち各地域の自治体単位の行政への市民のコミットメントを意味するだろう。だが, その基盤となるのは日常生活で「結社をつくる習慣」であるという。民主的社会において1人では無力な市民は，お互いに協力する習慣を身につけなければ行政にすぐに依存してしまう（622-3＝上190-92）。そこで結社／集団が必要になるが，『デモクラシー』第2巻で強調されるのは，政治参加を通じて経験した「共通の行為」を，政治や経済と直接関係をもたないような結社の活動のなかで広げてゆくことの重要性である。というのも，様々な「市民的結社」の活動は，市民の「共通の行為」を可能にし，自分の意志を他者に従わせ——それはときとして自己の意志や欲求をみずから制約することを意味しよう——，協力する術を学習させるからである（631＝上205）。

「民主主義諸国の人民にあって，市民が中央権力に抵抗するのを可能にするのは結社以外にはない」（830＝下247）。身分制のない社会では，貴族階級のような権力に抵抗する強力な中間集団が存在せず，「人がみな無力で不安のなかにある」がゆえに，結社／団体とそれをつくる習慣が必要である。トクヴィルはそう主張する。彼にとって，新聞雑誌も，「誰もがまったく小さくて群集のなかに埋もれ」がちな民主的社会で，個人が訴えを起こす手段となるものであり，抵抗の拠点となるものだった。「だから結社と新聞のあいだには必然的な関係がある。新聞が結社をつくり，結社が新聞をつくるのである」（627＝上198）。

★宗教と尊厳

自由のあるデモクラシー実現のために，市民は自由を行使する必要がある。これは自己統治の実践といえるが，それは各人が自己を他者に従わせ協力する，いわば自己制約の習慣を涵養することでもあるのを見落としてはならない。トクヴィルが宗教の存在に注目するのも，人間が自己の短期的な利益や欲求に固執するのを回避するような習慣を身につけるためだった。

『デモクラシー』の著者にとって，すべての宗教に共通するのは，神や霊魂の存在，あるいは人間の人類に対する義務という「根本的諸問題」について，一定の回答を用意することである（530-2＝上44-48）。その利点は，各人が精神の空虚（全般的懐疑）に陥って思考を停止してしまわないこと，人間がモノを超えた尊厳をもつこと，あるいは短期的な利益よりも価値のあるものについて考えをめぐらせることにある。実際，宗教は自己の感覚への執着から各人を引き離す効果があり（533＝上48），人びとが長期的な視座に立って思考することを可能にするとトクヴィルは言う。逆に，長期的な視座に立った思考に誘う習慣が，人を宗教に引き寄せる。「私はだから市民に現世における未来を思う習慣をつければ，彼らを少しずつ，知らぬ間に宗教的信仰に近づけることになるのを疑わない」(665＝上259)。

トクヴィル自身がどう考えたかはともかく，その論理に即していえば，人間の精神(思考)に尊厳を与える効果をもつのが宗教であり，それは特定の宗教である必要は必ずしもない。『デモクラシー』第２巻で著者が具体的には論じないまま，世界の意味の源泉としての宗教の存在にこだわる背景には，人間がモノと同等になりゆく世界で，モノを一元管理する行政権力の統制が徐々に拡大することへの憂慮があった。人は専制を避けるというまさに自己の利益のために，精神世界ではあらかじめ「知性に健全な枠をはめる」ことをみずから承認する必要がある。こうした個人の精神の必要(人間の有限性)の観点からする宗教論は，「公共の秩序」のためにとにかく１つの教義が必要だというようないわゆる「市民宗教」的議論と同じではない。

★司法と形式

宗教のほかに，民主政治の外に置かれることで民主主義によい効果をもたらすとされるのは，法と法律家の権威である。トクヴィルによれば，この「すぐれて保守的で，反民主主義的に見える」集団は「素人には分けがわからず，手の届かぬもの」を扱うことで権威を保持するが，その「民主主義のものとは違う傾向，それとは異質な手段」は，かえって民主主義(自己統治)と自由の保障の条件をなす。興味深いのは，このとき国民はみずから「利益」を顧慮してその権威を認め，自己統治をある意味で制約することである。ここには，個人がある問題ではみずから判断することを留保することが，かえって当人を益するという発想がやはりある(第１巻第２部７章)。トクヴィルが評価した陪審制についても，自己統治の精神の陶冶という観点のみが一般に強調される傾向があるが，それは同時に，市民が法とその専門家に直(じか)に触れることで，そうした発想，自己統治の限界をも知る手段だった。

司法権とその独立こそ，個人の自由にとって最大の保障である(844＝下269)，そう考える点でトクヴィルは専制論の系譜を確実に継承している。ただ，『デモクラシー』第２巻の議論の特徴は，司法の尊重する形式(手続)の重要性を強調する点にある。前述のように，制度上みな平等になると，人はこれまで己の考えを拘束してきた古くて煩わしい形式をすべて取り払って，自分で判断しようとする。そこで，「形式は彼らの軽蔑と，しばしば憎悪をかき立てる」(844＝下269)。こうした思考法が政治の世界にも浸透すると，物事の決定を日々遅らせたり止めたりするものはすべて国民の反感を買う。しかしトクヴィルによれば，形式（手続）のこの「不便さ」こそ，自由にとっては有益なのだ。なぜなら，強者と弱者，政府と有権者のあいだで障壁となり，前者の恣意で安易に決定が下されないこと，また状況を認識し議論する時間を確保することこそ，形式の主要な効用だからだ。行政が「積極的で強力になり，個人は無気力で弱くなればなるほど，形式はますます必要になる」。

かくしてトクヴィルは，個人が自分のことをすべて自分で決められるという意味で強い存在であれとは言わない。身分制なき社会の人間は個人としては孤立し無力である。これは，民主主義に関する彼の認識として『デモクラシー』第2巻で一貫している。だからこそ，他者や信仰や司法の力が必要であると論じる。そこには，自己統治としての民主主義を破壊しないためにこそ，人はみずから自己を制約する必要があるという発想がある。これは，素朴な分権論にはないような自治の発想だろう。逆に，人は個人としては無力であるという事実を認めず強くあろうとすると，かえって行政権力あるいはそれが代表するとされる〈全体〉にのみ依存しながらこれと一体化し，自己統治をしている気分になるが，その実，自由とその機会を少しずつ確実に失ってゆくのだろう。

▶エピローグ――デモクラシーの未来，自由か専制か？

本講義では，専制の概念史を概観した後で，民主主義の勝利が必然となった時代に生まれた不正義，トクヴィルが明らかにした行政の専制について検討した。専制（「同意」に基づく，法を越えた支配）の概念をめぐって培われてきた西洋の政治文化，たとえば法の支配や権力の分立といった概念を，むしろ民主主義はこれまで以上に蔑ろ（ないがしろ）にする可能性が高い。シュミットがいみじくも述べたように，「民主主義は軍国主義的でも平和主義的でもありうるし，絶対主義的でも自由主義的でも，集権的でも分権的でも，進歩的でも反動的でもありうる」(シュミット 2007：61)。そこで講義の最後では，絶対主義的でも集権的でも反動的でもない民主主義の形態がありえるとトクヴィルが主張したことを，自由のあるデモクラシーの条件として整理し確認した。

トクヴィルによれば，デモクラシーにおいては権力が集中する傾向がある。そのうえ，産業化とともに活動範囲を格段に広げる行政は自然と権力を肥大させる。これに対して，たとえば「自治」を強調するトクヴィルの議論は従来，福祉国家批判や新自由主義（ネオ・リベラリズム）を支持するものとしてしばしば取り上げられてきた。ただ，問題の本質は，行政の活動範囲の拡大それ自体ではなく，行政権力を集中させるデモクラシーの論理と心理であることが見失われてはならない。その意味で，トクヴィルの時代の本格的な産業化初期におけるような，基幹的なインフラを整備する大規模な公共事業が行われなくなっても，あるいは教育や福祉への財政支出が大幅に削減されても，行政の専制の危険はなくならない。むしろ，トクヴィルの行政の専制論のアクチュアリティは，福祉国家批判よりも，産業を別のかたちで牽引することで権益を維持拡大し，国民の同意を背景に「法そのものを越える」おそれのある行政権力の肥大と，これを支えるような形態の民主主義への批判にあるのではないか。

【文献】（既訳のあるものは利用したが，訳語を変更した箇所がある）

Constant, Benjamin (1997), *De l'esprit de conquête et d'usurpation* (1814), dans *Écrits politiques*, (ed.) par M. Gauchet, Gallimard.

Richter, Melvin (1973). "Despotism," in P. Wiener (ed), *Dictionary of the History of Ideas: Studies of Selected Pivotal Ideas*, New York: Charles Scribner's Sons, Vol. II, pp.1-18.（『西洋思想大事典』第3巻，平凡社，1990年，152-170頁）。

Tocqueville, Alexis de (1992), *De la démocratie en Amérique I, II* (1835; 1840), dans *Œuvres* de la Bibliothèque de la Pléiade, t. 2, (ed.) par J. C. Lamberti; J. T. Schleifer, Gallimard.（『アメリカのデモクラシー』第2巻〈上・下〉，松本礼二訳，岩波文庫，2008年）。

アリストテレス／牛田徳子訳（2001）『政治学』京都大学学術出版会。

カント／池内紀訳（2007）『永遠平和のために』集英社。

ルソー，ジャン＝ジャック／作田啓一訳（2010）『社会契約論』白水Uブックス。

シュミット，カール／樋口陽一訳（2007）「現代議会主義の精神史的状況」長尾龍一編『カール・シュミット著作集（1）』慈学社。

【付記】 本講義の脱稿後に，「奇妙なリベラリズム？——無力な個人の生きる術」（『トクヴィル』中公クラシックス，2015年に収録）を執筆・発表したが，本講義の内容と一部重複する箇所がある。なお，同論でも指摘したように，『デモクラシー』で論じられる「民主化」（平等化）は西洋キリスト教社会を前提にしているとしても，今日それは日本のような非西洋諸国にも及び，まさに「グローバル化」として進展している面がある。

【髙山裕二】

講義6
労働と所有の不正義　マルクス：貧困・疎外・奴隷制

Keywords　疎外／私的所有／搾取／収奪

▶プロローグ

カール・マルクス（Karl Heinrich Marx，1818～83年）はドイツのプロイセン王国西部の都市トリーアに生まれた思想家で，資本主義を批判的に分析した『資本論』（1867年）の著者として知られている。また，彼の名を冠した思想体系としての「マルクス主義」は，19世紀末以降ヨーロッパの労働運動や社会運動に大きな影響を与えただけでなく，1917年のロシア革命の成功をもたらし，以後1991年にソヴィエト連邦が解体するまでの間，20世紀の「社会主義」国家群の大義として掲げられていた。

マルクスの著作が日本で最初に紹介されたのは，1904年の『平民新聞』第53号に発表された幸徳秋水（1871～1911年）と堺利彦（1871～1933年）による『共産党宣言』第１章・第２章の翻訳であり，その後1990年代までにマルクスの著作のほぼすべてが翻訳されている。また，アジア太平洋戦争の敗戦後から冷戦体制終了までの期間，日本の多くの大学で「マルクス経済学」の授業が行われ，マルクスの思想は大きな知的影響力をもち続けた。

本講義のテーマは，マルクスは資本主義を「不正なもの」と考えていたかどうか，考えていたとすれば，どのような意味で「不正」だとみなしていたのか，ということである。このテーマに関しては，すでに膨大な研究の蓄積がある（青木2008，松井2012，参照）。英語圏での多様な議論を整理し総括したイギリスの政治学者ノーマン・ジェラス（Norman Geras, 1943～2013年）は，こう結論づけている。「マルクスはたしかに資本主義を不正unjustだと考えたが，自分がそう考えているとは考えていなかった」（Geras 1985：70）。

気の利いた文章だが，私の見解は異なる。マルクスは資本主義を不正だと考えたが，不正という概念が歴史的に規定された重層的なものであることに気づき，単純に不正だと批判してすますことができなくなった。その結果，資本主義がどのような意味で不正であるかの論証に苦心したのである。まずはマルクスの思想形成史をたどることにしよう。

1――「不正そのもの」としての「貧困」

マルクスは法律家の家に生まれ，父の期待に添ってボン大学とベルリン大学の法学部で法律学を学んだ後，父の意に反して哲学の研究者として大学で職を得ることを志す。しかし，1840年代に大学における言論統制が強化されていく状況を見て，ジャーナリストの道に進んだ。ケルンの自由主義系新聞『ライン新聞』の編集部に職を得て最初に遭遇した社会的問題の１つが，ライン州議会における木材窃盗取締法をめぐる議論であった。

州議会で議論になったのは，立木の盗伐だけでなく，貴族の所有する森林に入り込んで枯れ枝を集める貧しい民衆の行為をも窃盗とみなすかどうか，ということだった。つまり，入会地（コモンズ）はすでに失われたが，入会権は慣習的権利としてかろうじて残存しているという状況のなかで，その慣習があらためて所有権侵害として問題視されたのである。この問題に対するマルクスの立場は，その後の思想の出発点として重要である。彼はここで「政治的にも社会的にも何ももたない貧しい大衆」の「慣習的権利」という形を取った生存権を，法的権利としての私的所有権に優先するものとして擁護しているからである。

マルクスは1843年秋の『ライン新聞』の論説で，次のように主張する。「われわれは貧民の手への慣習法の返還を，しかも地方的でない慣習法，あらゆる国々の貧民の慣習法であるような慣習法の返還を要求する。われわれは，さらにすすんで，慣習法あるいは慣習上の権利というものは，その本性上，このような無産で，根源的な，最下層の大衆の権利以外ではありえないのだ，と言いたいのである」（マルクス 1843：133）。

マルクスによれば，「貧民階級のこれらの慣習のなかには本能的な権利感覚が生きており，その慣習の根源は確固として正当なものlegitimである」（同上138）。さらに重要なのは，マルクスがこの「貧民階級の慣習」に対立する「私的所有」を批判していることである。彼はこう言い切る。「もし，所有権侵害行為がそれぞれ区別されることもなく，またより立ち入った規定づけも与えられないで，すべて窃盗だとされるのならば，あらゆる私有財産は窃盗だということにならないだろうか？　私は，自分の私有財産をもつことによって，いっさいの第三者をこれに対する所有権から閉め出しているのではなかろうか？したがって私は，第三者の所有権を侵害していることにはならないか？」（同上130～31）。

すでにジョン・ロックが明言していたように，近代社会が神聖不可侵なものとして前提する私的所有権とは，自分の身体と自分自身の労働とに対する所有を根拠として，その労働の対象と生産物に対して「他人の共有権を排除する」（ロック 1690：326）排他的権利であった。マルクスはそれに対して，「他人の共有権を排除する」こと自体が「権利侵害」ではないのか，と問い直しているのである。

もう１つ重要なのが「貧民階級」の意味づけである。当時の法哲学の権威ヘーゲル（Georg Wilhelm Friedrich Hegel，1770～1831年）は，「市民社会」における貧民問題をこう指摘していた。「社会の成員にとって必要であるとしておのずときめられるような一定の生活水準以下に大衆が陥ることは，そしてそれにともなって，法の感情や遵法の感情，また自分自身の活動と労働によって生きるという誇りの感情が失われるまでになることは，浮浪者の出現を引き起こす。……社会状態にあっては，欠乏は，直ちに，あれこれの階級に加えられる不法Unrechtの形式を採る。いかにしたら貧困が除去されるかという重大な問題は，とりわけ近代社会を動かし苦しめている問題である」（ヘーゲル 1820：414～15）。

ただしヘーゲルは，労働者に「一定の生活水準」が保証されているかぎり，「個人の資産と技量の不平等」そのものは市民社会の「必然的な結果」だとみなし，これに「平等の要求を対置すること」は「空虚な悟性」だと批判した（同上 369）。彼にとって「自分のものという意味での所有」は「個別的な人格の自由」の定在であり（同上 87），「私的所有が許されない」ことは「人格に対する不法」（同上 96）にほかならないからである。

これに対してマルクスは，既存の社会秩序を前提にして「貧困」問題の解決を図ろうとするヘーゲルの態度を批判する。1843年に『ライン新聞』がプロイセン政府から発行禁止処分を受け，そのために職を失った後，マルクスはヘーゲルの『法の哲学』の批判的読解に本格的に取り組み，パリに移住してみずから編集発行した1844年の『ドイツ・フランス年誌』に論説「ヘーゲル法哲学批判序説」を発表する。そこでは，先の「貧民階級」は「プロレタリアート」（納税ではなく子孫proleを提供することでのみ国に仕える古代ローマの最下級市民proletariusに由来し，1830年代にフランスで普及した言葉）と言い換えられ，その存在意味は次のように表現されている。「その普遍的な苦難のゆえに普遍的な性格をもち，なにか特別の不正ではなく不正そのものdas Unrecht schlechthinを被っているがゆえにいかなる特別の権利をも要求しない一領域，もはや歴史的な権原ではなく，ただなお人間的な権原だけを拠点にすることができる一領域，……一言でいえば，人間の完全な喪失であり，それゆえにただ人間の完全な再獲得によってのみ自分自身を獲得することができる一領域，……それがプロレタリアートなのである」（マルクス 1844a：94）。

自分自身は裕福な法律家の息子であり，この時点ではすでに貴族の令嬢と結婚して家政婦付きの生活を享受していたマルクスが，なぜどのようにして「プロレタリアート」は「不正そのものを被っている」と考えるようになったのか。貧民階級の実態を具体的にどれほど知っていたのか，また「人間的な権原」をどのようなものと考えていたのか，それについては判断の材料が乏しくじつはよくわからない。しかし，いずれにしても彼はこれ以後，何かに駆り立てられるように経済学の研究にのめり込む。その最初の成果が，1844年の夏，26歳のマルクスがパリで書き上げた『経済学・哲学草稿』である。

2 ――「疎外された労働」　「不正」の再定義

この『草稿』で，マルクスはあらためて「プロレタリア」を「資本も地代ももたず，もっぱら労働によって，しかも一面的，抽象的な労働によって生活する人」（マルクス 1844b：27～28）と定義している。つまり，単純作業の繰り返しのような労働に（しかも低賃金で）従事する労働者のことである。彼らが置かれた「国民経済上の現に存在する事実」は，次のようなものとして描かれる。「労働者は，彼が富をより多く生産すればするほど，彼の生産の力と範囲とがより増大すればするほど，それだけますます貧しくなる。労働者は商品をより多く作れば作るほど，それだけますます彼はより安価な商品となる。事物世界の価値増大にぴったり比例して，人間世界の価値低下がひどくなる」（同上 86）。

このような事態を，マルクスは「疎外Entfremdung＝自分に対して疎遠なものになること」という言葉で要約する。「この事実は，労働が生産する対象，つまり労働の生産物が，［商品となることで］1つの疎遠な存在として，生産者から独立した力として，労働に対立するということを表現するものにほかならない。……国民経済的状態の中では，労働のこの実現が労働者の現実性剥奪として現れ，［労働の］対象化が対象の喪失および対象への隷属として，［対象の］獲得が疎外として，外化として現れる」（同上 87）。

「疎外」という言葉はもともとヘーゲルの用語で，フォイエルバッハ（Ludwig Feuerbach, 1804〜72年）などの哲学者も使用していたものだが，マルクスはそれを労働者が置かれた経済的状況を表現するものとして応用したのである。彼はまず労働生産物が労働者から「疎外」される状況を指摘したのだが，事態はそれだけではない。「疎外は，たんに生産の結果においてだけでなく，生産の行為のうちにも，生産的活動そのものの内部においても現れる」。つまり，「彼の労働は自発的なものではなくて強いられたものであり，強制労働である。そのため労働は，ある欲求の満足ではなく，労働以外のところで諸欲求を満足させるための手段であるにすぎない」。言い換えれば，「労働者にとっての労働の外在性は，労働が彼自身のものではなくて他人のものであること，それが彼に属していないこと，彼が労働において自己自身にではなく他人に従属するということに現れる」（同上 92）。

ここでマルクスが指摘している事態は，先に「不正そのものを被っている」とされた「プロレタリアート」の状態にほかならない。それを「不正」と見なす「人間的な権原」にあたるのが，ここでは「人間的本質」である。「疎外された労働」が問題なのは，それが「人間から彼自身の身体を，同様に彼の外にある自然を，また彼の精神的本質を，要するに彼の人間的本質を疎外する」（同上 98）ことに求められる。なぜなら「自由な意識的活動」という「生命活動の様式」こそ，他の動物とは異なる「人間の類的性格」（同上 95），「人間の類的存在」（同上 98）にほかならないからである。

このような「疎外」が生じるのは，労働者にとって疎遠な他人である資本家による，労働生産物と労働諸条件の「私的所有」（同上 102）が存在するからである。そこからマルクスは，「私有財産等々からの，隷属状態からの，社会の解放が，労働者の解放という政治的な形で表明される」という結論を引き出す。なぜなら，「労働者の解放の中にこそ人間全体の解放が含まれているからなのである。そして人間全体の解放が労働者の解放の中へ含まれているというのは，生産に対する労働者の関係の中に，人間的な全隷属状態が内包されており，またすべての隷属関係は，この関係のたんなる変形であり帰結であるにすぎないからである」（同上 104。訳文一部変更）。

したがって，プロレタリアートが被っている「不正そのもの」とは，たんなる貧困や欠乏ではなく，「自由な意識的活動」を本来のあり方としてもつ人間が，雇用労働という形で他人の意志に従属し，資本家の私的所有によって自分の労働の生産物に対する所有権からも排除されるという「隷属関係」のうちにあることだ，ということになる。「不正」の内容は，そのような意味での「疎外」として，ここで再定義されたのである。

マルクスがこのように書き綴っていた最中の1844年6月，プロイセン王国東部のシュレージェン地方（現ポーランドのシロンスク地方）で，問屋制家内工業に従事していた織布工の反乱が起きる。ドイツで最初の労働者反乱である。マルクスは同年8月に早速この「シュレージェンの労働者蜂起」（マルクス 1844c：429）についての論説をパリのドイツ語雑誌『フォアヴェルツ（前進）』に発表する。彼はその中で，「蜂起というものは，すべて例外なく，人間が共同体からひどく孤立しているところで起きるのではないか？」と問いかけたうえで，次のように述べている。「労働者自身の労働によって彼らから切り離されているこの共同体は，生活そのものである。つまり，肉体的および精神的生活，人間の倫理，人間の活動，人間の楽しみ，人間的本質である」（同上 445）。

ここで「共同体」と訳されている〈Gemeinwesen〉とは，「共同的存在」としての人間が形作る共同生活組織のことである。マルクスは，労働者階級が置かれた資本家への隷属状態を，人間の本質としての共同的存在からの「疎外」として把握したのであった。

3 ——「不正」の歴史的規定性

1845年にパリを追われてブリュッセルに移住したマルクスは，1848年にドイツ3月革命が勃発するとすぐさま帰国するが，革命が挫折した1849年にロンドンに脱出し，そこで生涯にわたる亡命生活を送ることになる。その後，大英博物館図書室で集中的に行われた経済学の批判的研究を通して，マルクスの思想は変化していく。労働者の「疎外」という批判対象が変化するわけではないが，批判の論理がいわば歴史化されるのである。

1857年から58年にかけて書かれた『経済学批判要綱』でも，資本の下では人間の「普遍的対象化」が「総体的疎外」（マルクス 1857-58：138）として現れる，という考えは維持されている。しかし，他方でマルクスは，そのような「疎外の極度の形態は，1つの必然的な通過点である」（同上 180）ことを指摘し，いずれは「諸個人の活動が，直接的に一般的な，すなわち社会的な活動として措定されるとともに，生産の対象的な諸契機からこうした疎外の形態が拭い去られる」（同上 707）ことを強調する。

ここで注目すべきは，その際にマルクスが，労働者自身による「疎外」の「不当性」の自覚を，「資本に基づく生産様式」自体が生み出す歴史的産物と見なしていることである。彼は次のように述べている。「労働能力が生産物を自分自身のものだと見抜くこと，そして自己の実現の諸条件からの分離を不埒な強制された分離だと判断すること，それは並外れた意識であり，それ自身が資本に基づく生産様式の産物である。そしてそれがこの生産様式の滅亡への前兆であるのは，ちょうど奴隷が，自分はだれか第三者の所有であるはずがないのだ，という意識をもち，自分が人間であるという意識をもつようになると，奴隷制はもはや，かろうじてその人為的な定在を維持することしかできず，生産の土台として存続することができなくなってしまったのと同じである」（同上 103～04頁）。

ここで「不埒な」と訳されている〈ungehörig〉は，「不適当」あるいは「不相応」と訳すこともできる。労働者が自分の置かれた「疎外」状況を，自分には相応しくない，不当なものと判断する，ということである。マルクスはそれを「並外れたenorm」意識，つまり「標準的規範norm」を超えた意識だというのである。

奴隷制に即していえば，たとえばカリブ海に浮かぶハイチ島の砂糖プランテーションで働く黒人奴隷が反乱を起こしたのは，宗主国フランスでの革命が1789年8月に「人間と市民の権利の宣言」を行ってからちょうど2年後の1791年8月のことだった。封建的な身分の違いを超越した「人間の権利」の発見と宣言が，ハイチの黒人奴隷に「自分が人間であるという意識」を生み出し，それが植民地の奴隷制を掘り崩したことになる。

マルクスはそれと同じように，資本主義社会の労働者が「疎外」の状態を自分に相応しくないものだと見抜く，そのような「並外れた意識」そのものが，「資本に基づく生産様式の産物」として歴史的に形成されるものだ，というのである。しかし，そのような批判的自覚は，いったいどのようにしてこの生産様式から生まれてくるのだろうか。

マルクスによれば，機械制大工業が発展するにつれて，生産は科学技術の進歩とその生産への応用に依存するようになり，「労働が生産過程のなかに内包されたものとして現れるというよりは，むしろ人間が生産過程それ自体に対して監視者ならびに規制者として関わるようになる」。そして最終的には「労働者は生産過程の主作用因であることをやめ，生産過程と並んで現れる」。その結果，「この変換のなかで，生産と富との大黒柱として現れるのは，人間自身が行う直接的労働でも，彼が労働する時間でもなくて，彼自身の一般的生産力の取得，自然に対する彼の理解，そして社会体としての彼の定在を通じての自然の支配，一言でいえば社会的個人の発展である」(同上 489～90)。

つまり，資本主義の下での生産過程が一方では協業や分業という形態で集団化され社会化され，他方では科学技術の応用によって機械化され自動化されることを通して，個々の労働者の「直接的労働」を超えた，人間の社会的な協働の仕方と社会的な意識とが生み出される，というのである。そこに成立する「社会的個人」という人間存在の想定そのものが，1つの歴史的産物なのである。そのような歴史的展望からすれば，資本主義社会における「公正／不正」の意識もまた歴史的に特殊な一形態として相対化されることになる。

1864年から翌年にかけて書かれた『資本論』第3部草稿で，マルクスは，「取引の公正」を「自然的正義natural justice」だとみなす経済学者を批判し，次のように論じている。「生産当事者たちの間で行われる取引の公正は，これらの取引が生産関係から自然的帰結として現れ，彼らの共通の意志の発現として，また個々の当事者に対して国家によって強制されうる契約として現れるのであるが，このような法律的諸形態は，たんなる形態として，この内容そのものを規定することはできない。このような形態はただこの内容を表現するだけである。この内容は，それが生産様式に対応し適合していさえすれば，公正gerechtなのである。生産様式と矛盾していれば，それは不正ungerechtである。たとえば，奴隷を使うことは資本主義的生産様式の基礎の上では不正である」(マルクス 1863-65：423～24)。

つまり，時代を超越した普遍的な「自然的正義」があるのではなく，「公正」か「不正」かは，あくまでもその時代の生産様式に対応した，歴史的に相対的な価値判断だということである。「奴隷を使うことは資本主義的生産様式の基礎の上では不正である」ということは，逆にいえば，賃金労働者を雇用するのは「公正」だということである。

青年マルクスにとって「不正そのもの」と見えた事態は，資本主義社会では「公正」なものになる。彼は，あらためてこの問題に取り組まなければならない。

4 ――「領有法則の転回」と「隠された奴隷制」

1867年に出版された『資本論』は，資本家と労働者との雇用関係を，商品の私的所有者同士の契約関係という「自由で対等な関係」だとみなすところから出発する。マルクスが試みたのは，資本主義社会における「公正」概念を前提としながら，資本主義的生産様式が労働者の労働を「搾取」することを通して，いかにその前提に反するものに転回していくか，を論証することであった。

マルクスはまず「商品交換に内在する諸法則」，つまり「等価物同士の交換」を出発点とみなす。これは「労働力を商品として売る」場合にも妥当する。「労働力の所持者と貨幣所持者とは，市場で出会って互いに対等な商品所持者として関係を結ぶのであり，……両方とも法律上では平等な人である」（マルクス 1867：217〜20）。

そのためには，労働者は奴隷ではなく「自由な労働者」でなければならない。「自由というのは，二重の意味でそうなのであって，自由な人として自分の労働力を自分の商品として処分できるという意味と，他方では労働力のほかには商品として売る物をもっていなくて，自分の労働力の実現のために必要なすべての物から解き放たれており，すべての物から自由であるという意味で，自由なのである」（同上 221）。

しかし，生産現場に入るとどうなるか。「労働力の買い手は，労働力の売り手に労働をさせることによって，労働力を消費する」のだが，「労働者は資本家の監督の下に労働し，彼の労働はこの資本家に属している。……また，第二に，生産物は資本家の所有物であって，直接生産者である労働者のものではない」（同上 230〜43）。

したがって生産現場の実態は，青年マルクスが「不正そのもの」とみなした「疎外」の状態である。しかし，資本主義社会の「公正」観念に従えば，ここには何の不正もない。「貨幣所持者は労働力の日価値を支払った。だから，1日の労働力の使用，1日中の労働は，彼のものである。労働力は丸1日活動し労働できるにもかかわらず，労働力の1日の維持には半労働日しかかからないという事情，したがって，労働力の使用が１日に作り出す価値が労働力自身の日価値の二倍だという事情は，買い手にとっての特別の幸運ではあるが，けっして売り手に対する不法Unrechtではないのである」(同上 254)。

マルクスは，労働者の１日の労働時間のうち，「資本家によってすでに支払われた労働力の価値の等価を生産する」部分を「必要労働時間」，労働者がそれを超えて労働する時間を「剰余労働時間」と呼ぶ。後者は，労働者が資本家のために「剰余価値」を生み出す時間である。必要労働時間に対する剰余労働時間の割合を価値の割合として表すのが「剰余価値率」であるが，「それゆえ，剰余価値率は，資本による労働力の搾取度，または資本家による労働者の搾取度の正確な表現なのである」(同上 281～83)。

ここでは，マルクスの批判対象は明確に限定されている。ここで問題にされているのは，労働力商品の「公正な取引」の後に行われる「搾取」，つまり，「すでに支払われた労働力の価値」を超えて労働させられることであって，労働者の労働が資本家に従属しており，彼の生産物も資本家の所有となる，という「疎外」そのものではない。

ただし，ここが重要なのだが，マルクスは「搾取」そのものが「不正」だとは言わない。資本主義社会では，資本家が労働者をできるだけ長く働かせようとするのは，労働力商品の買い手としての資本家の正当な権利(Recht)であり，逆に，労働時間の外部でみずからの生活時間を確保しようとするのは売り手としての労働者の権利である。「つまり，どちらも等しく商品交換の法則によって保証されている権利対権利である。同等な権利と権利との間では力die Gewaltがことを決する。こういうわけで，資本主義的生産の歴史では，労働日の標準化は，労働日の限界をめぐる闘争――総資本家すなわち資本家階級と総労働者すなわち労働者階級との間の闘争――として現れるのである」(同上 305)。

しかしながら，この「階級闘争」は資本主義社会を前提として，その土俵の上で行われる闘争であって，労働時間の短縮を要求する労働者は，賃金に見合わない長時間労働を「不当」と見なしてはいるが，雇用労働そのものを「不正」とみなしているわけではない。そのためにはまだ論理的媒介項が必要なのである。それが「領有法則の転回」であった。

資本家は「貨幣所持者」として労働者の前に現れる。その貨幣所有を正当化するのは，ロックの言う「自己の労働に基づく所有」の権利である。資本家はその貨幣を資本として投下して労働者を「搾取」し，労働者が生み出した剰余価値を「利潤」として獲得する。そこまでは「不正」ではない。しかし，資本家は通常，回収した投下資本額に加えて，獲得した剰余価値の一部を「追加資本」とし，拡大した規模で再生産を行う。この追加資本は，資本家の自己労働の成果ではなく，労働者の剰余労働の成果である。つまり，資本家が労働者に対して支払いを行っていない労働部分の成果である。

そして，このような追加資本の投入による拡大再生産が一定期間繰り返されるうちに，追加資本の総額が，最初に投下された資本額を上回ることになる。つまり，資本家の投下する資本がすべて「過去の不払い労働」の成果の蓄積である時点がくる。その結果，「明らかに，商品生産と商品流通とに基づく取得の法則または私有の法則は，この法則自身の，内的な，不可避的な弁証法によって，その正反対物に一変するのである」(同上 759)。

要するに，こういうことである。「最初は，所有権は自分の労働に基づくものとしてわれわれの前に現れた。……所有は，今では，資本家の側では他人の不払い労働またはその生産物を取得する権利として現れ，労働者の側では彼自身の生産物を取得することの不可能として現れる。所有と労働の分離は，外見上両者の同一性から出発した一法則の必然的な帰結になるのである」(同上 760)。

マルクスが指摘するのは，労働者に対する「搾取」の繰り返しのなかで，拡大再生産の過程を通して，資本家の貨幣所有を正当化していた根拠が消滅すること，それと同時に，他方では労働者にとって「労働と所有の分離」が構造的に再生産されること，である。搾取の反復が労働者からの所有剥奪を永遠化し，他方では所有剥奪が搾取を可能にする。これこそまさに，青年マルクスが「不正そのもの」と呼んだ事態にほかならない。

このことを論証した後，マルクスの口調は明らかに変化する。ここであらためて「疎外」という言葉が登場する。「資本主義システムのもとでは労働の社会的生産力を高くするための方法はすべて個々の労働者の犠牲において行われるということ，生産の発展のための手段は，すべて，生産者を支配し搾取するための手段に一変し，労働者を不具にして部分人間となし，彼を機械の付属物に引き下げ，彼の労働の苦痛で労働の内容を破壊し，独立の力としての科学が労働過程に合体されるにつれて労働過程の精神的な諸力を彼から疎外するということ，……これらのことをわれわれは知ったのである」(同上 840)。

それだけではない。マルクスはさらに労働者の置かれた状態を「奴隷状態 Sklaverei」とも呼んでいる。「最後に，相対的過剰人口または産業予備軍をいつでも蓄積の規模およびエネルギーと均衡を保たせておくという法則は，……資本の蓄積に対応する貧困の蓄積を必然的にする。だから，一方の極での富の蓄積は，同時に反対の極での，すなわち自分の生産物を資本として生産する階級の側での，貧困，労働苦，奴隷状態，無知，粗暴，道徳的堕落の蓄積なのである」(同上 840)。

ここでの「奴隷状態」という言葉はたんなる比喩ではない。すでにみたように，マルクスは，「奴隷を使うこと Sklavereiは資本主義的生産様式の基礎の上では不正である」と明言していた。「領有法則の転回」が明らかになり，前提とされていた資本家の貨幣所有の正当性が崩れた今となっては，労働者が置かれた「疎外」の状態は「奴隷状態」に等しいものであり，したがって「不正」なものにほかならない，という強い主張なのである。

マルクスにとって「奴隷制 Sklaverei」は何もアフリカやアメリカ南部に限った話ではない。「綿工業はイングランドには児童奴隷制を持ちこんだが，それは同時に，以前は多かれ少なかれ家父長制的［温情主義的］だった合衆国の奴隷経済を，商業的搾取制度に転化させるための原動力をも与えた。一般に，ヨーロッパにおける賃金労働者の隠された奴隷制は，新世界における文句なしの奴隷制を踏み台として必要としたのである」(同上 991)。

こうしてマルクスは，資本主義的生産様式を「賃金労働者の隠された奴隷制」と断定するにいたった。彼は，「領有法則の転回」を論じることによって，資本家による「他人の不払い労働の私的所有」が「自己の労働に基づく私的所有」という貨幣所有の正当化原理と矛盾するものであることを明らかにし，それをもって，労働者からの「収奪 Raub」(＝所有剥奪) を「不正」で「不当」なものだと指し示すことができたのである。

▶エピローグ——共同的存在の再獲得

それでは，マルクスにとって，資本主義社会が前提としてきた「自己の労働に基づく私的所有」それ自体は今でも「公正な」原理なのだろうか。彼は，独立自営農民や独立手工業職人の「自己の労働に基づく私的所有」がヨーロッパに存在したことは認める。しかし，資本主義の成立に伴って，「自分の労働によって得た，いわば個々独立の労働個体とその労働諸条件との癒合に基づく私的所有は，他人の労働ではあるが形式的には自由な労働の搾取に基づく資本主義的私的所有によって駆逐されるのである」(マルクス 1867：994)。

したがって，「自己の労働に基づく私的所有」は，独立生産者の生産様式に適合していた限りで歴史的に「公正な」ものであった。問題は，資本主義がみずから駆逐した(そして今でも世界各地で日々駆逐しつつある) この古い私的所有原理を，自分自身の正当化のために掲げることにある (それを正当化しているのは，もちろん経済学者と法学者である)。

『資本論』第1巻の末尾で，マルクスはあらためてこう指摘する。「経済学は二つのひじょうに種類の違う私的所有を原理的に混同している。その一方は生産者自身の労働に基づくものであり，他方は他人の労働の搾取に基づくものである。後者は単に前者の正反対であるだけではなく，ただ前者の墳墓の上でのみ成長するものだということを，経済学は忘れているのである」(同上 997)。だからこそ，マルクスは『資本論』に「経済学批判」という副題を付けた。マルクスの理論の核心は，他人の労働の搾取に基づく資本主義的私的所有を正当化するイデオロギーとしての「経済学」に対する批判なのである。

それでは，到来するはずの新しい生産様式の下では，所有はどうなるのか。「資本主義的生産様式から生まれる資本主義的取得様式は，したがってまた資本主義的私的所有も，自分の労働に基づく個人的な私的所有の第1の否定である。しかし，資本主義的生産は，1つの自然過程の必然性をもって，それ自身の否定を生み出す。それは否定の否定である。この否定は，私的所有を再建しはしないが，しかし，資本主義時代の成果を基礎とする個人的所有をつくりだす。すなわち，協業と土地の共同占有と労働そのものによって生産される生産手段の共同占有とを基礎とする個人的所有をつくりだすのである」(同上 995)。

この「生産手段の共同占有を基礎とする個人的所有」は，他者の共有権を排除するという意味での私的所有ではない。それは同時に「社会的所有」(同上 995) である。なぜなら，所有の権原となる労働はもはやたんなる「自己の労働」ではなく，「協業」だからである。『要綱』の言葉を使えば，これは「社会的個人」の労働であり，所有なのである。

マルクスにとって人間はもともと「共同的存在」なのであり，「個人を一人の労働者，この身一つの状態にあるものとして措定することは，それ自体が歴史的所産なのである」(マルクス 1857-58：119)。資本主義は，労働者を「この身一つの状態」にして搾取するが，同時に労働者の協業を組織することによって，新たな時代の可能性を形成する。『資本論』のマルクスは，資本主義に代わるものとして，「共同の生産手段で労働し，自分たち多数の個人的労働力を自分で意識して1つの社会的労働力として支出する，自由な人間の結合体」(マルクス 1867：105) を想像した。青年マルクスが

「人間的本質」と呼んだ人間の「共同的存在」は，これから到来する未来のプロジェクトへと変換されたのである。

【文献】

Geras, Norman (1985) The Controversy about Marx and Justice, in *New Left Review*, no.150, London

ヘーゲル（1820）『法の哲学』上妻精・佐藤康邦・山田忠彰訳，岩波書店，2000～2001年
マルクス（1843）「第6回ライン州議会の議事第3論文　木材窃盗取締法にかんする討論」平井俊彦・細見英訳『マルクス＝エンゲルス全集』第1巻，大月書店，1959年
マルクス（1844a）『ユダヤ人問題によせて／ヘーゲル法哲学批判序説』城塚登訳，岩波文庫，1974年
マルクス（1844b）『経済学・哲学草稿』城塚登・田中吉六訳，岩波文庫，1964年
マルクス（1844c）「論文『プロイセン国王と社会改革――一プロイセン人』に対する批判的論評」鎌田武治・長洲一二訳『全集』第1巻，1959年
マルクス（1857-58）『経済学批判要綱』資本論草稿集翻訳委員会訳『マルクス資本論草稿集 2』大月書店，1993年
マルクス（1863-65）『資本論　第3巻』岡崎次郎訳『全集』第25巻，1967年
マルクス（1867）『資本論　第1巻』岡崎次郎訳『全集』第23巻，1965年
ロック（1690）『完訳　統治二論』加藤節訳，岩波文庫，2010年
青木孝平（2008）『コミュニタリアン・マルクス――資本主義批判の方向転換』社会評論社
松井暁（2012）『自由主義と社会主義の規範理論――価値理念のマルクス的分析』大月書店

【植村邦彦】

講義 7
「自然」であるという表象　グラムシ：自然的劣等の問題化

Keywords　グラムシ／南部問題／自然的劣等／表象／農業改革

▶プロローグ

しばしばわれわれは，ある事柄の価値や妥当性をそれが「自然」であるかどうかによって判断する。しかし，この「自然」という判断基準は，われわれが思うほど適切なものだろうか。女／男らしさ，社会人らしさ，日本人らしさ――このように，何らかの属性を「自然」として内面化する作業は，それ自体が多くの前提条件と負荷の上に構築されたものであり，それが「自然」であるという言明のうちに判断基準をもたない。言い換えるならば，「自然」とはまず説明されるべき言葉であって，それをもって何かを説明する言語ではない。しかしながら，こうした「自然」をあたかも説明概念であるかのように濫用することによって，多くの不正義がなされてきた。

20世紀前半のイタリアを代表する思想家であるアントニオ・グラムシ（1891～1937年）は，イタリア南部の農民大衆の置かれた社会的経済的な貧困状況がかれらにとって「自然」であると表象されていたことを剔出した。本講は，「ヘゲモニー」の概念とともに知られるこの思想家の議論を検討することによって，「自然」を理由として構造的な格差を正当化することが，しばしば弱者の政治的要求を隠蔽する不正義として現れることを考察したい。

1――自然的に劣った南部と「南部問題」

イタリア統一は，トリノを中心とするサルディニア王国を拡張するという形によって成し遂げられた。統一後，北部の工業育成を目的とした保護主義政策がとられた結果，南部の経済はフランスからの報復関税などにより大きな打撃を被った。その結果，もともと存在した北部と南部の経済的，政治的，社会的格差が拡大して，現在に至っても解消されたとはいえない，いわゆる「南部問題」が生まれた。[1)]

19世紀の末には，こうした南北格差を正当化する言語が現れた。アルフレード・ニチェーフォロら人類学者の科学的で実証的な知見によれば，南部の自然環境が貧しいだけでなく，北部人と人種的に異なる南部人は，自然本性的に怠惰で野蛮かつ社会的感覚に欠けるため，北部と南部に格差があるのは自然なことであった。統一イタリアは，むしろこうした自然的な差異を前提とした政策立案を求められるのである。近年，主として英語圏で盛んな修正主義の議論によれば，こうしたニチェーフォロらの主張は，南北を切り離すものではなく，むしろ，両者の差異を前提としたうえで，強固な統一国民国家を実現させるためのものであるとされる (Dickie 1999：Ch.2)。しかし，この自然本性論が北部で広く共有されたことは，統一イタリアにおける南部人たちに２級市民の烙印を「科学」的に押す結果になったといえる。後年にグラムシが批判したように，こうした議論は，社会党の新聞『アヴァンティ！』の編集長であったエンリコ・フェッリら社会主義者にも共有されていた (DSR：159，知：8)。南部が自然的に劣等だとする議論は，北部と中部を支持基盤とする社会党の南部軽視の姿勢と親和的だったのである。

このような「南部問題」の解決に取り組んだ一群の思想家や政治家たちは，「南部主義者」と呼ばれている[2)]。初期の南部主義者たちは，北部の政府が南部に対して善意ある政策をとることに問題解決の糸口をみる「善政の神話」に依拠していたといわれる (Salvadori 1960：58〜61)。初期の南部主義者の一人であるレオポルド・フランケッティが，北部と南部の関係を医者／患者関係になぞらえていたことからもわかるように，南部問題の解決が北部の政府に委ねられることの背後には，南部人は政治的主体としての資質に欠けるという前提が存在していた。20世紀の初頭に登場した新しい世代の南部主義者は，南北関係の実証的な分析によって，両地域の格差が，統一以来の政府の諸政策によって形成されたものであることを明らかにした。後の首相フランチェスコ・ニッティは，統一以来の統計資料を用いて，いかに南部の経済発展が政府の北部重視政策によって妨げられてきたかを示した (Nitti 1972/2008)。また，アントニオ・デ・ヴィーティー・デ・マルコによれば，首相フランチェスコ・クリスピの保護主義的な関税政策は北部の「寄生的産業」を強化し，北部に対する南部の経済的「植民地化」をもたらした (De Viti de Marco 1972/2007)。クリスピは，未熟な北部工業に関税をかけて保護する一方で，南部大土地所有者からの訴えに応じて，ラティフォンド（大規模農園）で作られる穀物も保護するという政策をとった結果，フランスからの報復関税により，南部の成長産業であった果樹栽培に壊滅的な打撃を与えたのであった。しかし，こうした新しい世代の南部主義者たちもまた，この問題を解消する契機を南部人の政治的自律性に求めなかった。

こうした文脈のなか，自由主義的歴史学者ガエターノ・サルヴェーミニは南部人が政治から構造的に排除されてきたことを指摘した。当時，識字は投票権の条件のひとつとされていた。彼が明らかにしたところでは，南部の成人男性の76％が投票権をもっていなかったが，そのうち非識字を理由にしたものは，非資格者の63％にのぼっていた。なお北部の非有権者は成人男性の58％，そのうち非識字による非資格者は28％である（Salvemini 1973：405～06）。またサルヴェーミニによれば，南部問題の根源は，クリスピ政権による保護関税政策を起因とした，北部の資本家・実業家と南部のラティフォンド所有者の利害の一致にある。こうした指摘のうえで彼は，この南北の資本家ブロックに対抗するために，南北の大衆同盟を主張した（Salvemini 1973：191）。サルヴェーミニは，南部農民がイタリア国家から構造的に排除されていることを指摘することによって，南部問題の原因を南部（人）の自然本性に帰す議論を退けた。しかし彼は，南北の大衆同盟を主張しつつも，南部人が南部問題を解決するための自律性をどのように発揮できるのか，という問題に十全な回答を与えることがなかったように思われる。

サルヴェーミニ同様にグラムシも，南部人の「劣った自然本性」というステレオタイプを批判した。彼はまず第1に，南部の「自然的劣等」論が支配的社会集団のイデオロギーであると指摘した。南部と北部の差異は「自然本性」の問題とされ，それゆえに本質的で架橋しがたいものであると「科学的」に実証された。しかしグラムシによれば，北部に幅広く流布したこの「科学的」言説は，北部と南部の労働者を分断するイデオロギーにすぎないのである。さらにグラムシは，その『獄中ノート』において，南部の「自然的劣等」論のイデオロギー性を指摘するにとどまらず，南部人の政治的自律性が発揮された事例をとらえようとした。南部の貧困を南部人の自然本性に還元する言説は，南部人がその政治的要求を十分に表明できてこなかったという問題と軌を一にしている。言い換えれば，南部はもっぱら表象される対象でこそあれ，何かを表明する主体ではなかったとされてきたのである。したがって，グラムシは第2に，南部と北部の差異がどのように歴史的に構成され，そして，南部人がどのように自律的であったのか，という本質的かつ歴史的な問いに取り組むことになった。ここで結論的に述べておくならば，グラムシは，リソルジメント（イタリア統一の過程）が南部と北部の社会経済的差異を固定したと考えていた。農民大衆がもっていた「農業改革」の要求をリソルジメントの政治的プログラムに組み込むことは可能であったにもかかわらず，行われなかったのである。こうした要求が満たされないことで勃発した農民大衆の反乱は，彼らの「野蛮」で「病的」な行動として表象されることによって，国家が描く歴史を正統化する役割を担わされたのである。以下では，グラムシが以上の2点それぞれをどのように展開したかを検討していきたい。

2――イデオロギーとしての「自然劣等性」

グラムシは1926年の11月に逮捕され，死の直前まで獄中にあった。獄中以前のグラムシは，上記した2点に関しては，ほとんど第1の問題にのみ取り組んだといっていいだろう。サルヴェーミニの議論を受け継ぎつつ，とくに逮捕前数年間のグラムシは，南北の資本家ブロックに対抗して，南部農民と北部労働者の同盟をいかにして創出するかを課題にしていた。この文脈で，彼は，北部に広まる南部の「自然劣等性」の表象などによって分断された両者を結びつけるために，紐帯の組織者としての知識人の社会的機能に注目した。しかしながら，彼は，いかにして農民大衆がかかる従属的状況に置かれたかについての歴史的な（あるいは構造的な）分析を萌芽的にしか行っていない。

グラムシは，若い頃から「科学」によって正当化された，南部人に対するネガティブな表象を批判していた。「南部」のサルディニア出身であり，サルヴェーミニの熱心な読者であった若きグラムシは，1911年にトリノ大学に入学し，同郷のパルミーロ・トリアッティと出会い友人になる。トリアッティの回想によれば，グラムシが彼と最初に話したことは「劣った南部人の自然本性」論に対する批判であったという（Togliatti 2001：120/1962：64～65）。しかし，この時期のグラムシが南部人を自律的な政治的主体として見なしていたかというと，そうではなかった。1917年のロシア革命以来，1919～20年の工場評議会運動[3]が失敗するまでのあいだ，彼は，北部労働者より未発達な労働者の種別として南部農民をとらえていた。ロシア革命以来，工場評議会運動が失敗するまでのグラムシは，革命前のロシアと現在のイタリアの状況を比較検討し，前者がどれだけ後者に近似しているかを基準にしてイタリア革命の可能性を考えており，イタリア独自の政治的経済的状況にあまり注意を払っていなかったように思われる。したがって，グラムシは南部人の自然劣等性という北部で広く共有された見方を批判しつつも，南部人口の大部分を占める農民を自己特有の利害のない，いわば2級の労働者としてみていた。

しかし，工場評議会運動の失敗を経験した後，ロシアとは異なるイタリアの社会状況の特質についてグラムシは深く考察するようになった。結果として，彼は，南部農民が自律的な組織を形成する経験をもたなかったことに，彼らの従属的状況の原因を見いだした。

> 南部農民の状況を特殊にしているものは，[……] かれらが――全体として――いかなる自律的な組織を打ち立てる経験をもっていないという事実である。かれらはブルジョワ社会の伝統的構造のなかに回収されてしまい，農業―資本家ブロックの拡大的部分としての地主たちが農民大衆を統御し，自らの目的にそった方向付けを与えている。(Gramsci 1971：107/1979：156)

南北の大衆が分断された状況において，彼は，両者を結びつける社会的機能をもちうる「知識人」に注目した。知識人に関する考察が展開されるのが，逮捕直前に書かれた論文「南部問題に関する覚え書」である。

この論文で第1に注目されることは，グラムシが南部知識人の類型化とその社会学的分析を行ったことである。彼はまず，南部を3つの社会層に分ける。第1の層は，「ばらばらな」農民大衆である。彼らは「たえざる騒擾状態」にあってみずからを組織化することができず，集団としての要求を述べることができない。このばらばらな性格ゆえに，彼らの要求を知るために彼らの声を集めようとしても困難に直面せざるをえない (Gramsci 1996：174，知：28～29)。第2の層は，中小の土地所有者階層から生まれる中小知識人である。この層は，国家官僚の5分の3を提供し，国家の行政方針を地方の農民に課す機能を担っている (Gramsci 1996：175，知：29)[4)]。第3の層は，大土地所有者と大知識人からなる。グラムシによれば，大知識人の役割は，農民大衆を大土地所有者の利益の下に置き続けることであり，そのために農民を受動的な状態に据え置くことである。つまり，その「唯一の目的は現状を維持すること」である彼らは，南部の状況を改善する計画を一切もっていない (Gramsci 1996：178，知：34)。南部の大知識人として挙げられるのは，当時のイタリアを代表する知識人ベネデット・クローチェとジュセッペ・フォルトゥナートである。彼らは，教育を受けた南部の若者たちを一挙にヨーロッパ規模の知的文化の世界へと誘う。その結果，若者は，自分の育った遅れた南部に背を向けるようになる。こうして，大知識人の強い影響力は，若者が南部の諸問題に目を向ける契機を奪ってしまうのである。フォルトゥナートとクローチェがイタリアにおける「もっとも活動的な反動家」であるとされるのは，この理由からである（Gramsci 1996：181，知：37）。以上のように，グラムシの見るところ，中・小そして大知識人が，南部問題をむしろ維持しているのである。では，このような機制をどのように打破できるのか。彼は，新しい世代の自由主義知識人であるグイード・ドルソとピエロ・ゴベッティの名を挙げ，とくに「文化の組織者」としてのゴベッティに南部農民と北部労働者の同盟を作り上げるうえでの役割を期待した（Gramsci 1996：183，知：41）。グラムシは，南部のばらばらな農民大衆をまとめあげ，彼らを北部労働者との同盟に導きうるような知識人の媒介的機能に期待したのである。

この論文で第2に注目されることは，グラムシが，ラティフォンドを解体し，それを南部農民に配分することによって，南部問題を一挙に解決するという「魔法めいたスローガン」を厳しく批判したことである。その理由として，彼は自分が1920年に書いた論文（「労働者と農民」）を引用する。「貧農が未開墾地や不良耕地へ侵入して何を得るのか？　機会もなく，農作業をする住居もなく，収穫期まで繋ぐ貸付もなく［……］，収穫物を買い取って高利貸しの爪牙からかれを救ってくれる協同組合制度もなく，貧農はこの侵入から何を得るのか？」（Gramsci 1987：376，選5：227）グラムシは「南部問題に関する覚え書」において引用していないが，「労働者と農民」のこれに続く部分こそ重要であるように思われる。

> 当面のあいだは，かれは所有した感覚を満足させ，土地への原始的な欲求を満たすことができる。しかしその後は，たった一発のダイナマイトが吹き飛ばせるほどの土地を拓くためには，自分の両腕だけでは十分でないと気づいたとき，種子や肥料や農機具が必要であることに気づいたとき，誰ひとりとしてこうしたもろもろの必需品を与えてくれないと悟るとき，そして家もなく水もなくマラリアがある土地で過ごさねばならない未来の長い月日のことを悟るとき，その農民は自分の無力，孤独，絶望的な状況を感じ，革命家ではなく山賊になり，また共産主義の闘士ではなく「旦那方」を襲うものになるのである。（Gramsci 1987：376～77，選5：227）

ここでグラムシが重視していることは，土地（財）が分配されるかどうかというよりも，行為主体である農民が土地を適切に使う能力――アマルティア・センの概念を用いるならば「権原（entitlement）」――がどれほどあるかである（Sen 1982：45～47/2000：71～73）。センがこの概念を彫琢した契機は，1943年のベンガル大飢饉である。センによれば，食料そのものは豊富にあったにもかかわらず，飢餓が起こったのは，人びとが食料へアクセスすることができなかったからであった。グラムシも同様に，南部の農民たちは，土地を適切に使うためのインフラや中長期的視野などの財にアクセスする手段を（つまり権原を）もっていないと考えたのである。

グラムシのこの指摘が興味深いのは，農民たちを本質的に無能力と見なす「自然的な劣等」という表象が支配的な社会集団のイデオロギーであるという指摘を超えて，彼らに十分な「権原」が与えられるならば，その自律性を発揮することができるだろうという含意があるからである。次にみるように，獄中のグラムシはリソルジメント期の農民大衆を分析することで，かれらが「農業改革」という自律的要求をもっていたことを明らかにする。そのうえで，彼は，こうした自律性の萌芽がどのように隠蔽されたかというより歴史的な課題に取り組むのである。

3――「農業改革」の要求を覆い隠す「自然」の表象

グラムシは1929年から35年にかけて，獄中で計29冊にのぼるノートを執筆した。グラムシの反省的な思索が蓄積されたこのノートは，現在，『獄中ノート』としてまとめられている。彼が『獄中ノート』の主題のひとつとしたのは，リソルジメントの分析である。グラムシの解釈は，リソルジメントを「失敗」とみなすものとしばしば指摘される。この解釈の典型は，自由主義経済学者ロザーリオ・ロメオによる「失敗した農業革命」論である。ロメオによれば，グラムシは，ラティフォンドを小作農に分配し，農村に民主主義を打ち立てることによる「農業革命」が起こらなかったことを理由に，リソルジメントを「失敗」と断じているという。ロメオの主張では，農業革命が起こらなかったことはイタリアにとって幸いであった。なぜなら，もし農業革命が起こっていたならば，多くの南部農民が自作農となっていただろうが，それは同時に，資本主義経済を打ち立てるのに必要な資本を蓄積することが不可能になることを意味したからである（Romeo 2008）。

ロメオの立論は論争を巻き起こしたが，そのグラムシ批判には妥当な部分もある。グラムシは，フランス革命におけるジャコバン主義が，その農業改革を通じて，都市と農村の同盟を打ち立てることに成功したと論じた（Q19§24：2028-29，知：84〜86）ものの，この評価は歴史的な正確性を欠くものであろう。歴史学者ギンスブルグの指摘するところでは，グラムシのジャコバン主義評価は，アルベール・マティエに依拠しているが，マティエの議論は事実に即しているとはいえない。農村の食料は都市のために徴発されており，農業労働者はジャコバン支配によって最も不利益を被る人びとであった。つまり，ジャコバン派と農民の関係は，「実際のところ，同意と同じほど強制による」ものであった（Ginsborg 1979：54〜55）。

しかしながら，ロメオのグラムシ批判は全体として見当外れであるといえるだろう。まず指摘されるべきことは，グラムシはロメオの指摘したような「失敗した農業革命」という言葉を用いていない。むしろ彼は，カブールら「穏健派」が，当時の国内外の勢力関係のなかで次第に（最初は意図されなかった）統一を達成していった政治的な「成功」としてリソルジメントをとらえていた。この評価と，リソルジメントが以下の２つの意味で「受動的革命（rivoluzione passiva）」であったとするグラムシの評価は矛盾しない。第１に，マッツィーニらリソルジメントの「民主派」は党派としての凝集力に欠けた結果，より組織的な穏健派は，民主派の個々人の個別的利害を充足することで，民主派の指導者たちを穏健派陣営に取り込んでいった。この結果，政党政治のダイナミズムによらずに，アドホックな多数派形成による議会運営（トラスフォルミズモ（trasformismo））の素地がつくられてしまった。リソルジメントはまずこの意味で，「受動的」である。第２に，グラムシによれば，リソルジメント期の農民大衆は「農業改革（riforma agraria）」の政治的要求をもっていた。民主派は，こうした農民の利害をかれらの政治的プログラムのなかに組み入れることで，効果的に穏健派に対抗しえたにもかかわらず，そのための指導力を発揮できなかった。その結果，大衆運動を欠いたという意味で，リソルジメントは「受動的」とされたのである。

第１点はリソルジメント以後の自由主義期イタリアの議会政治を考えるうえ

で重要な論点であるが，ここでは，本稿の目下の関心に沿って第2点に集中したい。グラムシは，リソルジメントにおける農民の「農業改革」の要求を民主派が汲み取ることによって，より包括的な国民統合が可能であったと考えていた（Q19§24：2024，知：80）。『獄中ノート』では，リソルジメントにおいて農業改革が可能であったことが繰り返し指摘される。ここで確認するべきことは，グラムシの言う「農業改革」は，ロメオがグラムシのものとした「農業革命」と異なることである。すでにわれわれがみたように，グラムシは獄中以前から農民たちの「権原」を問うことで，土地分配による自作農の創出が南部問題の解決になるという単純なプランを――つまりロメオがグラムシに帰した「農業革命」を――批判していたのである。それにもかかわらず，戦後活躍したマルクス主義経済学者であるエミリオ・セレーニも，「農業革命」という言葉でグラムシの農業政策を説明しつつロメオに反論したことによって，誤解が広まってしまった（Sereni 1968：ix）。

ただし，グラムシは，『獄中ノート』の中で，リソルジメント期の「農業改革」の具体的な内容について言及していない。これは獄中以前の「権原」に関する議論を展開した頃とは焦点が異なっており，『獄中ノート』においては，農業改革の要求の内容よりも，そのような要求が組み入れられなかったプロセスと，その政治的な帰結の分析に焦点を合わせていたからであろう。この点に関して，ギンスブルグは，1860年に行われたジュセッペ・ガリバルディのシチリア遠征において，農民大衆の要求がリソルジメントの政治的プログラムに組み入れられた可能性を指摘している。この遠征に先立つ1841年に，フェルディナンド2世はシチリアの農民たちに農地の分割を約束していたものの，この改革は実施されないままであった（Woolf 1979：318）。ギンスブルグによれば，地主や教会の占有地を分割することによって，自作農を創出し，地主と小作農の凄まじい分化が超克されえた（Ginsborg 1979：59～60）。ガリバルディは遠征中に農民から援助を受けたにもかかわらず，このような改革を実行せず，遠征軍と農民との緊張を高めた結果，農民たちは農業改革の実施を求めて暴発すると，地元の名士を殺害した（ブロンテ村事件）。この反乱は，ガリバルディ麾下のニーノ・ビクシオに率いられた一隊に鎮圧されることとなった。グラムシは，ガリバルディのシチリア遠征における農民反乱とその鎮圧の背景が分析されていないことに注目する。

1860年のシチリアにおいてガリバルディ軍がとった政治的行動，クリスピが命じたその政治的行動を研究してみなければならない。領主にたいする農民の一揆的運動はことごとく容赦なくおしつぶされ，反農民的な国民軍が創設されたのである。その典型が一揆がもっとも強烈であったカターニャにおけるニーノ・ビクシオの懲罰遠征である。それでも，G・C・アッバの『覚え書』[『千人隊のひとりによる覚え書』のこと]にも，農業問題が大衆を運動に入りこませるための発条であったことを証明するためのいくつかの要素が見いだされる。マルサーラ上陸直後にガリバルディ軍を迎えにいく修道士とアッバの対話を想い起こすだけで十分である。G・ヴェルガのいくつかの小説のなかには，国民軍がテロルと大量銃殺とによって鎮圧したこれらの農民蜂起についての絵画的な描写が見られる（千人隊の遠征のこのような側面はこれまでいちども研究され分析されたことがなかった）。（Q19§26：2045～6，知：108）

この引用で言及されているジュセッペ・アッバとジョバンニ・ヴェルガは，文学史上，真実主義（verismo）を代表する人物として知られている。彼らは，その著作の中でこれらの反乱の記録を残した。ガリバルディの千人隊に従軍したアッバは，ガリバルディが上陸後に修道士の訪問を受け，いかに農民が土地を求めているかの訴えを聞いたというエピソードを書いている（Abba 1949：65～66）。同様に，ヴェルガは，反乱のなかで捕らえられた農民が次のように叫ぶシーンで短編を終えている。「なぜだ？　おれは少しの土地だってとっていないのに！　自由が来たんじゃなかったのか？」（Verga 1982：345）グラムシが真実主義に注目したのは，それが，「地方の生活」を取り扱うからであった。「この生活こそが，公式の『近代イタリア』にたいする真のイタリアであったのだ。[……]真実主義の知識人にとって，緊急の関心事は，（フランスのように）統一しているという意味ですでに『民族』となっていった人民大衆との接触をかためることではなく，真のイタリアがなお統一されていないという事実を明らかにするような諸要素を示すことであった」（Q23§8：2196，選3：215～16）。以上から明らかなように，グラムシはこうした農民反乱のうちに，満たされざる農業改革の要求を見いだしているのである。

このような要求が存在したにもかかわらず，民主派は，こうした要求をみずからの政策に含み入れることになぜ失敗したのだろうか。グラムシは，穏健派と民主派には，集団としての凝集性とみずからの任務への自覚において大きな差があったと論じた。穏健派は経済的意味でのブルジョワジー（貴族出身のブルジョワジーであったカブールはこの典型である）から成っており，当時の国際関係においてサルディニア王国の利害を最大化するという，現実主義的任務の自覚があった。他方の民主派は，学生や弁護士など，中小の文化的意味におけるブルジョワジーからなる雑多な集団であった。主導者のひとりマッツィーニは，宗教改革の必要を説く「啓蒙の使徒」であり，現実主義的な自覚を欠いていた。グラムシが痛烈に批判したところでは，もしマッツィーニが「現実主義的な政治家だったならば」，民主派が穏健派に吸収されたとしても，その「均衡はちがったものになり，もっとマッツィーニ主義に有利なものになっていただろう。すなわち，イタリア国家はもっと後進的でなく，もっと近代的な基盤のうえに建設されていただろう」(Q15§11：1767，君：221，cf. Q15§15：1773～74，選1：187～89)。

結局，イタリア・リソルジメントにおいて，農業改革を政策とすることによる，より包括的な国民統合はなされなかった。しかし，グラムシが強調するには，民主派が「農民の基本的諸要求を反映した，一つの有機的な統治綱領を」穏健派の現実主義的政策に対置できたならば，リソルジメントはより民主的なものになりえた(Q19§24：2013，知：68; cf. Q19§24：2032，知：88)。この判断の背景には，農民たちの農業改革への要求が確固として存在していたという実証的観点があるからにほかならない。民主派の失敗に関連して，リトルトンが興味深い指摘をしている。この歴史学者によれば，当時のイタリアでのブルジョワジーは，経済的利害によって結びつけられる「階級」というよりも，職業や資格といった文化的紐帯による「中流階層(ceti medi)」とむしろ一致していたという(Lyttelton 1991：217～9，229)。文化的紐帯によって結ばれたブルジョワジーからなる民主派にとって，大衆は強力であるが，無知蒙昧で激情的であり，制御不能な集団に他ならなかったのである。このように，文化的意味でのブルジョワジーと農民大衆の乖離は激しいものであった。マック・スミスが指摘するところでは，1861年時点のイタリアにおける非識字率は75%以上にのぼるが，南部ではその割合がより高くなっており，農民反乱を記録した文書はまれであるという(Mack Smith 1991：254)。グラムシは，農民が自分たちの政党をつくり，自分たちの代表をもつことの可能性に一貫して否定的であった。というのも，彼らは自分たちの利害を代表し，また自分たちを叙述する「知識人」を生み出すことができないからである(Q19§24：2024，知：81)。

こうして，南部農民がみずからの利害を表明する回路を断たれたことで，南北の社会経済的格差が構造化され，「南部問題」が生起した。そして，この格差を説明し正当化する言語として，「自然的に劣等な南部」という表象が現れるのである。

> 南部の「貧困」は北部の人民大衆にとって歴史的に「説明がつかない」ものであった。かれらには，統一が平等な基礎のうえに実現したのではなくて，都市―農村の領域的関係のなかにあっての北部の南部にたいするヘゲモニーの確立というかたちで実現されたこと，すなわち，北部は具体的には南部を犠牲にして肥え太っていった「蛸」であり，その経済的―工業的増進は南部の経済と農業の貧困化と直接に関係したものであったことがわかっていなかった。反対に上部［北部］イタリアの素朴な民衆はつぎのように考えていた。すなわち，近代的発展を阻止しようとしてブルボン体制がかけていた束縛から解放されたのちにも南部が前進しなかったとすれば，このことが意味しているのは，貧困の原因は外的なものではなく，客観的な経済的―政治的諸条件のうちに探しもとめられるべきではなくて，内的なものなのであり，南部の住民に生得的なものである，と。［……］こうして説明としてはただひとつ，南部の者たちは生物としての有機的組成の点から見て無能力なのであり，野蛮状態を抜け出すことができておらず，生物学的に劣等なのだという説明しか残らなかった。（Q19§24：2021～22，知：77～78）

ポスト・リソルジメント期には，徴兵制の導入や新たな課税などをきっかけに中・南部で反乱が続発する。この一揆的反乱は，北部の多くの住民にとってみれば，まさに「説明のつかない」ものであっただろう。こうして，この反乱は農民大衆に「野蛮」，「病的」などのスティグマをもたらす絶好の機会となった。

グラムシがこうした反乱を体系的に分析しようとしたのが，「サバルタン（従属的社会諸集団）」論の文脈である。グラムシのサバルタン論は，ポスト・コロニアル研究の分野において注目され，いわゆる「サバルタン・スタディーズ」の隆盛を招いたことで知られている。しかし，グラムシ自身が，サバルタンの「歴史研究の規準の多くはイタリア・リソルジメントを指導したイタリアの革新的諸勢力の検証作業を通じて構築することができる」と述べている（Q25§5：2089，知：113）ように，彼のサバルタン論が，彼のリソルジメント分析と，なかんずくリソルジメントにおいて政治的要求をもちつつ，それが代表されなかった農民大衆の分析と密接に結びついていることは看過されてはならないだろう。

グラムシは，ダヴィデ・ラッザレッティによる反乱にとくに注目している。

この人物は，ポスト・リソルジメント期に中部イタリアで千年王国運動を率いて蜂起したが，最後は憲兵隊に射殺された。その死後，彼は「病的」で「野蛮」な性格だったと叙述された。グラムシには，以下のようにこうした叙述の機能を分析する。

> [こうした叙述は] 1870年以後のイタリアにあまねく存在していた全般的な不満の個々の爆発の事例について個人的，フォークロア的，病理学的，等々のきわめて限定的な説明をあたえることによって，そうした不満の現実的な諸原因を隠蔽しようとする試みに寄与してきたのであった。同じことは南部と島嶼部の「山賊行為(ブリガンダッジョ)」についてさらに大々的な規模で起こっている。(Q25§1：2279～80，知：116～17)

南部農民が「自然的に劣等」と表象されることで彼らの政治的要求が隠蔽されたのと同じように，ラッザレッティの反乱の原因もまた，彼の自然的気質の問題に還元されることによって，隠蔽されているのである。このような隠蔽がなされる原因は，「ラッザレッティの運動は現実に農民たちのあいだに広まりうるほどのものだったのだが，それが共和主義的傾向をおびたものであるということ」だという (Q25§1：2280，知：117)。グラムシが注目したのは，農民の要求が代表されていないことがラッザレッティの運動の背景にあることである。この運動は，「農村の大衆が，正規の政党が存在しないなかで，大衆自身から出現してくる土地の指導者たちを探しもとめ，農村に原初的な形態で醸成されている要求の総体に宗教とファナティズムを混ぜ合わせるのだという事実を政府に明らかにしてみせた」(Q25§1：2280，知：117～18)。

グラムシの理論において中核を占める知識人の社会的機能は，他者の政治的要求を代表し，また著述を通じて他者を表象することである。知識人は支配的社会諸集団の「代理人」として機能しており，広い意味での「国家」の機能と密接にかかわっている (Q12§1：1519，知：54～55)。反対に，サバルタンは，国家（とその代理人たる知識人）が排他的にもつ「歴史を書く」という行為から排除されているがゆえに，自分たちの要求はおろか，自分たちが何者であるのかですら，書き残すことができない。むしろ，彼らの要求は支配諸集団の利害に応じて表象されるのである。グラムシは，このようなサバルタンの歴史をたどることの困難を強調している。「従属的社会諸集団の歴史は，必然的に，断片化された，そしてエピソード的なものであらざるをえない。[……] 従属的社会諸集団は，反乱し蜂起するときですら，つねに支配的社会諸集団のイニシアティブをこうむっている」(Q25§2：2283，知：110)。先に指摘したような南部農民の非識字率の高さは，この事態と密接に関連しているといえる。かかる状況において，グラムシがアッバやヴェルガの記述に注目する理由は明らかであろう。彼はマンゾーニの『いいなづけ』を分析した一節において，より明確に，文学作品の記録的性格に言及している。「歴史小説が，『歴史』をもたない，すなわちその歴史が過去の歴史文献に痕跡をとどめていない『従属的諸階級』の人物を描き出す，というかぎりで，新しい側面をいくつかもっている」(Q14§39：1696，選3：273)。

以上のように，グラムシはラッザレッティの反乱に，みずからを代表することも叙述することもできない，サバルタン集団の政治的要求の「痕跡」をみていた。端的にいってグラムシは，「自然的に劣等」，つまり，「野蛮」で「病的」などのネガティブな表象を通じて，一面的な属性が農民大衆の自然本性に置き換えられるプロセスを明らかにした。彼は，リソルジメントとその後の過程において，農民大衆がもっていた政治的要求に注目することによって，こうした表象がかれらの要求を隠蔽する機能をもっていたことを示したのである。

▶エピローグ——実証的研究と規範的視座

本講は，南部の農民大衆に帰された「自然的劣等」という表象に関するグラムシの分析を検討してきた。彼は，農民がこのような表象を受ける背景に，彼らの満たされない政治的要求の存在があることを指摘した。かれら農民大衆が自分たちを代表する知識人をもてないゆえに，その要求は国家の歴史においてスティグマ化され，彼らが間欠泉的にその自律性を発露しようとする行為は，彼らの自然本性上の欠点として叙述されていったのである。

本講を閉じる前に，グラムシがスティグマ化された表象の背後に存在していた，農民大衆の政治的要求を描き出した視点の特質について，論じておきたい。獄中以前のグラムシは，北部に流布していた南部農民の「自然」言説が，南北ブルジョワジーのイデオロギーであると指摘していた。これは，マルクス主義思想の得意とするイデオロギー暴露の一種であるといえよう。しかしながら，本講が論じてきたことに鑑みると，グラムシの分析の特異性は，『獄中ノート』に顕著にみられる，その実証的性格にあると考えられる。たとえば同時代を代表するマルクス主義者であるルカーチは，生産世界において最も抑圧されたプロレタリアートがもつとされる階級意識を演繹的に措定した。反対に，グラムシの議論は，いわば実証性に基礎をおく帰納的なものといえよう。というのも，グラムシがより民主的なリソルジメントがありえたと主張する根拠は，「農業改革」の要求が存在したことに求められているからである。グラムシの思想における実証的性格の重要性については，言及されること自体があまりない[5]。もし，同時代のマルクス主義者とグラムシを分けるものがあるとすると，それは後者の規範的視座が実証的研究に基づいていることであろう。現実の問題から出発して規範を構築していくこの視角こそが，人為的につくられた格差を「自然」の名の下に隠蔽し正当化する不正を描き出すことを可能にしたのである。

【注】

1）　わが国における「南部問題」に関する包括的な論考として，小田原（2010）がある。また，若きグラムシの南部問題論を扱った論考として，姜（1999：127-44）を参照。

2）　南部主義者たちの議論を直接確認するためには，彼らの主要論文を集めたアンソロジー（Villari 1972）が有用である（いくつかの論文は邦訳されている）。また，南部主義者の略歴などは，上村忠男訳『知識人と権力』の巻末の「人名および新聞・雑誌名一覧」を参照。

3）　トリノのフィアット工場において勃発した占拠は，1919年の９月には30工場の５万人の労働者にまで広がった。この運動は，管理者を抜きにして，工場内の「評議会」を通じた，労働者自身による工場の自主管理を目指したものであった。しかし20年９月には，首相ジョリッティの巧みな交渉により，一部労働者が妥協したことで運動は急速に衰え，間もなく工場の占拠は終了する（Spriano 1973/1980）。

4）　20世紀に入り南部出身の官僚が増えていったことは確かであるが，この傾向は戦後も続き，1961年の時点でも国家官僚の63％が南部出身であった（Lyttelton 1991：246）。

5）ここでは，グラムシの実証性に注目した研究者として，以下の３人を挙げておきたい。Galasso（1969），Ginsborg（1979），Bellamy（1987）。

【文献】

Gramsci, A.（1975）*Quaderni del carcere: Edizione critica dell'Istituto Gramsci*, a cura di V. Gerratana, Torino: Einaudi.

＊　グラムシの『獄中ノート』からの引用はジェラッターナ版を用い，ノート番号（Q），節番号（§），頁数の順に示した。また，邦訳があるものは以下の略号とともに併記したが，訳は必要に応じて変更してある。【選１】山崎功監修『グラムシ選集（1）』合同出版，1978年。【選３】山崎功監修『グラムシ選集（3）』合同出版，1978年。【君】上村忠男訳『新編　現代の君主』筑摩書房，2008年。【知】上村忠男訳『知識人と権力』みすず書房，1999年。

Abba, C. G.（1949）*Da Quarto al Volturno: Noterrelle di uno dei Mille*, Milano: Universale economica.

Bellamy, R.（1987）*Modern Italian Social Theory*, Cambridge: Polity Press.

De Viti De Marco, A.（1972）'Il Mezzogiorno «mercato coloniale»', in *Il sud nella storia d' Italia: Antologia della questione meridionale*, ed. R. Villari. Bari: Laterza（勝田由美訳「南部の植民地経済」『工学院大学研究論叢』（45）1，2007年）.

Dickie, J.（1999）*Darkest Italy: The Nation and Stereotypes of the Mezzogiorno 1860-1900*, New York: St. Martin's Press.

Galasso, G.（1969）"Gramsci e problemi della storia italiana", in *Gramsci e la cultura*

contemporanea: atti del convegno internazionale di studi gramsciani tenuto a Cagliari il 23-27 aprile 1967, ed. P. Rossi, Rome: Riuniti.
Ginsborg, P. (1979) "Gramsci and the Era of Bourgeois Revolution in Italy", in *Gramsci and Italy's Passive Revolution*, ed. J. Davis, London: Croom Helm.
Gramsci, A. (1971) "Cinque anni di vita del partito", in *La costruzione del partito comunista 1923-1926*, Torino: Einaudi（「党生活の五年間」，石堂清倫編『グラムシ政治論文選集３』五月社，1979年）.
Gramsci, A. (1987) "Operai e contadini", in *L'Ordine nuovo 1919-1920*, a cura di V. Gerratana e A. Santucci, Torino: Einaudi（「労働者と農民」，山崎功監修『グラムシ選集(5)』合同出版，1978年）.
Gramsci, A. (1996) "Note sul problema meridionale e sull'atteggiamento nei suoi confronti dei comunisti, dei socialisti e dei democratici", in *Disgregazione sociale e rivoluzione: Scritti sul Mezzogiorno*, a cura di F. Biscione, Napoli: Liguori（上村忠男訳「南部問題についての覚え書」『知識人と権力』みすず書房，1999年）.
Lyttelton, A. (1991) "The Middle Classes in Liberal Italy", in *Politics and Society in the Age of the Risorgimento*, eds. J. Davis and P. Ginsborg, Cambridge: Cambridge University Press.
Mack Smith, D. (1991) "Francesco De Sanctis: The Politics of a Literary Critic", in *Politics and Society in the Age of the Risorgimento*, eds. J. Davis and P. Ginsborg, Cambridge: Cambridge University Press.
Nitti, F. (1972) 'Il mezzogiorno e lo sviluppo economico italiano', in *Il sud nella storia d' Italia: Antologia della questione meridionale*. ed. R. Villari. Bari: Laterza（勝田由美訳「南部とイタリアの経済発展」『工学院大学研究論叢』(45) 2，2008年）.
Romeo, R. (2008) *Risorgimento e capitalismo*, Bari: Laterza.
Salvadori, M. (1960) *Il mito del buongoverno*, Torino: Einaudi.
Salvemini, G. (1973) *Movimento socialista e questione meridionale* (Opere vol.4), Milano: Feltrinelli.
Sen, A. (1982) *Poverty and Famines: An Essay on Entitlement and Deprivation*, Oxford: Oxford University Press（黒崎卓・山崎幸治訳『貧困と飢餓』岩波書店，2000年）.
Sereni, E. (1968) *Il capitalismo nelle campagne*, Torino: Einaudi.
Spriano, P. (1973) *L'Occupazione delle fabbriche: settembre 1920*, Torino: Einaudi（桐生尚武訳『工場占拠：イタリア1920』鹿砦社，1980年）.
Togliatti, P. (2001) "Gramsci, la Sardegna, l'Italia", in *Scritti su Gramsci*, a cura di G. Liguori, Roma: Riuniti（家里春治訳『アントニオ・グラムシ――その思想と生涯』青木書店，1962年）.
Verga, G. (1982) "Libertà", in *Tutte le novelle*, a cura di C. Riccardi, Milano: Mondadori.
Villari, R. ed. (1972) *Il sud nella storia d'Italia: Antologia della questione meridionale*, Bari: Laterza.
Woolf, S. (1979) *A History of Italy 1700-1860: The Social Constraints of Political Change*, New York: Methuen（鈴木邦夫訳『イタリア史：1700-1860』法政大学出版局，2001年）.
小田原琳（2010）「南部とは何か？　南部問題論における国家と社会」北村暁夫・小谷眞男編『イタリア国民国家の形成』日本経済評論社。

姜玉楚（1999）「初期グラムシの思想とイタリア南部主義」『情況』10（3），127〜44頁。
千野貴裕（2010）「同意と公共性――A・グラムシの市民社会論における同意の形成と解体」
　齋藤純一編『公共性をめぐる政治思想』おうふう。

【千野貴裕】

講義8
ホロコーストを問い直す思想　フランクフルト学派の展開

Keywords　アウシュヴィッツ／啓蒙の弁証法／道具的理性／コミュニケーション的行為／生活世界

▶プロローグ

「アウシュヴィッツのあとで詩を書くことは野蛮である」(アドルノ 1996a：36)。これは，戦後（第２次世界大戦後）のフランクフルト学派を代表するテオドーア・W・アドルノの言葉である。

「アウシュヴィッツ」はナチス支配下にあったポーランドの町の名前であり，そこにナチスは代表的な絶滅収容所を設置していた。絶滅収容所とは，抑留者に労働を強いる場所ではなく，移送されてきた人びとをひたすら殺戮する設備である。人びとの多くは到着して数時間後には灰にされた。ナチスはそういう絶滅収容所をポーランドにいくつも設置していた。アドルノは「アウシュヴィッツ」という言葉に，ナチスによるホロコーストの全体を象徴させている。

一方，「詩を書くこと」は，そういう殺戮とは本来対極にある（はずの）文化的営みの象徴である。ホロコーストのような出来事が起こったあとでは，文化の意味は根本的に問い直されざるをえないのではないか。アドルノの言葉が告げているのは，そのことである。アドルノは哲学的主著『否定弁証法』(原著，1966年）では，さらに端的に，「アウシュヴィッツ以降，文化はすべてごみ屑である」と述べている（アドルノ 1996b：447)。

アドルノを戦後の代表とする「フランクフルト学派」は，1930年代，フランクフルトの社会研究所を拠点に，当時の所長マックス・ホルクハイマーを中心に集いつつ，ナチスの台頭によって亡命し，戦後も独自な思想を展開した思想家たちに与えられた呼称である。大半がユダヤ系の知識人からなっていた彼らは，ナチス支配下では，亡命しなければ確実に絶滅収容所のガス室に送られる側に位置していた。そういう立場から，ヨーロッパの高度な文明社会でなぜヒトラーが指導者となりえたのか，なぜホロコーストのような出来事が起こりえたのかを，彼らは根本的に問い直した。フランクフルト学派第１世代の思想を受けて，ホルクハイマーとアドルノの死後，彼らへの批判も組み込みながら，ユルゲン・ハーバーマス〔ハーバマスとも表記される〕がフランクフルト学派第２世代として新たな社会理論を展開してゆく。

この講義では，ホルクハイマーの道具的理性批判，アドルノにおけるアウシュヴィッツ以降の生への問い，ハーバーマスのシステムと生活世界という問題設定を，ホロコーストを問い直す思想としてとらえる。

1 ――『啓蒙の弁証法』の告げるもの

★20世紀の野蛮と『啓蒙の弁証法』

1933年，ヒトラーが合法的に政権を獲得すると，社会研究所は閉鎖され，ホルクハイマーとアドルノは亡命を余儀なくされる。彼らはいったんニューヨークに亡命し，さらにカリフォルニアに移住する。そこで両者の緊密な共同討議によって成立したのが，『啓蒙の弁証法』である。フランクフルト学派を代表する著作であり，20世紀の思想史のなかで欠くことのできない重要な本である。

『啓蒙の弁証法』の「序文」には，この著作の作業に携わるうえで著者たちが念頭に置いていた問いがこう記されている。「なぜ人類は真に人間的な状態に歩みゆく代わりに，一種の新しい野蛮状態に陥ってゆくのか？」ホロコーストをはじめとする20世紀の途方もない暴力的な出来事を省察するうえで，この問いは決定的である。

ホロコーストの詳細が明らかとなったのは，1945年1月，ソ連軍がアウシュヴィッツ収容所を解放してからである。さらに，1945年8月には，2発の原子爆弾が日本に投下されるに至る。20世紀に生じた「新しい野蛮」として，この2つの出来事を外すことはできない。これに対して，『啓蒙の弁証法』の本文の大半は，1944年の時点で書き上げられていた。しかしその時点で，著者たちには事態はすでに暗澹たるものと映っていた。

彼らがとらえていた「新しい野蛮状態」とは，まずもって，ヨーロッパ全土をファシズム政権が制圧するかの事態だった。1940年代初頭，イタリアではムッソリーニ，スペインではフランコ，ドイツではヒトラーが独裁を敷いていた。1939年9月，ポーランドに侵攻して第2次世界大戦を引き起こしたヒトラー支配下のドイツは，翌40年にはデンマーク，ノルウェイ，さらにはオランダ，ベルギー，フランスにも侵攻を開始し，これらの地域を次々と支配下に収めていった。1940年7月，フランスは南部のヴィシーに政権を移すが，これも実質は対独協力の政府だった。当時は，イギリスを除いて，まさしくファシズム勢力がヨーロッパの全土を覆う勢いだった。

しかし，彼らが目にしていた「新しい野蛮」はこれに尽きるものではなかった。彼らは，ソ連の社会主義体制をも官僚制の支配する全体主義と看破していた。ホルクハイマーは1940年代には，「権威主義的国家」という概念のもとで，資本主義国家の行き着く先の国家の姿として，ソ連の社会主義国家をとらえていた。ホルクハイマーは，ソ連型の社会主義国家こそが権威主義的国家の首尾一貫した姿として理解していたのである。さらには，民主主義の砦であるはずの合州国の状況さえも，彼らにとっては，希望の拠りどころではありえなかった。こちらはアドルノの批判に顕著な点だが，彼らが合州国で目にしたのは，どのような芸術作品をももっぱら商品としてのその市場的価値によって測る社会だった。シェーンベルクの現代音楽を規範として，みずから現代音楽の作曲にも携わった経験をもつアドルノにとって，合州国が体現している市場社会は理想にはほど遠いものだった。

★西欧文明の自己批判として

このような文字どおり四面楚歌の状況を踏まえて，彼らは『啓蒙の弁証法』の本文を書き上げていった。彼らの批判的な視点は，ホロコーストの詳細，原爆投下，スターリン支配下のソ連の実態，等々が明らかになるにつれて，いっそう重要度を増したといえる。

『啓蒙の弁証法』には，「啓蒙の概念」と題された中心論考のあとに，それぞれ「補論Ⅰ」，「補論Ⅱ」と位置づけられた２つの論文「オデュッセウスあるいは神話と啓蒙」，「ジュリエットあるいは啓蒙と道徳」が配置され，「文化産業――大衆欺瞞としての啓蒙」，「反ユダヤ主義の諸要素――啓蒙の限界」と題された２つの論考が続き，最後には「手記と草案」のタイトルで長短にわたる24の断章が収録されている。この「手記と草案」のなかの「プロパガンダ」と題された断章の結びは，著者たちの位置を鮮明に示している。

> もちろん，疑わしいのは現実を地獄として描くことではない。そこからの脱出を勧めるありきたりの誘いが疑わしいのである。こんにち，語りかけることのできる誰かがいるとすれば，それはいわゆる大衆でも無力な個人でもなく，むしろ架空の証人である。彼にわれわれは言い残してゆく。われわれとともにすべてが無に帰してしまわないように。（ホルクハイマー／アドルノ 2007：526）

このような「架空の証人」に向けて，『啓蒙の弁証法』は，現在の社会が呈している新しい野蛮への退行現象を，文明の概念そのものに遡って問い返そうとする。西欧の文明の出発点そのものに現在の野蛮に至る原因が存在したのではないか，という視点である。

『啓蒙の弁証法』は，巻頭の「啓蒙の概念」と補論Ⅰにおいて，ホメロスの叙事詩『オデュッセイア』を西欧文明の起源をなすテクストと位置づけて，オデュッセウスの航海のうちに，人間による外的な自然支配が同時に内的な自然（欲望）の支配であることを読み解く。そして，人間による外的な支配が同時に人間の内的な自然の支配を必然的に伴っているかぎり，そのときに成立する「主体」がじつは空虚な主体にほかならないことを明らかにする。オデュッセウスの叙事詩が最後に伝えるのは，故郷の島イタケーに帰りついたオデュッセウスが発揮する際限のない暴力である。まるで外的自然を支配した際に押さえつけたはずの自然の暴力がオデュッセウス自身のうちに内面化されたかのように……。

さらに，補論Ⅱにおいては，カントの道徳哲学がそれと一見対極をなすマルキ・ド・サドやニーチェの著作と平行する形で論じられる（ここに登場するジュリエットはサドの代表作『悪徳の栄え』の主人公の名前）。さらに「文化産業論」は，合州国を主たる舞台にして，マスメディアの発達によってもはや自律的な主体としての個人の存在する余地がなくなっていることを指摘し，「反ユダヤ主義の諸要素」では，近代の市民社会において反ユダヤ主義というイデオロギーが醸成されてゆくメカニズムがフロイトの投射理論を用いて分析されている。

結局のところ『啓蒙の弁証法』が明らかにしている近代的な「主体」の姿，そして，そのような主体によって構成される社会のイメージは暗澹たるものである。ただし，著者たちが『啓蒙の弁証法』を西欧文明の自己批判として綴っている，という点を見逃すことはできない。つまり，彼らはホロコーストに至りつくような現実を，たんに被害者の立場からではなく，加害者の立場からも考察している，ということである。加害者の立場といっても，たとえばヒトラーの身になって考える，というようなことではない。ホロコーストのような出来事をたんなる西欧文明の他者とするのではなく，まさしく西欧文明の内部から生じた出来事として徹底的に考える，ということである。

2 ——ホルクハイマーの道具的理性批判

★主観的理性と客観的理性

なぜナチズムのような現象をヨーロッパ文明は引き起こしたのか。この点をホルクハイマーは，『理性の腐蝕』(原著，1947年) で，「理性の主観化」，さらには「理性の道具化」という視点でとらえ返している。この著書も1944年春にコロンビア大学で行われた公開講座に基づいているため，ホロコーストの実態が詳細に伝えられる以前に議論の大枠が作られているが，『啓蒙の弁証法』の錯綜した内容よりも平明に展開されている。

ここでホルクハイマーは，元来，理性には主観的側面とともに客観的側面があったことを確認するところから議論をはじめる。私たちは現在，理性とは，合理的に推論したり，分類したり，演繹したりする能力のことだと考えがちである。ホルクハイマーによればそのような理性は「主観的理性」，主観の能力としての理性にほかならない。それは近代において成立した理性の捉え方である。それに対して，近代以前には，理性についての別の理解が一般的だった。理性は人間の主観のうちにではなく，自然，人間相互の社会関係，社会制度そのもののうちにも内在していると考えられていた。プラトン，アリストテレスから，中世のスコラ哲学を経て，ドイツ観念論の体系に至るまで，むしろ理性は実在のうちに内在するものととらえる見方が基本だった。こちらをホルクハイマーは「客観的理性の理論」と呼ぶ。

ホルクハイマーによれば，理性をとらえるこの2つの立場は必ずしも対立するものではなかった。ホルクハイマーがあげている例ではないが，たとえば幾何学のことを考えればわかりやすいだろう。三角形の内角の和は180度であるというのは，主観的理性がとらえて初めて明瞭になるものだが，しかしそれは，事実として三角形の和が180度であることをも前提にしている。つまり，三角形の和は180度であるという客観的な理性 (ことわり) を，主観的理性が正しくとらえているのである。そして，それによって進められる主観的理性による推論は，あくまで客観的理性 (物事のことわり) に裏打ちされているのでなければならない。同様のことは，社会制度のあり方にもいえるのであって，社会の成り立ちそのもののうちに，あるべき社会の姿は潜んでいる。だからこそプラトンやアリストテレスからカント，ヘーゲルに至るまで，哲学者たちは客観的理性の立場から，自然のみならず，国家や道徳についても論じることができたのである。

★理性の道具化とその帰結

しかし，近代の長い時間の流れのなかで，主観的理性が次第に優位を占めるようになっていった。それをホルクハイマーは理性の形式化に見定める。元来，理性は実在のうちに内在している客観的理性に即応したものであったにもかかわらず，理性は客観的内容を喪失することによって，形式化を遂げてゆく。近代を通じたこの理性の形式化は致命的な帰結をもたらした。理性が形式化することによって，理性は一個の道具と化して，それが適用される目的それ自体が正しいかどうかをもはや判定することができなくなった。どんな目的にも奉仕しうる万能の道具としての理性——。そこでは，肝心の目的それ自体は理性以外のものから設定され，理性はそれをひたすら遂行してゆく便利な道具と化すのである。ホルクハイマーはこう述べている。

> 理性の形式化の結果とは何であるか。正義，平等，幸福，寛容等，すでに言及したように，前世紀には理性に内在し，理性によって認められていると思われたいっさいの概念が，その精神的根拠を喪失したということである。それらは，こんにちもなお目標であり，目的である。だがそこには，それらを讃え，客観的実在に結びつける権限をあたえられた理性の力は存在しない。(ホルクハイマー 1987：33)

ホルクハイマーは『理性の腐蝕』において，理性の形式化，道具化を体現した思想としてプラグマティズム，とりわけ「もっとも根本的で整合的なプラグマティズム」として，デューイの思想に批判的に言及している。ホルクハイマーによれば，プラグマティズムの核心にあるのは，「真理とは観念の成功にほかならない」という考え方である。つまり，真理であるがゆえに成功するのではなく，成功したがゆえにその観念は真理であったとする転倒した発想であって，そこでは客観的な真理，客観的理性の立場からの真理はことごとく消え失せている，ということになる。

★ホロコーストと道具的理性

ホルクハイマーは『理性の腐蝕』で，ナチズム支配下の大衆社会を「自然の反乱」というテーマのもとで分析しているが，ホロコーストそのものを主題化しているわけではない。しかし，600万人にもおよぶ人々が殺戮され，そのなかでガス室による殺戮が大きな役割を果たしていたことを思うとき，ホルクハイマーの「道具的理性批判」という視点は逸することができない。

まずもって，1日に何万人もの人間を殺戮して灰にしてしまうためには，それ相応の計画的な技術が必要である。移送された人々をどのようにしてガス室にまで導き，遺体を効率よく焼却し，灰を処分するか。おぞましいことであるが，そこには理性の働きが不可欠である。アウシュヴィッツ第2収容所ビルケナウをはじめとした絶滅収容所が「死の工場」と呼ばれるのは，まずもってそのことを指している。

しかも，絶滅収容所が死の工場として機能するためには，そこに毎日何万人もの人びとが絶え間なく移送されてくるのでなければならない。移送された人びとの大半は貨物列車にすし詰め状態で運ばれたが，それを可能とするためには綿密なダイヤプログラムが必要である。絶滅収容所に運ぶために，各収容所の手前では特別の線路が引き込み線として新たに敷設されたが，そこに至るまでは通常の線路が用いられていた。日本でいえば東海道本線などの通常の路線である。つまり，通常の普通列車や特急列車が絶えまなく走っている路線に，移送用の「特別列車」を組み込んだのである。その移送計画のトップにいたのが，アーレントの『エルサレムのアイヒマン』で知られる，アドルフ・アイヒマンである。

さらには，ナチスは反ユダヤ主義イデオロギーに基づく政策を当初からおおっぴらに掲げていた。なぜ特定の人種が「優等」で，別の人種が「下等」であるのか，最低限の理論が必要である。そもそも人種などという概念がほんとうに成立しうるのか。およそ出鱈目な思想の都合のよい混合といわれるナチス思想のなかで，人種イデオロギーとそれに基づく反ユダヤ主義政策だけは首尾一貫していたと評される。

いずれの局面においても，それ相応の理性が不可欠である。しかし，その際の理性は，自然や社会のなかに実在する理性，客観的理性に基づくものではなく，まさしく徹底して形式化・道具化された理性である。ホルクハイマーの視点からすれば，私たちはホロコーストという出来事を道具的理性の極限的な現れととらえることができる。この点において，ホルクハイマーの道具的理性批判は，ホロコーストを問ううえで不可欠である。

3 ——アドルノとアウシュヴィッツ以降の生

★戦後ドイツのなかのアドルノ

冒頭で紹介したアドルノの言葉，「アウシュヴィッツのあとで詩を書くことは野蛮である」は，戦後ドイツ（西ドイツ）において，ナチス時代を想起する際に，繰り返し参照された。ただし，アドルノが単純に詩を書くことを否定していたのではないことは，あらためて確認しておく必要がある。アドルノは，今では戦後ヨーロッパを代表する詩人と位置づけられているパウル・ツェランを高く評価していたし，両者のあいだには深い精神的な交流も存在していた。また，アドルノの言葉は，若い世代を代表する詩人ハンス・マグヌス・エンツェンスベルガーから，果敢な「反論」を受け取ることになった。

> もしもわれわれが生き延びようと望むなら，この命題〔アドルノのアウシュヴィッツに関わる言葉〕は反駁されねばならない。それをなしうるのはわずかの者であり，ネリ・ザックスはそのわずかのひとりだ。（エンツェンスベルガー 1968：216）

ツェランもザックスもユダヤ系の詩人であり，ザックスはナチス支配下でベルリンからストックホルムへ亡命し，戦後もそこにとどまっていた。また，当時ルーマニア領下にあったチェルノヴィッツで生まれたツェランは，両親をホロコーストで失い，戦後はパリで生活していた。ふたりとも，詩を書くことを野蛮と考えるどころか，アウシュヴィッツのあとだからこそ詩を書かねばならなかった詩人である。

しかし，これらの詩人とアドルノのあいだに対話不可能な断絶が存在していたわけではない。とりわけ，ツェランはアドルノの著作，とくにそのシェーンベルク論から深く学び，実現しなかったアドルノとの出会いの記念に，数少ない散文作品「山中の対話」を書いて，アドルノに捧げた。アドルノの言葉は，ホロコーストという未曾有の出来事を踏まえて新たな戦後社会を考えるうえで，若い世代にもかけがえのない刺激を与えていたのである。

★アウシュヴィッツのあとで

アドルノはホルクハイマーとの共著『啓蒙の弁証法』の延長上で，文学，社会学，音楽学にわたる膨大な著作を刊行していった。その哲学的主著として出版されたのが『否定弁証法』(原著，1966年)である。

『否定弁証法』は，カント，ヘーゲルを中心とするドイツ観念論はもとより，マルクスの資本主義批判，ニーチェの思想，フロイトの精神分析等々を駆使して，広範な問題を縦横に論じた大部な著作である。そこにはまた，ハイデガーの存在論への批判が基調として流れている。ナチスの後ろ盾のもとフライブルク大学の総長となったハイデガーは，戦後も隠然とした勢力を誇っていたからだ。ただし，ここでのアドルノはハイデガーのナチスへの加担という事実を問題とするのではなく，ハイデガーの思想を，さらにはハイデガーの存在論に拠りどころを求める風潮そのものを批判している。

そして『否定弁証法』という著作の全体を貫いているのは，「アウシュヴィッツ以降」という時代意識であって，この本の結びとなる章の冒頭の節は，文字どおり「アウシュヴィッツのあとで」と題されている。ここでアドルノは，ホルクハイマーが『理性の腐蝕』で想定していた「客観的理性」が不可能となったというところから出発する(ホルクハイマー自身も，かつての客観的理性が無傷のまま復権されうるものと見なしていたのではないが)。ここでアドルノは，ヴォルテールが経験したリスボンの大地震を引き合いに出して，こう述べている。

> リスボンの地震だけでヴォルテールにとってはライプニッツの弁神論を捨てるのに十分だったが，この第一の自然の破局はまだ見通しのきくものであって，第二の自然，つまり社会的自然の破局に較べれば取るに足りないものである。この破局は，人間の悪から現実の地獄を創り出したのであって，いかなる人間の想像力も越えている。形而上学への能力が麻痺してしまったのは，思弁的な形而上学的思想が経験と一致するための基盤が，現実の出来事によって打ち壊されてしまったからである。(アドルノ 1996b：439)

ヴォルテールは1755年のリスボンの大地震を知って，すぐに「リスボンの災厄についての詩」を書き，さらに3年後，代表的な小説「カンディード」の中で，神の創造したこの世界は人間にはどんなに不完全なものと見えようと「最善の可能世界」であるとするライプニッツの思想に，決定的な疑問を投げかけた。

それに対して，ここでアドルノが「第二の自然」「社会的自然の破局」と呼んでいるものは，端的にいってホロコーストのことである。リスボン大地震では，津波による死者１万人を含む５万人から６万人の死亡者を生み，リスボンの市街は85%が壊滅したといわれる。被害者の規模ではホロコーストの比ではない。とはいえ，もちろん肝心なのは犠牲者の数ではない。震災があくまで自然災害であるのに対して，ホロコーストは「人間の悪から現実の地獄を創り出した」ものである。震災のような自然災害に対してであれば，何とか対策をたてることができる。実際，フランクフルト学派の一員でもあるヴァルター・ベンヤミンは，リスボン地震に対するカントの考察から地震学が始まったことを指摘している（ベンヤミン 2008：137）。しかし，神ならぬ人間がわざわざみずからホロコーストのような「地獄」を創出するとき，私たちはそれにどのように向き合えばいいのか。

アドルノが引用の後半で「思弁的な形而上学的思想」と呼んでいるものは，ホルクハイマーが「客観的理性の理論」と名指していたものだ。アウシュヴィッツのあとでは，ライプニッツの弁神論どころか，プラトンからヘーゲルに至るまで一方で連綿と紡がれてきた「思弁的な形而上学的思想」のすべてが決定的な不信の対象とならざるをえない。アドルノにとっては，この深刻さを深刻さとしてきちんと受けとめること，これがすべての出発点とされねばならないのである。

★死の変容，生の変容

アドルノは『否定弁証法』において，ホロコーストがもたらした帰結として，死の変容をあげている。どのような不慮の事故死であれ，天寿をまっとうした死であれ，その死はひとりひとりの人生を最後に個性的に彩るものだ。それぞれの死は，残された者たちに死者についての固有の物語を可能とする。亡命の途上ベンヤミンが最後に行った傷ましい自死でさえも，ベンヤミンという人間の尊厳をいまに至るまで私たちに伝えてくれている。けれども，強制収容所や絶滅収容所における「何百万もの人間に対する管理された虐殺」は，そういう個性的な死の可能性をことごとく奪い取ってしまった。「収容所で死んでいったのは個人ではなくサンプルであった」（アドルノ 1996b：439）とアドルノは述べている。

収容所における「管理された虐殺」によるこの死の変容は，生き延びた人間の生にも決定的な影響を及ぼさずにはいない。あのアウシュヴィッツ命題とのかかわりでも『否定弁証法』のつぎの一節は重要である。

> 永遠に続く苦悩には，拷問にあっている者に泣き叫ぶ権利があるのと同じだけの表現への権利はある。その点からすれば，アウシュヴィッツのあとではもはや詩を書くことはできない，というのは誤りかもしれない。けれども，もっと非文化的な問い，すなわち，アウシュヴィッツのあとで生きてゆくことができるのか，ましてや偶然生き延びはしたが殺されていても当然であった人間がアウシュヴィッツのあとで生きてゆくことが許されるのか，という問いは誤りではない。そういう人間がなんとか生き延びてゆくためには，冷酷さが，すなわち，それなくしてはそもそもアウシュヴィッツがありえなかったかもしれない市民的主観性の根本原理が，必要とされるのだ。それは，殺戮をまぬがれた者に付き纏う激烈な罪科である。その報いとして彼はさまざまな悪夢に襲われる。自分はもう生きているのではなく1944年にガス室で殺されたのではないか，それ以降の自分の生活は，すべて想像のなかで，つまり20年前に殺戮された者の狂った願望から流れ出たもののなかで営まれたに過ぎなかったのではないか，と。（アドルノ 1996b：440-41）

ここでアドルノは，はたして「アウシュヴィッツのあとで生きてゆくことができるのか」と問いかけている。これは，エンツェンスベルガーが「もしもわれわれが生き延びようと望むなら，この命題は反駁されねばならない」と果敢に問いかけたことへの再反論である。同時にここには，自分がガス室に送られていても当然であった側に位置していることへのアドルノの痛切な意識がある。この意識を抱えながら，なおかつ生きてゆくためには，冷酷さという「市民的主観性の根本原理」が必要であり，しかしその原理こそは，あのアウシュヴィッツを可能にしたかもしれない当のものにほかならないのである。

この自縄自縛のような世界は，私たちにいかにも息苦しい印象を与えるかもしれない。このような地点からアドルノがかろうじて模索するのは，「非同一的なもの」である。アウシュヴィッツに至る人類の歩みの根底に存在するのは同一化の原理である，と彼は考えるからである。元来，個性的な生を生きてきたひとりひとりの人間を，「ユダヤ人」という一点において同定し，生きるに値しない存在へと括りこみ，「管理された虐殺」の対象へと一括すること――。このような振舞いに対しては，哲学的な概念から，芸術表現，社会制度の策定に至るまで，あらゆる局面で「非同一的なもの」を私たちのうちに確保してゆくことがかけがえのない突破口に位置していることになる。

このようなアドルノの思想が一種の袋小路に陥っているとみられる側面もあるのは確かだ。ハーバーマスは，このアドルノ的なアポリアから新たな社会理論へと踏み出してゆく。

4 ——ハーバーマスにおけるシステムと生活世界

★コミュニケーション的合理性

ホルクハイマーやアドルノらフランクフルト学派第１世代に対して，第２世代の代表に位置するハーバーマスは，第１世代の仕事に深く学びながら，独自な社会理論を提示していった。とりわけ，1981年に全２巻として刊行された『コミュニケーション的行為の理論』は，ホルクハイマーとアドルノへの批判をも組み込んだ大著として結実した。

ハーバーマスはこの著作で「コミュニケーション的理性」という概念を明確に打ち出し，ホルクハイマーとアドルノが批判した「道具的理性」に対置する。ハーバーマスは，元来人間の理性には，対象を認識し操作する認知的・道具的な側面だけでなく，相互の了解をめざすコミュニケーション的合理性が内在しているとする。その立場から，ホルクハイマーとアドルノは主観と客観の対立図式に則った意識哲学のパラダイムに捕われたままだったと批判する。彼らは近代において理性が道具的理性として展開した事態を鋭く批判したが，そのことによって，理性に元来そなわっているコミュニケーション的合理性の側面を見落とした，というのがいちばん大事なポイントである。近代においては，理性の道具化だけが進展したのではなく，コミュニケーション的合理性もまた発展してきたのであって，その潜在力をきちんと評価しなければならない。そして，そういうコミュニケーション的合理性に基づく間主観的な哲学の視点に立って初めて，道具的理性の批判も可能となる。それがハーバーマスの主張である。

このような立場から，『コミュニケーション的行為の理論』では，「第１部　行為の合理性と社会的合理化」でウェーバーからルカーチを経てアドルノに至る合理化論を再構成し，「第２部　機能主義的理性批判」で目的を志向する合理的行為（戦略的行為）から，了解を志向するコミュニケーション的行為へのパラダイム・チェンジを描き，最終的にシステムと生活世界の関係が批判的にとらえられている。

★システムと生活世界

ハーバーマスは『コミュニケーション的合理性』の終わりでシステムと生活世界の関係を論じ，システムによる生活世界の植民地化という重要なテーゼを提出した。

生活世界とは，私たちが通常生きているこの世界のことである。その範囲は家族から，地域，国家，さらには地球そのものへと拡大しうるが，あくまで私たちが日々生きているこの世界のことである。そこではたえず日常言語を通じてコミュニケーションが織りなされている。一方システムとは，政治システム（行政機関，最終的には国家）と経済システム（市場）のことである。これらのシステムでは，生活世界とは異なった形でコミュニケーションが行われる。すなわち，政治システムでは「権力」が，経済システムにおいては「貨幣」がそれぞれ制御メディアの役割を果たしているとされる。

四つ辻で警官が交通整理にあたっていれば，ドライバーは黙ってその指示に従う。スーパーで商品とお金を差し出せば，誰でも必要な物品を購入することができる。それぞれ権力ないしは貨幣が，その場で便利な制御メディアの役割を果たしているので，言語を介したコミュニケーションは不要である。権力にしろ，貨幣にしろ，どこか必要悪という感覚が私たちには抜けきらないところがあるが，権力と貨幣のすべてを無化しようなどとすれば，私たちの社会は混乱に陥るばかりである。権力と貨幣という制御メディアが，私たちの社会において，それぞれ政治システム，経済システムの領域で果たしている便利な役割を私たちは認めざるをえない。

とはいえ，政治システム，経済システムが自立するとき，それらは私たちの生活世界をおびやかすものともなる。私たちが生きているうえでどのような価値を志向し，どのような意味を見いだしているかは，本来，生活世界におけるコミュニケーション的行為を通じてしか明らかになりえない。にもかかわらず，政治システム，経済システムは，みずからの効率的な拡大発展のみを「価値」として「意味」として，生活世界に押しつけることにもなる。元来，私たちが互いの相互行為をスムーズに行うために打ち立てられたはずのシステムそれ自体が，価値と意味の独占的な担い手となって，私たちを酷使するようにもなる。ハーバーマスが「システムによる生活世界の植民地化」と呼ぶ事態である。

★ホロコーストと生活世界

このようなハーバーマスの社会理論は，もはやホルクハイマーやアドルノと異なった印象を与えるかもしれない。とりわけアドルノは，ホロコーストという出来事によって震撼されるようにしてその思想を紡ぎだしていった。ハーバーマスのコミュニケーション的合理性に基づく理論は，もはや彼ら第1世代とはまったく異質なものなのだろうか。

ハーバーマスは『コミュニケーション的行為の理論』の末尾で，システムと生活世界の関係を，様々なマイノリティの運動と結びつけ，その運動の抗争の場がシステムと生活世界の接点で生じていることを指摘している。資本主義の発達の過程で大きな役割を果たした階級闘争は鎮静化したが，人びとが生活世界の植民地化に抵抗する場には新たな抵抗の潜在力がひそんでいる，というのである。

このハーバーマスの視点は，アドルノとホルクハイマーが出発点としたナチスの台頭や，ホロコーストという出来事にも適用可能であるといえる。ナチスという当時としては合法的な「権力」によって，ドイツの人びと，さらにはヨーロッパの人びとの「生活世界」からユダヤ人が排除・抹殺されていったことは，まさしくシステムによる生活世界の植民地化，およそ極限的な植民地化であった，とみなしうるからだ。

あるいは，当時の人びとがそれを「植民地化」ないしはそれに類する感覚で受けとめていなかったとすれば，「ユダヤ人」は，彼ら，彼女らの生活世界からすでにして排除されていたのではなかったか。そうだとすれば，「強欲なユダヤ人」というステレオタイプなイメージを付与されたユダヤ人は，抑圧的な経済システムのエージェントとみなされ，人びとはむしろ自分たちの生活世界を守るために，その排除を歓迎していたのかもしれないのである。

ホロコーストのような極限的な暴力を「権力」が行使するとき，システムと生活世界にはどのような抗争の場が生じていたのか。ホロコーストという出来事を問い直すとき，システムと生活世界という単純な二元論もまたそのままでは失効するのかもしれない。これらの問題は，ハーバーマスの『コミュニケーション的行為の理論』からも問うことのできる問題であるし，問わざるをえない問題である。

【文献】

＊引用中の訳文は，いくらかあらためた箇所がある。
アドルノ（1996a）『プリズメン』渡辺祐邦・三原弟平訳，ちくま学芸文庫，1996年。原著の刊行1955年。
――（1996b）『否定弁証法』木田元ほか訳，作品社，1996年。原著の刊行1966年。
エンツェンスベルガー（1968）『現代の詩と政治』小寺昭次郎訳，晶文社，1968年。原著の刊行1962年。
ハーバーマス（1985）『コミュニケーション的行為の理論（上）』河上倫逸ほか訳，未來社，1985年。原著の刊行1981年。
――（1986）『コミュニケーション的行為の理論（中）』河上倫逸ほか訳，未來社，1986年。原著の刊行1981年。
――（1987）『コミュニケーション的行為の理論（下）』河上倫逸ほか訳，未來社，1987年。原著の刊行1981年。
ベンヤミン（2008）『子どものための文化史』小寺昭次郎・野村修訳，平凡社ライブラリー，2008年。原著の刊行1985年。
ホルクハイマー（1987）『理性の腐蝕』山口祐弘訳，せりか書房，1987年。原著の刊行1947年。
ホルクハイマー／アドルノ（2007）『啓蒙の弁証法』徳永恂訳，岩波文庫，2007年。原著の刊行1947年。
細見和之（2014）『フランクフルト学派』中公新書，2014年。

【細見和之】

講義9
全体主義的思考を超えて　アーレント：国家への問いかけ

Keywords　シオニズム／ナショナリズム／全体主義／無世界性／無思考性／複数性／異郷の政治哲学

▶プロローグ

ハンナ・アーレント〔アレントとも表記される〕(Hannah Arendt, 1906～75) は，ドイツで生まれ育ったユダヤ人女性である。大学では20世紀の代表的な哲学者に数えられるハイデガー，ヤスパースらに哲学を学んだほか，キリスト教神学や古典文献学なども研究した。しかし，1933年，ヒトラーが政権を獲得するとフランスに，さらに第２次世界大戦勃発後の1941年にはアメリカに亡命する。1951年に『全体主義の起原』を発表して一躍名声を獲得し，同じ年に18年間にわたる無国籍状態に終止符を打ってアメリカ合衆国の市民権を得る。その後もアメリカを拠点に，当代屈指の哲学者・政治思想家として活躍し，『人間の条件』や『革命について』をはじめとする多くの著作をあらわした。

今日，アーレントが20世紀の代表的な政治哲学者の一人であることに異論の余地はまずないだろう。同時代に脚光を浴びていた思想家たちの多くは，もはや人びとの記憶のかなたに消え去ってしまった。けれどもアーレントは忘れられていない。いや，生前よりもむしろ死後のほうがより大きな関心を集めるようになっている。それはなぜだろうか。

アーレントの作品が，現代の政治や社会，そして人間が抱えている問題を考えるうえで啓発するものを多々もっているから，という答えはもちろん間違いではない。けれどもその一方で，アーレントの著作をひもといたことがあるひとは気がついているだろう。彼女の著作は，政治哲学という用語から多くの場合に思い浮かべられる「正義」や「善」といった規範的な原理が主題とされる体系的な研究という類のものではない。その論述は古今の古典からの縦横無尽の引用を含んでいるとしても，思想の連関に新しい意味を見いだそうとして論証を積み重ねる「思想史」研究というものでもない。さらには，未来の希望に向けて読者を実践へと誘おうとするものでもない。それでは，アーレントはいったい読者に何を伝えようとしているのだろうか。アーレントのいわんとすること，その正体をつかもうとするならば，この初発の，そしておそらく最後にまた出てくる問いを避けて通ることはできないようだ。

本講では，さしあたりユダヤ人としてのアイデンティティという観点から若きアーレントの経験と思考の軌跡をたどることを通じて，アーレントがどのようにして政治哲学へと足を踏み入れていったのか，それがいかなる問題に取り組み，どれほどの射程をもつことになるのかをみていくことにしよう。

1——襲いかかる「政治」　反ユダヤ主義・シオニズム・ナチズム

政治哲学者アーレントはいかにして誕生したのだろうか。ハイデガーやヤスパースから学んだ哲学は，なるほど後になって振り返ってみれば，アーレントの思考の糧（かて）となって彼女の政治哲学に少なからざる影響を与えていることは誰の目にも明らかである。しかし，古代末期の神学者アウグスティヌスをテーマとする論文で学位を得たばかりの二〇代の哲学徒アーレントにとって，政治は学問上の課題ではなかった。日常的にも政治が彼女の主要な関心事であったようでもなさそうだ。言い換えれば，アーレントは伝統的な政治哲学はもとより，同時代の政治思想や社会思想ともあまり縁のないところでものを考え始めたひとだったのである。

そんなアーレントに，政治はいきなり，容赦なく，襲いかかってきた。そのときアーレントにとって，状況を受けとめ，解きほぐし，見通しをつけ，自分のなすべきことを決定するうえで頼りになる哲学や思想は，おそらくまったくなかった。アーレントはそうした哲学や思想を，ほかでもなくこの政治との対決の経験のなかから何とか自力でつむぎ出していくほかなかったのである。ここでいう「政治」とは，ドイツにおけるナチズムの権力掌握とその結果生じることになる未曾有のユダヤ人迫害という出来事であるのはいうまでもないだろう。

ローマ帝国の侵攻によって祖国を喪失し，故郷を追われ，全世界に離散（ディアスポラ）していったユダヤ人に対する差別と迫害の歴史は長い。シェイクスピアの『ヴェニスの商人』で描かれている「強欲な高利貸し」「血も涙もない守銭奴」というユダヤ人のイメージは，この伝統的な差別に見られるひとつの典型的なユダヤ人像を伝えるものだろう。ナチによるユダヤ人迫害は，古くから連綿と受け継がれてきたユダヤ人に対する敵視や憎悪の念を背景としながらも，しかしそれとは決定的な断絶を経て成立してきたものである。というのも，ヨーロッパにおける伝統的なユダヤ人差別の根拠は，何よりもまず宗教的なものだったからである。「ユダヤ人」とは，人口の大多数を占めるキリスト教徒にとっては，救世主イエスを殺した「ユダヤ教徒」のことであり，「異教徒」がユダヤ人の代名詞だった。ユダヤ教の信仰をかたくなに守り，彼らだけの共同体を形づくって生活するユダヤ人は，圧倒的な多数派である周囲のキリスト教徒との間でつねに摩擦と軋轢をかかえ，時にそれはキリスト教徒による迫害となって噴出した。ユダヤ人は中世の身分制社会の底辺よりもさらに下に位置づけられ，職業選択の自由や移動の自由，土地所有権などの基本的な権利を奪われたまま，ゲットーと呼ばれる狭くて暗い居住地域に隔離されて暮らしていたのである。

宗教改革とそれに続く宗教戦争の混乱で幕をあけたヨーロッパの近代も，さすがに18世紀に入ると世俗化の波が高まりをみせるようになる。それを思想的に後押しするのは理性と自由，寛容を主張する啓蒙主義である。人間の解放，市民の権利を求める啓蒙主義の立場に立てば，ユダヤ人も他の人間と同じように人間としての尊厳を認められるべきであり，他の市民と同じように市民として政治的な意志決定に参加する権利を含む市民的権利が与えられなければならないはずだ。フランス革命はまさにそうした啓蒙主義思想の現実的な帰結とみることもできる。それと同時に発表された人権宣言（人と市民の権利宣言）によってユダヤ人の解放もついに実現されるかのように思われた。

しかし，革命の余波とそれに対する揺り戻しがぶつかり合う19世紀の政治的現実のなかでは，たとえ信教の自由や社会的平等が権利として法的に認められたとしても，ユダヤ人の人間的・市民的解放はなかなか完全には実現しなかった。とはいえこの時期になると，確かに数からすればごく少数ではあるが，国家財政に隠然たる影響力をもち国際的なネットワークを構築するような銀行家や実業家のユダヤ人の存在が目につくようになる。また，伝統的な生活様式を捨てて，ゲットーを出て，非ユダヤ人社会のなかで目を見張るような活躍をみせるユダヤ人も，とりわけ芸術や学問，ジャーナリズムなどの分野でぞくぞくと登場してくる。思想家のマルクス，物理学者のアインシュタイン，精神分析の創始者フロイト，作家のプルーストやカフカ，音楽家のメンデルスゾーンやマーラーなどは，そうした類のユダヤ人のうちのほんの一部にすぎない。とくに西欧では，このように非ユダヤ人社会に同化して栄誉を得ようとするユダヤ人の動きが大きなうねりとなる。だが，これに対抗するかたちで，反ユダヤ主義という新しい非宗教的・世俗的なイデオロギーが従来とは異なるユダヤ人排斥の動きを見せ始める。

「反ユダヤ主義」は1870年前後に出現する新語である。新しいことばが登場してくる背後には，それに応じた社会の構造的な変動がひそんでいる。ユダヤ人への反感や敵意は，もはやかつてのように宗教的な偏見に由来する蔑視から生ずるのではない。新たにユダヤ人憎悪の発生源となったのは，ひとつには，かつては蔑視されていたにもかかわらず急速に台頭して社会的に優越した地位を占めるようになった勢力に対して非ユダヤ人が抱いた怨恨や恐怖感である。しかし，より広い視野から見るならば，それにもまして重要なのは，ナショナリズムや熱狂的な愛国主義，排外主義の高まりである。無実のユダヤ人軍人に敵国ドイツのスパイの容疑がかけられるというドレフュス事件（1894年）は，ユダヤ人解放の先進国と目されていたフランスで起きたこともあって，全ヨーロッパを震撼させた。こうした冤罪事件が起こりえたのも，もともと異なる出自をもつユダヤ人が政治的に同化しうることに強い不信感を抱くナショナリズムが社会のすみずみにまで流布し浸透しつつあったからであった。

反ユダヤ主義がこうしてヨーロッパを越えて世界各地へ拡大してゆくのに対抗するかのように，ユダヤ人のあいだからも新しい思想運動が現れてくる。言語をはじめとするユダヤ人の伝統的な文化や世俗化の趨勢のなかで忘れられかけられていたユダヤ教を再発見しようという動きは，すでに19世紀の半ば過ぎからヨーロッパ各地のユダヤ人のなかでみられていた。世紀末に至ると，ドレフュス事件の衝撃もあり，ユダヤ人を宗教的な共同体としてではなく，単一の民族としてとらえ，ユダヤ人の政治体もしくは国家を建設することによって，世界中のユダヤ人が置かれている窮状を根本的に解決しようと主張する人びとが組織をつくって活動を始める。これが，イェルサレム南東にあるシオンの丘に因んでシオニズムと呼ばれる運動である。その影響を受けて，はるか昔に父祖たちが暮らしを営んでいたパレスティナへと移住して荒地を開拓しようというユダヤ人も相次いで出てくる。とはいえ，シオニズムは一枚岩の強力な運動というにはほど遠かった。いわんやユダヤ人国家の建設というのは白日夢のような話とみなされるのがつねだった。

第１次世界大戦（1914～18年）とロシア革命（1917年）を契機として世界の政治地図は一新される。ドイツ，オーストリア＝ハンガリー，ロシア，オスマン・トルコといった帝国は軒並み崩壊し，数多くの国民国家が新たに誕生する。大戦の敗戦国ドイツは帝政から共和政へと転換するが，その後の政治，経済，社会の激しい動揺と混乱のなかから勢力を伸ばしてくるのがナチ党（国民社会主義ドイツ労働者党）である。ナチ党は，様々な問題を根本的に解決する鍵を握っていると主張する世界観という意味でのイデオロギーを前面に掲げて登場してくる。その柱のひとつとして，人種的な優生学に基づいて，ドイツ国民は純粋で健康なアーリア人種で構成されるべきだと強く主張していた。人種という生物学的な根拠に基づくかぎり，ユダヤ人がドイツ人に同化しえないのは一見明白な事実であるかのようにみえる。反ユダヤ主義はここに至って，ナチという政治的な主体，そして人種理論という疑似科学と合体することによって，空前の暴威をふるい始める。政権を手中におさめたナチは，ユダヤ人をはじめとして，共産主義者，ロマ，障碍者などの「異質」な分子を社会から徹底的に排除する均質化（グライヒシャルトゥング）と呼ばれる政策を次々と実施し，これらの人びとの絶滅を意味する「最終解決」への道を突き進んでいくことになる。

アーレントに政治が襲いかかってきたというのは，まさにナチを率いてヒトラーが権力を掌握した1933年のことである。この年の7月，ベルリンの路上でアーレントは秘密国家警察に一時逮捕されるが幸運にも釈放され，ただちにドイツを脱出してパリへと亡命し，シオニズムの運動に身を投じる。その一方で，文筆活動や発表のあてのない研究も継続して行っている。第2次世界大戦が勃発すると，今度はアーレントはドイツ人という「敵性外国人」として扱われ収容所に入れられるが，ドイツ軍のパリ占領に伴う混乱に乗じて脱走し，41年にはついにアメリカに亡命するに至る。アメリカに移ってから，アーレントは亡命ユダヤ人やアメリカのユダヤ人のための新聞や雑誌でコラムや論説を執筆し，また後に『全体主義の起原』に結実する研究を続けていくのである。

2——シオニスト／アーレントの理論と実践

時間を少しもどそう。反ユダヤ主義がいよいよ猖獗（しょうけつ）をきわめようとしている1920年代末にドイツ社会に出たアーレントにとって，ユダヤ人としてのアイデンティティの問題はのっぴきならないものになりつつあった。そのこともあってシオニズムの運動にも接近したが，それでもまだ外部からの協力者にとどまっていた。1933年の時点では，やみがたい不安を無理やり押さえつけながら，あるいは確たる根拠もなく，何とかなるだろうと考えて，あるいはまったくなすすべもないまま，とにかくひとまず様子をみようというユダヤ人も多かった。そのなかで，逮捕と釈放そして亡命という一身上の危機を契機に，アーレントは「ドイツ人」に見切りをつけて「ユダヤ人」を選択し，シオニズムの実践に敢然と飛び込んでゆく。アーレントにしてみれば，無実のユダヤ人を迫害するという明白に正義に反する力に対して，力で対抗しないという選択はありえない。「ユダヤ人として攻撃されたなら，ユダヤ人として自分をまもらなければならない」と考えるアーレントは，ユダヤ人をひとつの政治的な単位たるべきものとしてとらえるようになる。言い換えれば，ユダヤ民族もしくはユダヤ国民を守るために行動しようとするのである。

パリでアーレントは，ユダヤ人の若者をパレスティナに移住させることを目的とする組織に職を得る。ヨーロッパ各地から何とかパリまで逃れてきたユダヤ人の若者たちは，明日への希望など到底もてるはずがなかった。かれらが個人的な不幸に見舞われている「世界ののけ者」ではなく，ユダヤ民族の将来を担う新しい世代の一員として期待されるべき存在であることを気づかせ，パレスティナの地で他の入植者たちと力を合わせて新しい共同体を築きあげてゆくことに貢献できるような技能と知識を身につけさせるべく，アーレントは奮闘する。

実践という面では躊躇なくシオニズムにコミットしたアーレントだが，状況を理論的にとらえかえそうとすれば，無数の問題が降りかかってくる。そこには，ほかならぬユダヤ人自身のあり方にかかわる問題も含まれている。確かに，ユダヤ人は何の落ち度もないにもかかわらず，一方的かつ暴力的に攻撃され，被害者になっているように見える。しかし，反ユダヤ主義がドイツにかぎらず世界の至るところで支持を集めこれほどまでに跋扈（ばっこ）していることと，ユダヤ人の思想と行動は何の関係もないとほんとうにいえるのだろうか。

そもそもユダヤ人のアイデンティティとは何であるのか。ユダヤ人にとって，ユダヤ人であることは無条件に肯定されるべきことなのか。先にふれたように，19世紀以後のユダヤ人は，大富豪や慈善家として世間に名をはせたり，芸術家や学者として名をあげる人物を数多く輩出し，非ユダヤ人社会に同化しようとつとめてきた。隔離と貧困のなかにあったかつての境遇を考えれば，そうした成功したユダヤ人たちはよくもわるくも成り上がり者だった。非ユダヤ人たちは，確かに同化ユダヤ人の有能さや妙技に称賛を惜しまない。だが，そうしたユダヤ人はあくまでも例外的な存在にすぎないと見なして，かれらを同胞として受け入れるわけではない。みずからのユダヤ人の痕跡を消し去ろうとしてきた成り上がり者の努力はついに報いられることはない。ユダヤ人はどこまで行っても結局はよそ者と見なされ――階級社会のなかでいずれかの階級に属すこともなければ独自の階級を成すこともなかった――，やはりパーリア（賤民）のままだった。

アーレントは，時代の流れに抗して成り上がり者になることを断固として拒否し，むしろ自覚的にパーリアであることに徹しようとした数少ないユダヤ人に注目する。同化ユダヤ人たちは，なるほど社会的栄達を成し遂げた。しかし，その際かれらは自分がユダヤ人であることを意識的に，あるいは無意識的にも隠蔽している。ユダヤ人らしさを前面に出したり，ユダヤ人の権利を擁護するために政治的な行動をとることなど，はなから問題外だった。その結果，個人的な成功や幸福と引き換えに，ユダヤ人を陰に陽に排除し続ける非ユダヤ人社会の不正義を維持することに手を貸してしまっている。とすれば，ユダヤ人は自分が置かれているパーリアという立場を自覚し，意識的にそれに抵抗する者，抑圧された者のために闘う者とならなければならない。ユダヤ人が，非ユダヤ人と異なるところのない「人間」としてではなく，「ユダヤ人」として非ユダヤ人社会に承認されるかどうかが肝要なのだ。しかしそのためには，非ユダヤ人の親切心や厚意をあてにするわけにはいかない。自覚的パーリアは同時に政治的パーリアとなり，無自覚な同胞のパーリアたちの目を覚まさせ，力を合わせて抑圧されている他の人びとのために闘わなければならない。

これは，しかし，非ユダヤ人にとって驚天動地の考え方であるだけではない。同化という大きな趨勢のなかにある多くのユダヤ人自身からみても，ユダヤ人に対する自己批判のあまりの厳しさゆえに受け入れがたい見解である。自覚的パーリアは，それゆえ，非ユダヤ人社会に受け入れられないだけでなく，当のユダヤ人社会からも排除されてしまう。それでは，シオニストならば自覚的パーリアたりうるのだろうか。シオニズムは，非ユダヤ人社会へのユダヤ人の同化は不可能と見なして，ユダヤ人自身の政治体を建設しようとする運動である以上，その担い手は自覚的パーリアと呼ばれるべき人間たちではないのか。アーレントによれば，答えは否である。

1930年代から40年代初頭にかけて，シオニズムの運動は政治的には主流派と反主流の修正主義者と呼ばれるグループが対立していた。主流派は，国際政治のパワーポリティクスの狭間で，当時パレスティナを統治していたイギリスをはじめとする大国の政治家やユダヤ人富豪の力にすがろうとする。「現実主義」をモットーとする政治家たちが，ユダヤ人民衆をつんぼ桟敷に置いたまま，ユダヤ人国家建設の糸口を見いだそうと工作をくり返していた。これに対して修正主義者は，いっこうに出口の見えない状況にしびれを切らして，実力に訴えてでもユダヤ人国家を建設しようとして，イギリス当局や先住民であるアラブ人に対してテロルを含む暴力的な行動に走り始めていた。アーレントのみるところでは，運動の路線をめぐって真っ向から対立するいずれの党派も，その認識や判断，行動はことごとく現実からずれている点では選ぶところがない。シオニズム主流派はユダヤ人民衆を覚醒させるどころか，そもそもパーリアとしての自覚を欠いている。修正主義者のテロリズムは，あたかも政治とは道徳的な価値を破壊する行為のことだと見なしているかのようである。ユダヤ人が政治に手を染めると，なぜこれほどまでに無残な愚行に行きついてしまうのだろうか。

ユダヤ人の歴史をふり返ってみると，迫害によって絶えず生命の危険にさらされてきたユダヤ人にとって唯一最大の政治的価値といえるのは「正義」でも「自由」でもなく，ただただ「生き残る」ことにほかならなかった。みずからの生存を確保するために，非ユダヤ人社会から自分たちを引き離して，殻に閉じこもるように暮らしてきたのだ。ユダヤ人共同体の内部では，成員たちが共通の事柄をめぐって合意をつくりだすことのないまま，長老の支配が続いていた。また，異なる利害や価値観をもつ外部の人びととのあいだで，どのようにそうした相違を調整していくか，いやそれ以前に，自分たちとは異なる他者といかに共存するかという課題に取り組む機会を奪われていたのだ。こうして公共的な意志決定の過程から完全に締め出されていた結果，ユダヤ人はきわめて稚拙な政治的判断力しかもていない民族になってしまった。差別ゆえの逆境という不運に追い打ちをかけることになるのが，近代になってユダヤ教への信仰が薄れてしまうと，ユダヤ人には世界と自己とその関係を解釈し判断するための座標軸がなくなってしまったという事態である。私たちはどこから来てどこに向かおうとしているのか，そこで自分たちが何をどうするべきか，ユダヤ人はわからなくなってしまう。人びとがそこで共に存在し共有するべき「世界」を欠いているという無世界性こそがユダヤ人の政治的混迷の根底にある，とアーレントはみる。翻っていうなら，パーリアがパーリアたることを自覚し，抑圧に抗して自由を手にすることは，「世界」をつくりだすことと不可分の関係にあるわけである。

3 ――国民国家のパラドクス

シオニズムの核心には，ユダヤ人の「郷土（ホームランド）」であり「国民の家郷（ナショナル・ホーム）」であるパレスティナの地にユダヤ民族の政治体もしくは国家を建設しようという主張が含まれていた。この点からすれば，シオニズムはたんに反ユダヤ主義に対する反動であるだけなく，国民国家（ネイション・ステイト）の建設をめざすナショナリズムの一変種としての性格を色濃くもっているともいえるだろう。ところで，ナショナリズムは，国民国家という近代に固有の政治体に照応するイデオロギーである。とすれば，シオニズムにはシオニズム固有の問題点だけでなく，ナショナリズムとその実体である国民国家が抱える問題点も併せもっているのではないだろうか。

国民国家は，アーレントによるならば，近代とともに出現した領域的な主権国家の地盤の上に，国家機構と民族的自覚が結びつくことによって成立する。もともと国家機構の最も重要な機能は，民族的自覚の有無にかかわらず，領域内の全住民を法的に保護することにあった。ところで，国民（ネイション）というものは，フランス革命の過程が典型的に示しているように，元来特殊な歴史や文化を背負っている民族が政治的主体としての自覚を得るところで登場する。この自覚が領域内に流布し定着すると，次には国民は本質的に同質的なものであるという想定がなされるようになる。ひとたびこの意味での国民が国家権力の正統性の根拠とされると，国民という統一体に血統と生まれによって属す者だけが国家の中で完全な市民とされるべきだという主張が強まってくる。それは，「同じ国民」の中に，じつは「完全」「純粋」な多数派（マジョリティ）と「不完全」「不純」な少数派（マイノリティ）がいるということを暗示している。出自のような個別的な属性に関係なく妥当すべき法という普遍的なものと，そもそも他とは異なる歴史や文化の特殊性を帯びている国民とのあいだには，当初から矛盾がはらまれていたわけである。市民権の保有者，すなわち法的・政治的な意味での国民の範囲と，民族，すなわち歴史や文化的な一体性の意識を共有する者たちの範囲のあいだのずれが顕著になると，国民国家の政治は一挙に不安定化し始める。ナショナリズムの隆盛とは，法という普遍的機構を押しのけて，国民が国家の原理の地位を奪取することにほかならなかった。

第1次世界大戦とロシア革命が引き金となっておびただしい数の無国籍者や難民が発生し，「少数民族（マイノリティ）」の保護が大きな国際問題となるが，その背景にあったのは国民国家のこのような変質である。「不純」な少数派は，「純粋」な多数派から社会的に抑圧されるだけでなく，法の外へ，ひいては国家の外へと排除される動きが様々なかたちで目立つようになる。そうした排除の論理を，極大化された規模と暴力性をもって実行に移したのがまさにナチの一連の政策であることは明らかであろう。人種的に見て不純なドイツ国民という烙印を押されたユダヤ人をはじめとする人びとを文字どおり抹殺することは，国民国家の矛盾を――解決ではなく――解消するという意味では，確かにひとつの論理的帰結ではあった。

それは，言い換えれば，国民国家は構造的にこうした排除をいつでも引き起こす可能性を秘めているということでもある。第2次世界大戦もその帰趨がみえてくると，シオニズムの運動はそれまでの四分五裂状態から一転して，パレスティナの地でユダヤ人が主権をもつ国家を建設しようとする方向で大同団結する。当時パレスティナは国際連盟の委任統治領としてイギリスの管理下にあった。これを実力に訴えてでも，領土と主権をもつ統治機構を備えたユダヤ人の国家にしようという，修正主義者寄りの路線が主導権を握ったのである。しかし，当時のパレスティナには，ユダヤ人よりもはるかに多くのアラブ人が住んでいた。アーレントは，シオニズムの大勢に抗して，パレスティナに住むユダヤ人とアラブ人がそれぞれの文化的自律性を維持することのできる連邦制とボトムアップ式の評議会制を軸とする新たな政治体の創設を主張する。しかし，アーレントの訴えは完全に黙殺される。シオニズムは，パレスティナに住む70万人以上のアラブ人住民を事実上追放するかたちでイスラエルの建国を強行する（1948年）。もちろん，ユダヤ人を根絶やしにしようとしたナチと，領域内で暮らすアラブ人住民の市民権を認めているイスラエルを同列に置くことはできない。けれども，国民国家が内包する矛盾の最大の被害者であるユダヤ人が，今度は難民を生み出す側にまわることで国民国家の論理を反復してしまうというのは，皮肉というよりもはや悲劇と呼ぶしかないだろう。

ここに至れば，シオニズムはユダヤ人の問題を何ら解決しえないことは一目瞭然である。かといって，自覚的パーリアがユダヤ人の最終的にめざすべき目標ではありえないこともまた明らかである。いや，そもそも直面している問題はユダヤ人だけにかかわるような質(たち)のものではなかったのだ。「世界」の喪失や全体主義という，シオニズムもナチズムもその一環として位置づけられるような巨大な問題の構図が浮かび上がってきたのであり，それに立ち向かうことでアーレントの政治哲学が本格的に登場してくるのである。

4 ――異郷の政治哲学に向けて

アーレントの豊饒で複雑な政治哲学をくまなく見渡すことは，もとより不可能であるのはいうまでもない。ここでは，必ずしも著作に即すかたちではないにせよ，それ以後の彼女の探究が分け入ってゆく問題群のいくつかを取り上げて，読者がみずからアーレントの思索の跡をたどる際の手がかりとなるよう，そのごく大まかな見取り図をスケッチしておくことにしよう。

アーレントの思考が政治哲学へ向かう動機は，一言でいうならば，反ユダヤ主義がいかにして成立し，最終的に人類史上空前の破局へと至りえたのかを理論的に解明することだった。この課題は最初の大著『全体主義の起原』(1951年)でとりあえず果たされる。ナチズムとスターリニズムに代表される全体主義が成立するには，これまで述べてきた国民国家のパラドックスに加えて，19世紀には揺るぎない存在だった階級社会が次第に解体し，流動化した原子化した個人から成る大衆社会の成立が不可欠だった。物質的利害はもちろん，価値観，世界観などの共有によって統合されることのなくなった個人は，かつてない孤立した状況に追いやられることになる。なるほど大衆のなかにあっても，人間は物理的には他者とともに生活し世界を形づくっていることに変わりない。あるいは，独房のなかでひとり孤独に時を過ごしているとしても，他者と連帯感を分かち合い，世界と強くかかわっていることもありえるだろう。しかし20世紀以後，日常的に，意識のなかに他者も世界も存在しないほど孤立し，見捨てられている人びとが大量に出現するようになったことも確かなのだ。ユダヤ人とはまた異なる要因によってではあるが，非ユダヤ人も同様に無世界性のうちに投げ出されるようになったわけである。そこでは，私のアイデンティティも危機に瀕することになる。

私は私であるというアイデンティティをもつことができるのは，他者によって承認される私と，そこからはみ出している私が私のなかで絡まり合って存在し，しかもそのような私と他者が共有する世界が存在することに支えられているはずである。そうした自己，そして自己と他者の関係はいかにして存在しうるのか，世界はいかなる構造をもち，その現実性が確保されうるのはいかにしてか。アーレントは生涯この問題を追求し続けることになる。

人間の様々な行為のあり方の解明を主題とし，アーレントの主著とみなされることも多い『人間の条件』(1958年)は，世界について論じた作品でもある。世界には，「仕事（ワーク）」を通じて産出される物によって形成される層だけでなく，物を介すことなく人間と人間のあいだに成立する「共通世界」という層も存在する。この共通世界は，「活動（アクション）」，具体的には主に言語によるコミュニケーションを通じて，私と他者がそれぞれの個人の問題からは切り離された共通の事柄をめぐってかかわり合う世界の次元であり，それを公的空間と呼ぶこともできる。「活動」は，私が私であるためには他者が不可欠であるということ，すなわち**複数性**に条件づけられている。複数性は人間が人間であるための条件であり，何より優れて政治の条件でもある。

ところで，『人間の条件』では，この公的空間が古代ギリシアのポリスを範例として論じられている。そのため，複数性を同質的な共同性と同一視したり，失われた政治の黄金時代への郷愁をそこから読み取ろうとする向きもあるかもしれない。しかし，それは当を失している。暴力によってではなく言葉と約束によって国家を創設するアメリカ革命を主題とし，共和主義的な政治観がいっそう前面にせり出してくる『革命について』(1963年)でも，事情は変わらない。市民の同質性とその基礎となる共通善によって特徴づけられる古典的な共和主義とアーレントの政治的思考とのあいだには深い溝がある。国民国家すら終焉を迎えている時代に，帰るべき「故郷」などどこにもない。政治体の構成員が同質的ではなく多種多様であること，単一ではなく複数であることは，アーレントが政治哲学を展開するにあたって，暗黙の，そして最大の前提条件である。それは，若きアーレントの経験と思考の軌跡を想い起こせばむしろ当然のことだろう。「アーレント的政治哲学」なるものがもしあるとすれば，それはこうした多種多様な人びとの共生を可能にする条件を探究する，いわば異郷の政治哲学以外ではありえない。

ユダヤ人等の絶滅計画は，もちろんそれを立案し主導した一握りのナチ高官の働きだけで現実のものとなることはない。その計画に賛同しているにせよ，たんに異を唱えないだけにせよ，とにかく命令を忠実に遂行する多くの人員がいなければ実現不可能なことである。また，たとえ直接そうした職務にかかわりはないにせよ，あるいはナチのイデオロギーに強く共鳴しているわけではないにせよ，巨大な犯罪計画の実行をそのままやり過ごしている大衆の存在があって初めて成り立つことである。そうした大衆は，先にふれたように，すでに意識のなかに他者や世界への関心を失っている。自己と他者のあいだへの関心，すなわち世界への関心の代わりに大衆の関心を占めているのは，疑似科学的なイデオロギーを除けば，自分の内部にある生命と生活にまつわる問題である。ここにいる膨大な人びとは，個人として見るかぎり，おそらく大部分はとくに悪人などではないに違いない。彼らは，自分と家族の生活やそれとかかわる自分の仕事や出世に没頭しており，そうした私的な幸福と安全を守るためであれば，いかなる職務でも異を唱えることなく遂行することにさして疑念を抱かない。このような無思考性の集積が生み出す悪という，優れて現代的な問題の解明も，アーレントの生涯にわたる課題のひとつとなる。

絶滅収容所へのユダヤ人移送の責任者だったナチ官僚アイヒマンをこうした無思考性の範例として，アーレントは『イェルサレムのアイヒマン』(1963年)で検討する。そこでアーレントは，共生する他者は本来だれにも選択できないはずであるにもかかわらず，それを選択する権利があるかのように振る舞うことによって他者の複数性を守る義務に反したという理由で，アイヒマンを断罪する。しかし，善悪の判断がつかず思考不能に陥っているのがアイヒマンだけではないことはいうまでもない。権威や伝統のような思考にとって手摺りの役割を果たすものは，失われてすでに久しい。それでは，私たちがみずから思考することができるためにはどうすればよいのか。世界で生じている出来事を想起し，他者に聞かれる言葉に換え，記憶され，物語にすること，とアーレントは示唆している。人類史上最も暗い時代を生き抜いたアーレントは，苦難のなかで人間とその行為のかけがえのなさを確かに終生物語ったのである。

20世紀の秩序の全面的な解体を描ききり，その廃墟から建ち上がるべき政治を構想しようとしたアーレントの試みは，当然のことながら，断片的なものに終わり，無数のひびが入っている。しかし，その瓦礫のそこかしこに未来を切り拓くかけらが見いだせることも明らかだろう。

【文献】

ハンナ・アーレント『反ユダヤ主義　ユダヤ論集1』みすず書房，2013年。
――『アイヒマン論争　ユダヤ論集2』みすず書房，2013年。
――『全体主義の起原Ⅰ，Ⅱ，Ⅲ』みすず書房，1972-1974年。
――『人間の条件』筑摩書房，1994年。
――『革命について』筑摩書房，1995年。
――『イェルサレムのアイヒマン』みすず書房，1969年。
川崎修『ハンナ・アレント』講談社学術文庫，2014年。
森川輝一『〈始まり〉のアーレント』岩波書店，2010年。
矢野久美子『ハンナ・アーレント』中公新書，2014年。

【山田正行】

講義10
フェアネスと正義／不正義　アファーマティヴ・アクションの困難

Keywords　ロールズ／ネーゲル／機会の平等／逆差別／理想理論・非理想理論

▶プロローグ

アファーマティヴ・アクション（affirmative action）とは，社会的不正を是正することを目的として，不遇な人びとを優先的に処遇する政策のことを指す（「積極的差別是正措置」や「優先処置」という訳語があてられることもあるが，以下本文ではAAと略記する。また，ポジティヴ・アクションと呼ばれることもあるがとくにAAと区別はしない）。選抜試験におけるマイノリティ民族出身者に対する優先枠や，議会における女性の一定数の確保（クオータ制）が代表的なものである。AAの考察を通じてジョン・ロールズの政治哲学の一側面に光を当てること。これが本講の目的である。

以下ではまず，1960年代のアメリカ社会という文脈に則してAAへとつながっていく不正義の感覚を確認し，AAの理論的基盤を与えたとされるロールズの『正義論』をその流れの中に位置づけながら，機会の平等という理念に着目しつつ取り上げる（第1節）。次いで，AAがとりわけ人種差別という論点について具体的な政策へと移され，一定の成果をあげるとともに，逆差別やスティグマ化という問題をも抱えるものであったことを明らかにする。そこで，この難点に対処するために，基底的平等という観念と理想理論・非理想理論という分析枠組が有効だということを示す（第2節）。最後に，以上を踏まえつつ，今日の社会における不正義の感覚に照応したありうべきAAについて考察を加えたい（第3節）。

1——ロールズ『正義論』の誕生　平等なアメリカ社会の光と影

★アメリカ社会と平等の理念

「すべての人は平等に創られている」（all Men are created equal）。これは，アメリカ独立宣言の中でも最もよく知られた一節である。そして実際に，少なくとも理念のレベルにおいて，この根底的な意味での平等はアメリカ社会を特色づける嚮導（きょうどう）概念であった。

ドイツからの亡命者であり，戦後はアメリカで活躍したハンナ・アーレントは，フランス革命とアメリカ革命の対比をテーマとした『革命について』で次のように述べている。彼女によれば，一般に社会契約とは人民とその支配者とのあいだに結ばれる垂直的なものとしてイメージされがちであるが，17世紀にはそれとは区別される，個人間に結ばれるいわば水平的な社会契約が理論的に想定されていた。そして，後者の水平的な契約こそが革命に先立つアメリカ植民地のみにおいて実践されていたのであり，この契約が可能にする新たな形での権力の構成がアメリカ革命を成功に導いた大きな要因であったとされる。「コミュニティをつくるためにお互い同士が結ぶ相互的な契約は，互恵性（reciprocity）に基づいており，平等を前提としている」（アーレント 1995：263）。

そして，この互恵性に基づく水平的な契約というアイディアは，今日の政治哲学においてなお重要なものであり続けている。本講で主に取り上げられる，20世紀を代表する政治哲学者のロールズの理論の中核にあるのもこの観念にほかならない。主著『正義論』の中心にあるのは，この意味での契約論的な発想，すなわち〈自由かつ平等と想定される人間同士ならば，どのような社会の在り方を選択すべきだろうか〉というものである。平等の理念に根ざした相互的な契約をベースにして適切な政治制度や道徳原理を考察していく試みは，今日では一般に，「契約主義」（contractualism）と呼ばれている。

しかし，互恵的な契約を満たす平等なアメリカ社会というイメージは，決して自明的なものであり続けてきたものではない。むしろ，アーレントの『革命とは何か』（1963年）とロールズの『正義論』（1971年）との狭間に位置する60年代は，かつてないほどまでにこのセルフ・イメージが揺らいだディケイドであった。公民権運動やベトナム反戦運動によって代表される政治の季節である。これは，それまで一見自明なものであった平等のイメージを打ち砕く不正義の感覚を多くの人びとが抱いたということを意味している。

ロールズの弟子でもある，今日を代表する契約主義の理論家トマス・スキャンロン（1940年生まれ）は，まさしくそのような体験を目撃した一人であった。彼の契約主義の説明によれば，「罪悪感という痛みは，その基底において，仲違いの感覚，すなわち他者との価値ある関係の要求を侵害してしまったという感覚を含んでいる。こう理解されるなら，こうした周知の道徳のネガティヴな側面は，ポジティヴな「牽引力」に対応することになる。すなわちそれは，他者と，彼らが理に適った仕方で〈ノー〉を唱えることができない（could not reasonably reject）条項に基づいて共に生きてゆくという，ポジティヴな価値である」(Scanlon 1998：162)。スキャンロンは，この考えは強い動機づけ上の力を有しているのであり，60年代に生じた様々な運動はまさにその例証であったとしている。

本講のテーマに即していえば，とりわけ公民権運動を導くことになったネガティヴな感覚が，その後にポジティヴな形として転化したものがAAであると言うことができるかもしれない。なぜ自分はバスの座席においてさえも差別を受けるのか。なぜある高校には白人しか入学が認められていないのか。なぜ黒人は政治から，いやそもそも社会から排除されているのか。はたして，このような社会は平等の名に値するのか。「すべての人」(all Men)というのは，じつは限られた集団のみのことを指すのではないのか。こうした互恵性が毀損されているという感覚は，疑いなく，当時の少なからぬ人びとが抱いたはずである。

ロールズの『正義論』は現実から一定の距離をとった理論書としての性質をもっているが，その大部分が執筆されたのは60年代のことであり，そこには否応なく当時の歴史的文脈が刻みこまれている。実際に，当時の情勢からAAが導かれたこと，ならびにその理論的支柱としての『正義論』という位置づけをすることも可能だろう(仲正 2008：第二章)。

★ロールズ『正義論』の登場――〈正義の二原理〉の導出

では，『正義論』の主題である〈正義の二原理〉についてみていきたい。契約主義の発想によれば，重要なのは契約が結ばれる適切な環境である。ロールズはこれを，社会的・自然的な偶然性の影響力を免れた公正な手続きとして設定する。これが原初状態(original position)と呼ばれるアイディアである。ここで，契約に臨む当事者たちは無知のヴェールを被ると仮定される。すなわち，彼らは基本的な社会組織の機能や人間心理の法則，ならびに一般的な事実は知っているものの，自分たちがどのような個性をもっているのか――生来の資産や資質，価値観――については無知のままとされる(Rawls 1999＝2010：118-19＝184-86)。

こうして，公正な状況から契約が結ばれると想定されることになるため，ここから導かれる正義の構想は〈公正としての正義〉(justice as fairness)と呼ばれる。契約の当事者は自分の特性について無知であるがゆえに，不必要な不平等を許容するような社会を支持はしない。なぜなら，ヴェールを外すと，自分が生来の資産や資質において恵まれていないことが判明するかもしれないからである。あるいは，自分は少数派の価値観を抱いているかもしれない。そのような場合，貧富の差が激しい社会や特定の価値観だけが奨励されている社会は，とても生きづらいものとなるだろう。このような推論から，ロールズは，強い平等主義的な含意をもつ〈正義の二原理〉が〈公正としての正義〉を表現する適切な原理であると主張する。この議論は学問的なものとしては異例の反響を呼ぶことにもなった。

さて，〈正義の二原理〉はまず以下のような暫定的な形で提示される。

> 第一原理　各人は，平等な基本的諸自由の最も広範な制度枠組みに対する対等な権利を保持すべきである。ただし最も広範な枠組みといっても〔無制限なものではなく〕すべての人の自由の同様な制度枠組みと両立可能なものでなければならない。
>
> 第二原理　社会的・経済的不平等は，次の二条件を充たすように編成されなければならない――(a)そうした不平等が，各人の利益になると無理なく予期しうること，かつ(b)全員に開かれている職務と地位に付随する〔ものだけに不平等をとどめるべき〕こと。(Rawls 1999＝2000：53＝84)

第一原理は〈平等な基本的諸自由の原理〉とも呼ばれ，社会的・経済的不平等の是正に関連する第二原理に優先するものとされる（辞書的優先性）。この第一原理の妥当性については異論がないだろう。ただし，第二原理については(a)と(b)のそれぞれについて解釈の余地がある。以下では，そうした解釈の組合わせから導かれる3通りの正義の構想，①自然的自由の体系，②リベラルな平等，③民主的平等について順にみていきたい。

まずは，(b)の「全員に開かれている職務と地位」をめぐる解釈の分岐が存在する。いわゆる「機会の平等」にかかわる論点であるが，これをあくまで形式的なものにとどめようとする構想は〈自然的自由の体系〉と呼ばれる。これは思想史的にはアダム・スミスによって開示された構想であって，自由市場経済ならびに第一原理が規定する平等な自由を背景としつつ，才能に開かれたキャリアを実現する。人びとは生まれや属性自体によって職業選択上の差別を受けることはなくなる。これは確かに歴史的には大きな進歩であった。しかし，この構想では保障が形式的なものにとどまるため，実質上その恩恵に与れる者は多くはない。誰もが公正なスタートラインに立てるわけではない。

それゆえ，「全員に開かれている職務と地位」をより実質的に実現しようとする解釈が登場することになる。これを体現する構想は〈リベラルな平等〉と呼ばれる。この構想においては，機会の平等はたんに形式的ではなく「公正な」ものでなければならない。社会的な偶発性（たとえば，生まれた家が裕福か貧乏か）によって人生の見込みが左右されるのは，不正義だという感覚がその背後にはある。

> 〈リベラルな〔平等〕〉と名づけた解釈は，才能に開かれたキャリア（職業選択）という要求事項に公正な機会の平等原理という追加条件を付加することによって，〈自然的自由の体系〉の不正義を矯正しようとする。……もっと明確に説明するならば，生来の資産の分布が定まっているものと想定して，才能と能力が同一水準にありそれらを活用しようとする意欲も同程度にある人びとは，社会システムにおける出発点がどのような境遇にあったとしても，同等の成功の見通しを有するべきなのである。（Rawls 1999＝2010：63＝98-99）

〈リベラルな平等〉は，多くの人に訴えかけるものをもっていると思われる。それは，契約主義がめざす互恵性を適切に満たすと思われるかもしれない。だが，ロールズによればまだ充分ではない。なぜなら，社会的な偶発性への対処はなされているが，生来的な偶発性（いかなる資質をもって生まれたか）は手つかずのままにされているからである。

ここにおいて，(a)の「そうした不平等が，各人の利益になると無理なく予期しうること」をめぐる解釈の分岐が生じる。〈リベラルな平等〉はこれを「効率性原理」として解釈する。これは大まかにはパレート最適原理に対応し，「他の人びとの暮らし向きを悪化させることなくある人びとの暮らし向きを改善する余地がなお存在する場合，財の分配あるいは生産の制度枠組みは非効率的である〔ので是正すべき〕」とする（Rawls 1999＝2010：58＝92）。これに対して，社会的・経済的不平等をそれが最も不遇な人びとの利益になる限りにおいて許容しようとする解釈が対置されるが，それが「格差原理」（difference principle）にほかならない。

この格差原理を公正な機会均等原理とともに受け容れるのが〈民主的平等〉である。ロールズによれば，これこそが〈正義の二原理〉として最も相応しい。無知のヴェールは，まさしく〈民主的平等〉がめざす正義の構想——人は社会的・生来的な偶発性による不当な影響を被るべきではない——を導くべく考案されたものである。〈民主的平等〉は〈リベラルな平等〉に社会全体のパイの大きさでは劣るかもしれないが，不遇な人びとが最も受容可能であるような平等な社会のヴィジョンを提示している。「格差原理こそが社会正義の見地からする友愛の根本的な意義を表現している」(Rawls 1999＝2010：91＝143)。

最後にあらためて，以上の3つの正義の構想を機会の平等との関係で整理し直しておきたい。現代イギリスの政治哲学者アダム・スウィフトの図式を踏まえるならば，〈自然的自由の体系〉は〈最小限の機会の平等〉と，〈リベラルな平等〉は〈通例的な機会の平等〉と，そして〈民主的平等〉は〈急進的な機会の平等〉と，それぞれ呼ぶことができる（スウィフト 2011：139-49)。次節では，こうした機会の平等の構想の分節化を参照しつつ，具体的にAAについて考察したい。

2――アファーマティヴ・アクションの魅力と難点

★AAの擁護――ネーゲルとドゥオーキン

本節では具体的にAAがいかなるものであるかを取り上げ，それが有している魅力と難点がどのようなものであるかを確認する。とりわけ，不正義の是正を目指すAAそれ自体のなかに，逆差別とスティグマ化という新たな不正義につながりうる機制が含まれていることに注意を促したい。じつは『正義論』では一言もAAにふれられてはいない。これについては後にふれるが，さしあたりはロールズの影響を強く受けたトマス・ネーゲルによるAA擁護論から始めることにしたい。

ネーゲルは，AAを歴史的に形成されてきた不正な社会構造を是正する手段とみなし，さらに軽度のAAと強度のAAを区別している。これらが目標とするものは，それぞれ，〈通例的な機会の平等〉と〈急進的な機会の平等〉に対応する。教育を例にしていえば，軽度のAAが認めるのは，社会的・経済的に恵まれないが意欲のある子供に奨学金や教育クーポンを与えること等であるが，強度のAAはそれにとどまらず，大学入試等においてマイノリティ属性を有する志願者を優先的に採用することをも要求する。

なお，厳密にいえば，格差原理と〈急進的な機会の平等〉と強度のAAが目指すものには，理論のレベルでは細かな違いが認められるかもしれない。ただし，格差原理と〈急進的な機会の平等〉は，社会的・生来的な偶発性の影響を問題視することにおいて共通し，歴史的な不正によって特定のマイノリティ集団が不遇を被っている現状が明らかだとしたら，実践のレベルでは強度のAAと足並みを揃えるものと思われる。

さて，ネーゲルは軽度のAAに対しては大まかな社会的合意があるだろうとしたうえで，論争的な強度のAA（一般的にAAとされるのはこちらである）を擁護しようと試みているが，彼の結論は次のようなものである。

> 私が主張したいのは，現状においては強度のAAは正当であり，そのことが黒人たちに関して最も明白であるということである。しかし，そのような慣行の擁護者たちは以下の事実を認識すべきであると，私は確信している。それは，その慣行に反対する深刻な議論が存在し，したがって賛成論はそれが大きな比重を持っているという理由によってのみ，弁護可能なのだ，という事実である。（ネーゲル 2003：16）

ここで言われる反対論とは，以下の３点である。①強度のAAは，一般的によい業績に相関するとされる資格要件（選抜試験の点数等）を意図的に割引くので，社会を非効率的なものにしてしまう。②強度のAAは，それによって割を食わされる人びとに憤りの感情を引き起こしうるので，不公平である。③強度のAAは，〈所詮マイノリティの成功者は下駄をはかされているのだ〉といった社会的な疑いの目を醸成し，恩恵を被る人びとの自尊心を傷つけてしまう（ネーゲル 2003：16-18）。

ネーゲルはこれらの反対論の論拠を検討しつつ，女性については軽度のAAで充分であろうし，東洋系やヒスパニック系の人びとと黒人が置かれている境遇は明らかに異なっているとしたうえで，強度のAAの第一義的な対象は黒人に限定されるがそれは擁護に値するという実践的な結論を導いた（ネーゲル 2003：18-21）。こうしたリベラルな立場からの強度のAA擁護論は，カリフォルニア大学医学部において，黒人をはじめとするマイノリティ民族出身者に割り当てられていた優先枠の合憲性を（留保は付けつつも）否定したバッキー判決（1978年）を牽制するものだったといえよう（この論文は70年代の状況を意識したものだ）。

そして，AAを通じて社会的不正の是正が進んでいったことは疑いえない。たとえば，リベラル派の著名な法哲学者のロナルド・ドゥオーキンは，アメリカの大学においてAAがどのような影響を与えたかを，代表的な実証研究『川の形』（The Shapes of the River）を参照しつつ考察している（Dworkin 2000＝2002：386-408＝504-35）。彼によれば，反対論の論拠のいずれに照らしても，AAは一定の成果をあげており擁護に値する。

> AAの援助によって達成される地位と権力の分配は，人々が自分自身で行う無数の選択に従って，自然に流動し変化する。もしこの政策があらゆるマイノリティの全体的地位の向上をもたらすとすれば――『川の形』研究の示唆によれば，この政策は黒人の地位の向上に役立ってきた――，それは，マジョリティがこの政策のもたらした成果を利用しようと決めた場合に限ってのことなのだから。その成果とは，自らの人生に実効的な仕方で貢献しようとする動機・自尊心・訓練を身につけたこれまで以上に広範囲で多様な卒業生である。このような仕方で，大学におけるAAは，コミュニティが結果として有する社会的・経済的構造に看取される人為性を増大させるのではなく，減少させる。またそれは，バルカン化（balkanization）をもたらすのではなく，残念ながら今も存続しているその解消を促進するのである。（Dworkin 2000＝2002：425＝555）

★AA批判――逆差別問題とスティグマ化問題

しかし，アメリカの社会情勢や世論の変化を受けて，その後AAの正当性に対してはより厳しい目が向けられていくことになる。1996年には住民投票の結果カリフォルニア州の公的機関でのAAが禁止され，さらに同年にはテキサス大学ロースクールにおけるAAを違憲とする判決が下された（阿川 2013：448-55）。ドゥオーキンがAA擁護の論陣を張ったのはこうした風潮に抗してのことであったが，概して現状は逆風であるといえる。

もちろん，AAは社会的不正の是正を目指しているものである以上，AAの必要性がなくなるということは本来なら悦ばしいことのはずである。だが，現状のAA反対論の理由は，社会的不正が消滅したという積極的なものではなく，AA自身のうちにマイナス面が含まれているからだという消極的な論拠により強く依拠したものだと思われる。これはまさしく，先述の3点の反対論に基づく抗弁といえようが，その区分に即していえば，AAの非対象者の不公平感に照準した②と，AAの対象者の自尊心の毀損に基づく③がとくに重要である。なぜなら，両者はともにある種の〈不正義感覚〉に基づくものであって，AAに対する異議申し立てのもつ効力は主にこれらに依ると思われるからである。両者に比べれば，①の効率性からの批判は第一義的なものではない。

そこで以下では，反対論②と反対論③が提起した論点を，それぞれ「逆差別問題」と「スティグマ化問題」と呼び，次のように定式化したうえで取り組むことにしたい。

逆差別問題：AAは，資格要件をより高い水準で本来満たしているはずの人による申請を，彼／彼女は特段の社会的不正を被っていないという事情を加味した審査の結果，時に棄却する。しかしこれは，本来の資格要件の基準からすると，端的な逆差別である。

スティグマ化問題：AAはその対象者を優遇することを通じて，たとえ彼／彼女が社会的には成功したとしても，それが括弧つきのものだという意識を喚起することによって自尊心を傷つける。またそれは，AAの対象となる人びとに対するスティグマを醸成する。

両問題はAAに対する強力な挑戦であるが，私見では『正義論』にはそれに応じうるポテンシャルが秘められている。ただし，先述したようにロールズ自身はAAについて語っていない。その理由をネーゲルはこう記している。「形式的な機会の平等〔最小限の機会の平等〕はAAの政策によって矢面に立たされてきた。もちろんAAはリベラルな社会においても非常に論争的なものだが，おそらくロールズの用語からすれば匡正的正義（corrective justice）――過去における第一原理（平等な権利と自由）への非常に大きな侵害から残存する帰結を修正しようとすること――への試みとして最もよく理解することができる。それゆえ，AAはロールズが「厳格な遵守理論」あるいは理想理論（正義の二原理が記述すると想定されるもの）の部分としては含まれない」（Nagel 2002：93 n.3）。

以下では，再び『正義論』に立ち戻り，ここで述べられている事柄，すなわち，あくまでもAAは匡正的正義の試みであって「理想理論」に属するのではないということが何を意味しているのかを確認する。そして，そこから示唆される基底的な平等の理念や移行期の正義といった考え方によって，逆差別問題とスティグマ化問題に応じることが可能であることを示したい。換言すれば，『正義論』に秘められた「語られざるAA論」を再構成することが以下での目的である（ただしネーゲルによれば，ロールズは著作にて明示することはなかったが，対話ではAAの合憲性を度々口にしていたとのことである〔Nagel 2003〕）。

★矯正原理に先立つ基底的平等――逆差別問題に取り組む

「逆差別問題」が提起したのは，〈通例的な機会の平等〉と〈急進的な機会の平等〉という2つの構想をめぐる対立であるともいえる。すなわち，大学入試におけるAAに反対する者は，〈同等の才能と意欲をもつ人びとは同等の成功の見込みをもつべきだ〉という〈通例的な機会の平等〉の原理をシリアスに受けとめるがゆえに，異議を申し立てているともいえるのである。それゆえ，両者の対立は一方が正しく他方は不正であるといった単純なものではなく，正義の構想の妥当性をめぐるものにほかならない。

それでは，その妥当性はいかにして判断されるべきだろうか。ここで重要なことは，正義の判断は，必ず何らかの特定の観点や基準に即して下されるということである。文脈や視点を変えてみれば，最も正当だと思われていたことがそうでなくなることは大いにありうるし，その逆も同様である。判断の足場を見定めることは，判断を下すことに先行する。このことを踏まえつつ，まずは矯正原理と呼ばれるものについて確認しておきたい。

> 矯正原理とは，不当な（＝受諾に値しない）不平等は矯正（redress）を必要とするという原理である。すなわち，生まれの不平等と自然本性的な賦存の不平等は不当なものであるため，何らかの仕方で補償されなければならない。したがって，あらゆる人を平等に扱い，正真正銘の機会の平等を提供するためには，生まれつきの資産が過小な人びとや恵まれない社会的地位に生まれ落ちた人びとに対して，社会がもっと注意と配慮を払わなければならない，と矯正原理は主張する。（Rawls 1999＝2010：86＝135）

一見したところ，この矯正原理こそAAの論拠として適切なものと思われるかもしれない。「逆差別問題」が依拠する論拠もこれであって，実際，矯正原理は〈公正な機会の平等〉の理念を体現するものとさえいえる。しかし，正義の第二原理が第一原理とともに（さらにはそれに従属するものとして）とらえられなければならなかったように，矯正原理は唯一の正義の基準であるわけではない。それは，他の原理との調整が必要なのである。確かに軽度のAA＝〈通例的な機会の平等〉は矯正原理を論拠とするものであって，この原理だけを考えた場合，「逆差別問題」の批判は正当なものである。しかし，強度のAA＝〈急進的な機会の平等〉は，それとは独立に，第一原理と格差原理を論拠とすることができる。

このうち，第一原理，すなわち〈平等な基本的諸自由の原理〉の侵害の修復を試みるのが匡正的正義とされていたが，ロールズはこれを正義に関する〈厳格な遵守理論〉に対比される〈部分的な遵守理論〉に属するものとしている。正義が部分的にしか遵守されていないということは，すなわち不正義が存在することを意味する。「償いの正義（compensatory justice）や制度上の不正義の複数の形態どうしを比較考量するという懸案も，〈部分的な遵守理論〉に含まれる」（Rawls 1999＝2010：8＝13）。それゆえ，歴史的な不正によって第一原理が充たされていないとしたら（これはまさしく黒人について妥当する），その場合，矯正原理は第一義的なものではなくなり，強度のAAに優先性を与えることが可能となる（あるいは，矯正原理を第二原理のみならず第一原理をも含んだ形でとらえ直すことが必要とされる）。

重要なのは，機会の平等単独ではなく，〈正義の二原理〉全体によって表現されるより根底的な平等の観念である。とくに〈民主的平等〉に表わされるそれを，ここでは〈基底的平等〉と呼んでおきたい。〈基底的平等〉を正義の判断の基点とするなら，より狭い視点からは不平等に一見思われるような処遇がむしろ要請される場合がある。

もちろん，軽度のAAにとどめるかそれとも強度のAAまでをも採択するかは，実践的には未決の問いである。しかし，第一原理が歴史的に侵害された状態にあるならば強度のAAを支持する強固な理由があるし，たとえその条件がクリアされたとしても，より平等で政治参加に富んだ〈基底的平等〉を目標とするならば，強度のAAを――それが政策として有する象徴的な効力を含めて――採択する可能性は依然として残されている。このように，機会の平等を狭い仕方で資格要件とのみ結びつけるのではなく〈基底的平等〉をベースとして考察するならば，「逆差別問題」に応じることが可能である。

★理想理論・非理想理論――スティグマ化問題に取り組む

「スティグマ化問題」についてはどう考えるべきだろうか。スティグマ化は主に何らかの属性が本質主義的に表象され，それに差別的な視線が固定化されることで生じる。AAにはこうした悪しき意味での固定化を防ぐ機制が含まれていなければならないが，〈基底的平等〉を判断の基点とすることはスティグマ化問題の解消にも資すると考えられる。なぜならそれは，AAが逆差別にはあたらないと示すものだったからである。さらに，そこに含まれている匡正的正義の側面を敷衍することによって，スティグマ化に対抗する論拠を補強することもできる。以下ではこの作業に取り組みたい。

先述した〈厳格な遵守理論〉と〈部分的な遵守理論〉という区別は，理論の想定状況のみならず達成目標の観点を加味して考察された場合，〈理想理論〉と〈非理想理論〉として分節化し直される (Rawls 1999＝2010：216＝331)。〈理想理論〉は可能なかぎり達成されるべき正義に適った社会の構想を提示する。これに対して，〈非理想理論〉は論理的には〈理想理論〉に後続するが，現象的にはむしろ先行するものとして現われる。〈非理想理論〉は長期的な観点を踏まえたうえで現存する不正義にいかなる暫定的対処を講じるべきかを述べるものなのである。それゆえ，〈非理想理論〉は過渡期・移行期的な性質を帯びることになり，正義が達成された暁には消滅するものとなる。

歴史的不正の匡正という達成目標をもつAAは，それ自体として永続することを目的とするものではない。それはみずからが成功＝消滅することを目的とするプログラムなのである。AAが必要とされる社会はそもそも理想的ではないという認識がもたらされるなら，〈AAは逆差別を再生産している〉というスティグマ化の視線は是正されることになるだろう。また，〈非理想理論〉に属するとの自覚は，AAが自己目的化する陥穽を防ぐ。AAが目指すのはマイノリティの人びとが置かれている不当な状況の消滅であって，マイノリティ属性それ自体を消去／固定化することではない。このように，〈理想理論〉と〈非理想理論〉という分析枠組みを踏まえることにより，スティグマ化の問題にさらに応じることができる。

3 ――アファーマティヴ・アクションとフェアネスの感覚

★これからのAAについて

それでは，以上の議論が今日の社会においてどのような含意をもちうるかを，ささやかではあれ考察してみたい。アメリカ社会における黒人の事例ほどに劇的なものではないかもしれないが，現在の日本社会(もちろんそれ以外の社会)にも歴史的不正を被ってきた人びとは多数存在し，そうした実情を踏まえるならば，依然としてAAは請求力をもっている。ただし，人種・ジェンダー等に着目した議論はすでに色々と論じられているため(山森 1998，田村・金井 2007)，ここではあえてそれとは別の論点を提起してみたい。

AAは〈非理想理論〉に属するが，そうした非理想的状態には自分の選択能力を超えた災厄も含まれる。災害はその典型例だが，とりわけ2011年の東日本大震災は，その被害の大きさからしても〈非理想理論〉が想定する事例に含まれる。とくに，原発事故の影響は今後長期に及ぶことも想定されているが，事故以前からの状況も含め，この事態を歴史的不正としてとらえることさえ可能かもしれない。そうだとしたら，被災者の人びとを対象としたAAが今後必要とされるだろう。

また，災害ではないがそれに準ずるものとして，景気やキャリアにまつわる論点がある。日本社会ではその雇用慣行からして，20歳前後の時分のマクロ経済状況が当人の人生の見通しに多大な影響を与える。このネガティヴな偶然性の直撃を被った人びとは，「就職氷河期世代」や「ロスト・ジェネレーション」と呼ばれているが，この世代の少なからぬ人びとが，非正規雇用・スキルの未熟練・低賃金・無縁化といった複合的な苦境に陥っている。だとすれば，この事態をも一種の不正義の状態として認定できるかもしれない。その場合，たとえば政治的代表の確保をめざすクオータ制を参考しつつ，議員数の確保まではいかないとしても，何らかの仕方で彼らの利害関心を表出・集約するメカニズムを特別に講じる必要性を提起できるかもしれない。

以上のことは〈非理想理論〉に属する考察であったが，じつは〈理想理論〉においてもAAは依然として必要とされうる。先述したように基本的にAAは〈理想理論〉に居場所をもたない。ただし，教育はその性質ゆえに特殊な論点となる。説明しよう。まず，〈理想理論〉においてさえ，個々人の生来的な資質は異なるし，親から子への私的配慮を除去しきれないため，教育をめぐる格差はともすれば広がる傾向にある。さらに，社会的に恵まれた立場に直結する高等教育については，そのポスト（名門大学の定員等）が限定・序列化されざるをえないため，単純に底上げを図ることができないという，教育が「位置財」であることに由来する問題がある（スウィフト 2011：161-66）。格差の拡大や固定化を防ぐためには，たとえ正義に適った社会においてでさえAAは必要とされうるのである。

ここから示唆されるのは，〈理想理論〉でさえそうなのだから，〈非理想理論〉では教育にまつわる論点はより慎重に取り扱われるべきということである。近年，大学入試を見直す動きがあり，従来の点数重視から人物重視へとシフトしていく方針が示されている。そのこと自体は間違いではないかもしれないが，仮にそれが家庭の経済力や文化資本の影響をダイレクトに反映する方向で進められるならば――〈自然的自由の体系〉への後退！――不正義の状態はなおも残存（悪化）することになるだろう。

これらは試論の域にさえ達しない簡素なものである。だが，AAにまつわる議論が従来的な論点以外にも示唆を与えるものであることは示せたように思う。

▶エピローグ――フェアネス（公正さ）の感覚

最後に，『正義論』あるいはAAに示されている（不）正義の感覚をあらためて確認することで結びとしたい。それはやはり〈公正としての正義〉に文字どおり示されている「フェアネス」の感覚であると思う。他の正義にまつわる多くの考えと同じく，フェアネスもまた，それが毀損されているという感覚――「これはフェアではない」――によって駆動される。とくにロールズは，社会的な偶発性にとどまらず生来的な偶発性に対してもその感覚を拡張し，それを統べる理念として格差原理を提示した。

フェアネスはスポーツやゲームでいうフェア・プレーにも通じるところがある。競技中のアクシデントに乗ずるのを差し控える振舞いを私たちは賞賛する。また，アマチュア競技においてはしばしば勝敗よりもゲーム自体を楽しむことが優先され，そのための様々な工夫が存在する。格差原理は，その名が示すとおり，人びとの格差＝差異（difference）を前提としたうえで，それを最もフェアな仕方で統合した協働の社会を構想するものである。

> 格差原理は，諸制度の総体的枠組みが社会の効率性やテクノクラシー的価値観をもはや重視することのないように，社会の基礎構造の達成目標を切り替える。格差原理は，生まれつきの才能の分配・分布を（いくつかの点で）共通の資産と見なし，この分配・分布の相互補完性（complementarities）によって可能となる多大な社会的・経済的諸便益を分かち合おうとする，ひとつの合意を実質的に表わしている。（Rawls 1999＝2000：87＝136-37）

ここに示されているのは，公正な協働システムとしての社会のヴィジョンである。私たちの差異から構成されうる充全な協働が成立していない状態――互恵性が損なわれている関係性――から帰結する利益と負担を分配することはフェアではない。フェアネスをめぐるこの感覚こそが『正義論』の核心には存在する。それは依然として私たちの社会を導く理念でありうるだろう。

【文献】

Dworkin, Ronald (2000). Sovereign Virtue: The Theory and Practice of Equality. Harvard University Press.（小林公・大江洋・高橋秀治・高橋文彦訳『平等とは何か』木鐸社，2002年）

Nagel, Thomas (2002). Concealment and Exposure. Oxford University Press, 2002.

Nagel, Thomas (2003). "John Rawls and Affirmative Action." The Journal of Blacks in Higher Education, No. 39.
Rawls, John (1999). A Theory of Justice: Revised Edition. Harvard University Press.（川本隆史・福間聡・神島裕子訳『正義論』紀伊國屋書店，2010年）
Scanlon, T. M. (1998). What We Owe to Each Other. Harvard University Press.

アーレント，ハンナ『革命について』（志水速雄訳）ちくま学芸文庫，1995年。
阿川尚之『憲法で読むアメリカ史（全）』ちくま学芸文庫，2013年。
スウィフト，アダム『政治哲学への招待』（有賀誠・武藤功訳）風行社，2011年。
田村哲樹・金井篤子編『ポジティブ・アクションの可能性』ナカニシヤ出版，2007年。
辻村みよ子『ポジティヴ・アクション』岩波新書，2011年。
仲正昌樹『集中講義！　アメリカ現代思想』NHK出版，2008年。
ネーゲル，トマス「積極的差別是正措置の擁護」，ビーチャム，トム・L／ボウイ，ノーマン・F編『企業倫理学３』（中村瑞穂監訳）晃洋書房，2003年。
山森亮「福祉国家の規範理論に向けて」，大原社会問題研究所雑誌，第473号，1998年。

【田中将人】

講義11
正義論の不正義　フェミニズムからみた労働の社会規範

Keywords　正義論／フェミニズム／ロールズ／労働／支配／抑圧／構造的不正義／責任の社会的結合モデル

▶プロローグ

一般的に，フェミニズムという言葉から人びとが連想するものは限られている。女性に関する平等な扱いや権利の擁護というものが中心だろう。これはフェミニズムの運動と理論の歴史や発展からいって間違っているわけではない。それは確かに女性の自由や権利の擁護という出発点をもっている。しかし，現在のフェミニズムは，ずっと広い視野と適用の範囲をもち，政治哲学一般に対して，大きな影響力をもつ理論的立場となった。その影響力は多岐にわたるが，フェミニズムは，とりわけ英米圏の政治哲学の世界で巨大な影響力をもつリベラルな正義論に対して，重大な批判を行うことを可能にした。

人びとの平等な自由，権利や機会を擁護してきたはずのリベラルな正義論ですら，大きな不正義を許してしまう――これがフェミニズムからの重大な問題提起だった。現代政治哲学にあって，リベラルな正義論は，ジョン・ロールズ（John Rawls, 1921～2002年，アメリカの政治思想家。ハーバード大学で教鞭をとった）の正義論を中心として発展し，その後の正義論は多かれ少なかれ，ロールズ理論の批判や補完を目指してきた。リベラルな正義論において，正義が概ね意味することは，あらゆる人を道徳的人格として等しく尊重し，社会において，このような人びとの人格の根幹にある自由を等しい重要さをもつものとして扱うということである。正義論の目的は，そのような社会を可能にする原理を探すことである。その裏返しとして，不正義とは，人びとの平等な自由を，適切な理由なく妨げたり抑圧したりすることである。正当な理由なく，能力の発揮を妨げたり行動を制限したりすることがこれに当てはまるだろう。リベラルな正義論はこのような不正義にも注意を払い，平等な法的自由の確保や機会の均等について原理を提供している。しかし，このようなリベラルな正義論の中にすら，不正義への芽がすでに存在しうることを指摘し批判したという点で，フェミニズムは正義論の展開のうえできわめて重要な功績をあげているのだ。本講では，この点で顕著な業績を残したアイリス・ヤング（Iris Marion Young, 1949～2006年，アメリカの政治思想家。シカゴ大学で教鞭をとった）の労働に関する正義についての思索（Young 1990, 2006, 2011）に依拠しつつ，フェミニズムがなぜ重要なのかを明らかにする。なお，本講で示すヤングの思想やロールズへの批判は，筆者が以上の目的に合わせて再構成したものである。

1――フェミニズム的視座の拡大

労働に関する社会的な規範――ある社会で，誰が，どのように働き，そこから何を得るべきなのかということ――はフェミニストにとって，重大な関心事であり続けている。よく知られるように，伝統的な家族の領域では，女性たちは家事という重労働を行うにもかかわらず，そこから直接賃金を得ることはなく，「稼ぎ手」と呼ばれる男性に依存するよりほかはない。ここから，女性への家庭内暴力や離婚を通じた自立への妨げなどが発生してしまった。ヤングの活躍したアメリカにおいても，日本においても，多くのフェミニズムの思想家たちが，この点を論じてきた。

他方で，女性に対する抑圧の問題は，やがて広範な社会的認知を得て，男女の平等を目指す取組みが行われてきたことも事実である。男女の平等な社会参画が立法や行政などを通じて促され，性差別は糾弾されるようになった。しかし，実際に女性が社会に出ると，法的には様々な権利や機会が平等に保障されたにもかかわらず，実質的には不平等を甘受せざるをえない状況は続いている。そのなかでも，職場で女性が直面する不平等は広く認められている。多くの職場においては，指示を与える側と与えられる側，より専門的な仕事と単純な作業，より権威ある地位と従うことをもっぱらとする地位など，様々な分業と職務管理が徹底しているが，女性は指示を受け，簡単な作業を行い，上司に従うような立場で働くことが多い。そのため，会社の管理職や経営陣において女性が占める割合は，それ自体が興味深い考察対象となるほどだ。

もちろんここでも，私たちは女性の自由や権利の平等な尊重を擁護するために，このような労働現場のおかしさを指摘することができる。なぜ，人びとは女性であるということによって，そのような立場に甘んじなければならないのだろうか。

このような現場の視点は，さらに他の弱い立場の人びとにも，拡大可能である。すなわち，民族的・人種的少数者，ゲイ・レズビアン・バイセクシャルといった性的少数者，また非正規労働者など雇用のうえで弱い地位にある人たちは，法的な自由・平等と機会の保障があったとしても，「女性」と同じように，労働の現場では，不利な立場に立たされている。そうであるならば，フェミニズムのもつ，女性の苦しみという現場の事実から設定された労働規範を糺す視点は，人間一般の不平等の問題にまで広がる可能性をもつ。これをフェミニズム的視座の拡大と呼ぶことができるだろう。

ヤングの議論は，このようなフェミニズム的視座の拡大がきわめて重大な政治哲学の深化をもたらすことを示してくれる。それは自由や機会の平等な保障を謳ってきたロールズ流のリベラルな正義論の欠陥を指摘しつつ，正義の論じ方はいかにあるべきかを示すのだ。

2 ――リベラルな正義論

ヤングが批判の対象とした現代のリベラルな正義論の核心には，ロールズの正義論（Rawls 1971, 2001, 2005）がある。ロールズは，社会が正義に適っていると考えられるためには，次の原理を満たさなくてはならないとした。まず，すべての人に平等に基本的な自由と権利が法的に認められていること。次に，生まれながらの境遇を是正したうえでの機会均等があること（公正な機会の均等）。さらに，これらを満たしたうえで，基本財（市民がまっとうに人生を過ごすために必要な財）について発生する不平等は，それが社会的に最も不遇な人の状況の改善に役立つ限りで許されること（格差原理）。ロールズは，これらの条件から成る正義の原理が満たされれば，ある社会は人びとの道徳的な自由を等しく尊重したことになると考えた。

ここで重要なことは，このような正義の原理は社会の基本構造と呼ばれるものにだけ適用されるということである。ロールズによれば，社会の基本構造とは，社会の公的な制度やルールからなり，それによって人びとの権利と義務が定まり，社会生活の利益と負担の分配が決まるようなものである。社会の基本構造は，人びとの人生の見込みを根底から決めてしまうため，それには特別にあつらえられた正義の原理が必要となる。ロールズは，このことはまた，正義の原理が社会の基本構造を超えて，家庭，会社，宗教団体などの社会的集団に直接的に適用されないことも意味するという。これらはそれぞれに相応しい原理に則って運営されており，正義を目指すことがこれらの集団の第1目的ではないので，正義の原理はこれらの集団に直接適用されることはない。これらの集団は正義の原理に基づく公的な制度やルールによって規制されるので，間接的に正義の原理に制約されるが，その組織の目的や運営は，あくまでその集団に相応しい原理による。たとえば，会社という集団であれば，営利の追求がその原理となるだろう。このような社会の基本構造のみが問題となる正義のあり方を，ロールズは背景的正義と呼んだ。

以上がヤングの批判を理解するうえで必要なロールズ流のリベラルな正義論の要旨である。このような正義の構想に基づいた社会では，人びとは，生まれながらの境遇に基づく格差を乗り越えて自分自身の能力を伸ばし，さらにそこから，自分自身の考えに基づいて，様々な組織や集団を通じて，社会のなかでその能力を発揮しようと試みることができる。そしてまた，そのうえで発生する不平等は，多くの人びとがより努力して働き，多くを得ようとする原動力となることにより，より豊かな社会を実現し，すべての人の利益をもたらす。これがリベラルな正義論が提示していた正しい社会の見取り図であった。アメリカと日本を含む多くの社会において，格差や生まれによる差別が未だに根強いことを考えれば，これは大いに歓迎されるものかもしれない。しかし，ヤングの観点によれば，この見取り図の中には大きな欠陥が見いだされるのだ。

3――ヤングのリベラル批判

ヤングもリベラルな正義論と同じく，社会において人びとが等しい尊重を受け，そのうえで自由を行使できることが正義の重要な要件だと考える。その際，ヤングが正義の実現のために必要だとすることは，社会から支配（domination）と抑圧（oppression）がなくなることである（Young 1990）。その内容は以下のとおりだ。まず，ある人が，自分がその策定過程に参加しないような目的やルールに基づく行為を，ある制度の中で行わされているときに，その人は支配されているという。またある人が，システムとして働く制度の中で，社会的に承認の対象となり満足をもたらしてくれるような技能の発揮を妨げられ，あるいは他者との交流が阻害され，または他者によって感情や意見の表明が認知される機会が失われるとき，この人は抑圧されているという。このような支配と抑圧は，人びとが他者とともに，平等に，社会のなかで自由を有意義に用いて生きていくことを不可能としてしまう。支配と抑圧を避けることは，人びとの自由を平等に尊重するためには是非とも必要だということになる。

このヤングの視点からは，ロールズに代表されるリベラルな正義論には重大な問題があることが指摘できる。すなわち，ロールズは正義の原理の適用範囲を社会の基本構造に限定し，その内部に含まれている家族や企業といった集団を正義についての判断を行うべき対象から除外したが，じつはこのような集団こそが，不正義が行われるまさにその現場となってしまうのだ。女性たちが様々な不利益に苦しんでいるのも，家庭や企業の現場においてであったことを思い出してほしい。もし正義の原理の適用範囲を社会の基本構造に限定してしまうとするなら，このような不正義は見逃されてしまう可能性が大きい。これは「現場の不正義」を告発してきたフェミニズムにとっては見逃せない問題である。

ヤングは様々な側面からこの問題に切り込んでいるが，そのなかでも労働のあり方と正義に関する考察は日本の文脈にも示唆することが大きい。ヤングによれば，現在私たちが知っているような社会・経済体制の下では，次のような形で支配と抑圧が進行しているという（Young 1990, 2006）。まず，労働上の目的やルールの設定を行うことができる労働者と，定められた目的やルールに沿って労働を行わなくてはならない労働者とのあいだで見られる分業が，支配を生み出す。つまり，職場や企業は上下関係のある指示系統で貫かれており，そこでは指示を出す側と指示を受ける側という役割分担がある。ここで，指示を受ける側，すなわちすでに決められた目標とルールに基づいて，ただひたすら職務を遂行する労働者には，自由がない。そして多くの場合，このような状況は長期にわたり継続する。これは，人びとの平等な自由を前提とするならば，本来は問題となるべきことがらだ。次に，指示された職務をこなすだけの労働者は，みずからのイニシアティブに基づいて能力を発揮し，周囲の承認を得るという機会にも乏しい。さらには，職場において同僚と交流を図ったり，意見や感情を表明したりする機会も，場合によってはまったく失われるだろう。工程がきわめて細かく厳密に決まっており，作業時間も長時間であるような工場などを想像してほしい。ここで求められるのは個人の能力の発揮でも意見や感情の表明を通じた共同作業でもなく，ひたすら機械のように働くことである。ヤングによれば，これもまた平等な自由の理念とは相容れない。このような抑圧のメカニズムは，最終的に，自由を奪うことで人びとを無力化する。

ここで重要なことは，これらの支配や抑圧が，たまたま不幸にして起きてしまっているのではなく，社会の制度の中で起きているということである。労働における支配と抑圧の問題は，個人や集団――たとえば企業経営者や株主――の責任で済ませられるようなものではない。これらの個人や集団もそれなりの理由があって徹底した管理監督体制を引き，分業を行っているのかもしれない。たとえば，国際的な競争のなかで，厳しい品質管理の下効率よく生産を進めることが，会社の利益をあげひいては雇用を守ることにつながるなら，その限りで，このような支配や抑圧とみられる経営の方法にも道理があるかもしれない。このように，それぞれの個人や集団が，社会的にまたは法的に許されていたり，道徳的には一応認められていたりするような行動を積み重ねていった結果，これらの具体的な個人や集団の意図とは関係なく――彼らは何も人を積極的に不幸にしたいと願ったわけではないかもしれない――，多くの人の人生にネガティブな影響を残してしまうことがあるのだ。このように，ある社会の諸制度を前提として，その制度の中では認められている行動の積み重ねから，支配や抑圧が起きてしまっているときに，このような状態は「構造的不正義」(Young 2011) と呼ばれる。

構造的不正義は，普通私たちが知っている不正義とは違って，誰か特定の個人や集団の責めに帰するだけではその全体像を把握することも解決することもできないような不正義である。不正義の原因が，社会の構成のされ方そのものに由来するからだ。先の例でいえば，雇用者に過酷な労働をさせている企業も，もし別の社会制度の下で，またその制度の下で生じる異なった環境の下で操業しているならば，支配や抑圧とはそもそも無縁でいられたかもしれない。社会制度は全体で１つの構造を作り上げてしまっており，いかなる個人や集団もその構造のなかで生きていかねばならない。ゲームのルールは社会制度の全体が作り上げる構造によって決まってしまっているので，これに従わなければ，個人も集団も，やがては深刻な生存や存続の危機に陥るだろう。人びとを支配や抑圧にさらす過剰な分業も，もとはといえば特定の個人や企業が作り上げてしまったものではなく，労働や経営，市場のあり方などに関する社会制度のなかで生まれ，知らず知らずのうちに人びとの社会的な生活を覆い尽くすようになったものなのだ。ここでは，支配や抑圧を生んでしまっている一企業や経営者を名指しして非難しても，根本的な解決は得られない（もちろん，それをしてはいけないということはないが）。構造的不正義に関しては，社会全体でその問題を是正し，このような事態を可能にしている制度全体を改めるべきであるのだ。

さらに，構造的不正義を認識できるかどうかは，私たちの取るべき社会的正義への責任のあり方を大きく変えてしまう。一般的に，私たちが何らかの社会的な不正義を告発する際には，まずその不正義に対して責任を負う者を探すことが行われる。つまり，誰がその起きてしまった不正義について責めを負うのか，また罪があるのか，といったことを知らなくては，責任の議論が始まることはない。しかしヤングによれば，社会的に行われている不正義の中でも，構造的不正義では事情が異なるのだ。先にみたように，構造的不正義の問題では，それぞれの個人や集団は，少なくとも今の社会制度のなかでは許されている仕方でそれぞれの目的を追求しているのだが，そこに支配や抑圧といった問題が免れがたく発生してしまう。このような状況下では，それぞれの人や集団を非難しても状況は変わらない。ヤングによれば，このような構造的な不正義の問題において，私たちが通常用いるような責めや罪に基づく責任についての考え方を用いることは，あまり有用ではない。責めや罪による責任の追及は，そもそも社会制度のなかで許されてしまっている行為から生じる不正義の問題にはあまり効果がないし，責任追及される方は，いわれなく攻撃されたと感じて交渉や対話を拒むかもしれない。一般的な「責任」の考え方は，構造的不正義の問題にはあまり役に立たない。

これに代わってヤングが提唱するのが，責任の「社会的結合モデル」という考え方である（Young 2011）。ヤングによれば，このモデルで理解された責任の概念は次のような特徴をもっている。まず，人びとは，構造的不正義を発生させるような社会制度的なプロセスに対して寄与している場合，不正義に対処する責任を相互に負う。この責任は，誰かに帰する特定の責めや罪状をあぶりだすために設定されるのではなく，構造的不正義の背景となっている条件を問う。そして，それは今，現に起こっている構造的不正義に対処し，不正義発生の社会的メカニズムを変えるという仕事を負わせる。ある社会制度や過程を通じて構造的不正義を発生させるメカニズムに関与している各人はこの責任を個人的に負うのだが，それはつねに他の社会構成員とともに行われる。そしてこの責任は，他の社会構成員とともに，不正義をただすための集合的行為を行うという，政治的な方法によって果たされることとなる。以上のような特徴をもつ社会的結合モデルの責任の概念が，過去に行われたことを精査し，それに応じてある特定の個人や集団に責めを負わせ，その償いをさせるという一般的な責任の概念と大きく異なることは容易にわかる。

ヤングは，まさに現在進行形で進む，複雑で逃れようのない社会的制度のひずみから生じる不正義の問題は，集合的な政治的行為を直ちに求めるような責任の倫理によってこそ対処可能だと論じた。つまり，悪者さがしに終始することなく，構造的不正義のなかに巻き込まれているすべてのアクターが，正義を求めて具体的に連帯し，積極的に社会改革に乗り出すことこそが，真の正義への責任なのである。この正義への責任の理論は，晩年のヤングが思索の中核に据えたテーマだ。

以上のように，ヤングにとって，社会的不正義を私たちが発見するところから，それにいかに対処するかを決めるところまで，社会制度が生み出す構造的な問題を認識することは決定的に重要なことである。この観点から考えれば，ロールズ流のリベラルな正義論は不十分であろう。

先にみたように，ロールズは正義の問題を社会の基本構造の問題とした。それは，社会の公的制度やルールからなり，人びとの権利や義務のあり方を定め，人びとが社会生活から得る利益や負担を決めてしまうものであった。このような正義のあり方はヤングの構想する構造的不正義への対処という戦略と一見似てはいるが，その実はかなり異なっている。すなわち，ロールズの戦略では，正義を社会の基本構造に限ることにより，家族や企業などがそれぞれの目的とルールに従って自由に活動を行うことが可能なのだ。つまり，正義論の主題はこれらの集団そのものではなく，その社会的背景にある（背景的正義）。他方でヤングの戦略では，正義の問題となる社会構造には，ロールズが排除した家族や企業などの社会内部の集団のあり方もまた，含まれる。

このような観点からは，ロールズの正義論がもつ社会的な労働規範への含意はきわめて問題含みである。企業は人の雇い方や給与の支給の仕方などを通じて，人びとが労働からどのような利益を受け，また負担を課されるかを決める。ここで，ロールズの正義原理は，公正な機会の均等や格差原理などを通じて人びとや集団の権利と義務を定め，外側から企業の行動を規制する。だが，ヤングによれば，このようなロールズの正義原理の規制のあり方は，分業や企業経営のあり方を直ちに問い直すものではない。むしろ，現在の分業や企業経営のあり方は前提とされ，その枠組み内部で，正義原理の規制が行われるにすぎない。もしそうであるとすれば，ロールズの正義論では支配や抑圧といった最も重要な社会的不正義に取り組むことができないということになる。表面的に機会や富の分配のパターンを動かしても，それは分業や企業経営のあり方を変えることはなく，支配や抑圧の構造は温存されたままになるだろう。むしろ，支配や抑圧を生んできた既存の社会的な労働規範を温存することで，ロールズの正義論は，不正義の種を抱え込むことになるのかもしれない。正義の原理がどのように首尾よく実行されたとしても，労働の現場というミクロなレベルでは，この不正義の種はいつ芽吹くかわからない。というのも，現在の分業や企業経営のあり方は，それ自体が不正義を生む構造をもってしまっているのだから。ヤングの視座が導くリベラルな正義論に対する批判は，以上のような意味で「正義論の不正義」を告発するのだ。そしてそれは，家庭や企業の内部にある生活——それは制度だけを考察したのでは見えてこない——から，不正義が生じていることを見抜いてきたフェミニズム的な伝統からこそ，可能な告発であった。

4——リベラルの応答

ヤングの視点からの批判に対しては，リベラルな正義論からの応答が可能である。ロールズは分業のもたらす問題について，次のように考えている。ロールズによれば，彼の正義の原理によってその基本構造が規制された社会では，依存や無力化などの分業がもたらす害悪は見受けられないだろうという（Rawls 1971）。というのも，ロールズの正義の原理に基づく社会は，人びとの開花した能力とそれが生み出す様々な財の集合体として，人びとに基本的な権利と自由の保障，教育などの提供を通じた公正な機会の均等，そして適切に分配された富を与えるので，経済における分業の大勢が人びとを職場の上下関係に縛りつけたり，スキルアップや人的交流の機会を奪って無力化したりすることはなさそうであるからだ。

さらに晩年のロールズは，財産所有のデモクラシーという理想的な社会像を提示することで，この点でさらに踏み込んでいる（Rawls 2001）。財産所有のデモクラシーとは，正義の原理を実現できるような経済体制の１つで，この体制ではすべての人びとに人的資源が幅広くいきわたるという。これは適切な教育や訓練の機会の提供によって実現する。さらにここでは，様々な財や機会を生み出す基となる財，いわゆる生産手段についても，一部の人々や集団の独占物とはならず，広く人びとに行きわたるようになる。このような特徴をもつ財産所有のデモクラシーでは，下層階級は出現せず，強力な経済的・政治的影響力をもつ人びとに他の人びとが依存し，支配されながら生活しなくてはならない事態はなくなるだろう。ヤングが見いだした支配や抑圧といった現代社会の構造的不正義は，このような理想的な平等主義が実現された社会では，見いだされないだろう。そこで，ロールズ流のリベラルな正義論の支持者たちは，彼らの正義の原理こそが，ヤングの指摘した問題に対処することができるものなのだと主張することができる。

しかしこのような応答は彼ら自身にとってあまり都合がよくない。第1に，もしロールズに代表されるリベラルな正義論もまたヤングのフェミニスト的正義の構想と同じものを目指すというのであれば，なぜ支配や抑圧を直接問題とせず，回りくどい正義の原理の話をしなくてはならないのかがわからない。人びとが日々直面し，苦しんでいる課題が支配や抑圧の現実であるならば，彼らは抽象的で社会制度内部での実現にまで距離がある正義の原理よりも，もっと具体的で直ちに問題を汲み取ってくれる，支配と抑圧の阻止を目指す改革にこそ期待しそうなものだ。リベラルな正義論の目的とヤングの正義の構想の目的が同一であるという応答は，リベラルな正義論がたんなる知的な遊びにすぎず，余計なものであるという結論を導きかねない。

第2に，リベラルな正義の原理が，どのように理想的な状況を達成できるのかはあまり明らかではない。ここで，フェミニストたちの正義の構想が，現在私たちが直面している社会制度の問題点から出発していたことを思い起こしてほしい。この正義の構想は，どこまで行っても，今，ここにある現実から出発し，それを改善することを目指している。他方で，ロールズの正義の原理や正義の構想はそうではない。ロールズは彼の正義論を展開するにあたり，それを理想理論の問題に限定したのだ。ロールズの理論では，市民は正義に対する感覚をもっているとされ，性や人種に関して差別的傾向が見られるような，私たちが普通に知っている人びとのあり方はとらえられていない。そしてそのようなモデル化された世界のために形づくられた正義の原理は，現実の世界で起きている不正義に対して，直ちに効力を発揮するようなものではないのかもしれない。そのような原理が夢のように実現された社会の像――財産所有のデモクラシー――を見せられたところで，遠い果てにあるユートピアを見るようであろう。結局，リベラルな正義の原理が，いかにして問題だらけの現実社会のなかで，そこを起点として作動し，それを改善するかということについては，はっきりした道筋が見えてくるわけではないのである。

以上のように考えると，リベラルな正義論とヤングの正義の構想が同じ目的をもつとはいえないのではないかと思われてくる。事実，ロールズは晩年の著作（Rawls 1997）で，性別による家庭内分業が最小になることを望む者がいることを指摘しつつ，それが残ることを認めているのだ。たとえば，特定の性差別的な宗教的信条――子供は女性によってのみ育てられるべきだというような信条――が社会に広く支持されている場合，多くの家庭において性別によって育児にかかわる分業が決まる。これは性差別的な分業であるといえるが，ロールズはこのような状況を否定しない。その根拠は，それが自発的に行われているということである。すなわち，女性がその意図に反して無理やりこの性的分業を押しつけられているのでなければ，その状態に問題はないとする。それは彼女の自由の行使である。結局，ロールズが問題視するのは，非自発的に，強制されて行われる性的な分業のみである。これを企業などでの労働のコンテクストに置き換えれば，職場における上下関係を作り上げている分業や労務管理など，ヤングが支配と抑圧の温床として取り上げていた職場のあり方も，それが人びとの自発的な選択の結果であれば，許されるということになるだろう。ロールズ流のリベラルな正義論は，ヤングがいうような支配と抑圧が結果として消滅することは歓迎するのだろうが，その撤廃をあらかじめ，原理の必要性の上から求めるものではないと考えることが出来そうである。

この差には，何か理由があるのだろう。その理由を考えることで，現代正義論の展開において，フェミニズム的視座がどのような貢献をしたのかが見えてくる。

5――自由の価値をどうとらえるか

ここで，リベラルな正義論がなぜその原理の適用範囲を，社会の基本構造に限ったのかを思い起こしてほしい。それは，家族や企業といった諸集団や諸領域はそれぞれに相応しい原理に基づいて運営されるべきであるという理由から，正義の原理は外側から制約をかけることのみを行い，集団の目標やルールなど，その生活の内部にかかわる事柄からは手を引くことにしていた。そうであれば，企業内部での分業についても，それが自発的なものである限り，ある程度は認めるという結論はおかしなものではない。ある人が起業し，さらに人を雇って事業を継続，拡大するならば，おそらくは何らかの効率的な経営のあり方を目指して，しっかりとした分業体制を整えようとするだろう。そうすることによって役割や責任が明確になり，仕事の能率は上がる。このような企業体であれば当然，収益力も高いことが考えられるし，高い収益力は高い給与を生む。そして，多くの人が自発的に，この分業体制の一翼を担うことで，高い給与を得ようとするだろう。人びとがこのように起業したり，雇用されたりすることは，じつに，彼らの重要な自由の行使である。そこで，人びとの自由を尊重するなら，このような事態も尊重されなくてはならない。

もちろん，このような事態は，ある人にとっては自由の行使をすることについて有利な状況をもたらすだろうが，不利を被る人も出てくるに違いない。そして，その有利／不利の違いが現れるレベルでの自由の価値——個人にとっての自由の使い勝手——を問題にし，それに対して原理を与えるのが，ロールズ流のリベラルな正義論の意図である。このアプローチでは，そもそもなぜ，自由の行使にあたって，有利／不利が生じてよいのかという問題までは，正義の原理が到達することはないのである。リベラルな正義の原理それ自体は，既存の（西ヨーロッパや北米の）社会的・政治的制度や文化を前提として，その枠組み内部での自由の使い勝手を，法的自由と権利の枠組みや，機会や財・収入などの分配に基づいて調整するにとどまっている。ロールズの正義論を包括的に批判したジェラルド・コーエン（Gerald Alan Cohen, 1941〜2009年，イギリスの政治思想家〔カナダ生まれ〕。オックスフォード大学で教鞭をとった）によれば，それはたかだか社会の「統制のルール（rules of regulation）」を示したにすぎない（Cohen 2008）。

だが，このようなアプローチでは，自由がもつ重大な価値が無視されているのではないだろうか。それは，社会の慣習や制度，文化を形づくることそのものに対して力をもつ，より根本的な政治的自由の価値である。もし性による分業が，現在のものとは違った，より平等な形でなされることが普通である社会であるならば，ある人の自発性はより大きな個性や能力の発揮へと向けられえたのではないだろうか。そこでは，自由についての有利／不利ということがそれほど大きな問題にならないということも可能なのではないか。そうであれば，そのような状況を現出させるべく努力することこそが目指されるべきではないか。そしてこのような社会の制度や文化そのものを変えることへと向けられる自由こそが，より根本的な価値をもつとも考えられよう。その発揮には集合的な行為を要するので，この根本的価値は政治的自由に現れる。ヤングの正義論は，このような自由のより根本的な価値を汲み出そうとする試みであったと考えることができるのだ。

労働の文脈に置き換えてみよう。既存の市場や企業の文化，制度の下で，これを前提として，その下での労働に関して得られる機会や収入などの分配を考えるということは，労働に関する様々な自由――賃金が可能にしてくれる生活上の自由を含めた――についての，人びとの間での有利／不利な関係を調整しようとすることにほかならない。たとえば，正規労働者と非正規労働者の間で，このような有利／不利の関係を調整するのだ。ロールズ流のリベラルな正義の原理の守備範囲内では，これが正義論の目的となるだろう。他方で，支配と抑圧による不正義をただすことを目的とするヤングの立場では，これでは不十分である。そもそも正規雇用者と非正規雇用者という身分的な区別があってよいのかということがまず，問われなくてはならないのだ。そしてここでテーマとなることは，彼らの自由の使い勝手に関する利害調整ではなく，より根本的な政治的自由の価値を発揮することで，いかに社会の制度や文化を抜本的に変革し，支配や抑圧を乗り越えていくかということになるのである。

結局，ロールズ流のリベラルな正義論とヤングの正義論の違いは，自由を，それに関する個人的な利害や有利／不利の異なりについての調整の対象として観ることによって，そのための原理を作ることを目的とするのか，それとも，自由自体がもつ根本的な社会変革への力に着目し，それを現出させることを目的とするのかの違いにあるといえる。

▶エピローグ――受苦の「経験」から政治へ

ヤングによる正義論の問い直しが，政治哲学一般に重要な意味をもつことは，これまでの話から理解されたと思う。それはたんなる女性の権利擁護論ではなく，人びとが生きるあらゆる現場――家庭，職場，学校など――にみられる支配と抑圧の現象を指摘し，さらに政治的自由の価値の発見によって，それらを乗り越えるという意味での正義を語る。支配や抑圧が，人間の受苦の経験の大きな原因であるなら，ヤングの正義の構想は受苦の経験に基づくのである。そして，それは社会制度とその内部での生活そのものを大きく変えていくことを目指すのだ。

このようなヤングのアプローチには，次のような批判がありえる。すなわち，ロールズの正義論に比べて，ヤングの構想からは，どのような社会が築かれることになるのかイメージができないという批判である。現行の社会制度を一応の背景として，ロールズは正義の原理を提示しており，そこに説かれる基本的権利と自由の平等な保障や，機会の公正な均等，財や富に関する適切な分配などから，どのような社会が彼の正義論によって指示されているのかが容易にわかる。これに比して，ヤングの正義論は，厳密には積極的な理論であるよりも，社会や政治の現実についての批判に終始しており，実際に正義の実現されている，または不正義の存在しない社会というものがどのようなものか，想像しがたい。ロールズには理想的な社会の見取り図があるが，ヤングにはそれがないのだ。これは，正義を具現化するという観点からは，大きな問題となるだろうし，ヤングの後継を目指す理論家たちは真摯にこの問題に取り組む必要がある。

ただ，この批判は，さらなる政治哲学上の問いを生むという点で，決してヤングの思索の成果を貶めるものではない。それは，来たるべきより良い社会の見取り図を描かなければ，社会の政治的な改革はできないのか，という問いである。どんなに立派な正義の原理を作ったところで，それが実行される可能性は，あまりないかもしれない。とくに，つねに複数の対立する意見をもつ者が共に社会を運営しなくてはならないような民主的な社会においては，見取り図についての意見の不一致はあって当然の前提である。ここで，見取り図についての議論を続けることにももちろん意味はあるのだが――長期的にはそれが一番重要かもしれない――，それだけにとらわれていれば，足元の問題を無視することになりかねない。ここで私たちは，政治的決定の結果としてどのような社会が帰結するのかはつねに不確定・オープンなものとして残らざるをえないが，**それでもなお**取り組まなくてはならない問題群を見いだす。ヤングが説いた支配と抑圧の問題は，そのような問題の中核にあるものだろう。見取り図はなくても，私たちはこれらに取り組まなくてはならないし，そしてその結果生じた事態についても，さらに問題を発見するようつとめ，取り組むことが必要となる。これは終わることがない政治的社会改革のサイクルである。

今や私たちは，晩年のヤングがなぜ社会的結合モデルと彼女が呼ぶ責任の考えをその思索の中核に据えたかがわかるだろう。すなわち，この終わることなき政治的社会改革の原動力ともなり，またそこにおける自省の基となるものは，政治的な責任感覚なのである。この責任感覚は，悪者探しに終始するものであってはならないし，理想とする社会像の違いから人びとを分断させてもならない。それは受苦の経験やその認識から，人びとを，不正義を乗り越えるための政治的行為へと導く。この責任感覚の下，私たちはつねに，本当に社会や政治のあり方はこれでいいのかを問い直し，さらなる改善へと新たな連帯の歩みを進めることとなる。受苦の経験やそれへの省察は，最後に政治的実践に結実する。ヤングの正義構想の中核にあるものは，このような責任の感覚である。

私たちが日本にあって直面している労働をめぐる諸問題についても，このアプローチの含意は大きい。日本の社会を疲弊させている雇用者間の格差や失業の問題を，一挙に解決してくれるような「魔法の杖」はおそらくどこにもない。そもそも，そのような問題が解決された先にある社会のイメージについてすら，私たちは合意できないかもしれない。たとえば，雇用の流動性増加によるより自由な経済活動を望む者と，より安定的な雇用を求める者では，ともに雇用者格差を問題だと思っていたとしても，かなり異なった解決策と理想像を想定しているだろう。しかし，それでも，支配や抑圧の問題については，理論上のというよりは，生活上の具体的な問題であることについての広範な合意が得られそうである。そして，最終的な解決に至らなくても，問題を論じあい，不正義を減らすことは可能であろう。実際に，労働政策の進歩というものは，歴史的なものであり，幾度となく繰り返された争議と交渉と妥協の結果であった。ここから，正義論が現実問題に取り組む際に取るべき一つの方法を学ぶことができる。

ヤングの議論は，抽象的な正義論が見過ごしてきた生活の具体性のなかに，不正義の芽を見つけ，それに取り組むことで，政治哲学に多大な貢献を果たした。それはまさに，彼女が根ざしたフェミニズムの伝統の大きな実りであったのだ。

【謝辞】 蛭田圭氏，松元雅和氏より本講の草稿に貴重なコメントを賜った。記して厚く御礼申し上げる。

【文献】

Cohen, G. A. (2008). *Rescuing Justice and Equality*. Cambridge, Mass.: Harvard University Press.

Rawls, J. (1971). *A Theory of Justice*. Cambridge, Mass.: The Belknap Press of Harvard University Press.

Rawls, J. (1997) 'The Idea of Public Reason Revisited', *The University of Chicago Law Review*, 64 (3): 765-780.

Rawls, J. (2001). *Justice as Fairness: A Restatement*. Cambridge, Mass.: The Belknap Press of Harvard University Press.（田中成明・亀本洋・平井亮輔訳『公正としての正義　再説』，岩波書店，2004）

Rawls, J. (2005). *Political Liberalism*. Expanded ed. New York: Columbia University Press.

Young, I.M. (1990). *Justice and the Politics of Difference*. Princeton: Princeton University Press.

Young, I.M. (2006) 'Taking the Basic Structure Seriously', *Perspectives on Politics*, 4 (1): 91-97.

Young, I.M. (2011). *Responsibility for Justice*. Oxford: Oxford University Press.（岡野八代・池田直子訳『正義への責任』，岩波書店，2014）

【大澤　津】

講義 **12**

グローバルな不正義と貧困　グローバル・インジャスティス：再考

Keywords　グローバルな正義／構造的不正義／正義主体の多様性／事実と原理

▶プロローグ——不正義をグローバルに論じていく必要はあるのか

本講では，グローバルな文脈で不正義を問う営みとしてこれまでどのような仕方で論じられてきたのか，そしてこれからどのように考えていけるのか，という論点を検討する。何が不正義にあたり，何が不正義とは別の不運にあたるのかという区別に関しては，その境界線が揺らいでいるという認識が広く共有されている。たとえば東日本大震災の被害者が，自然災害というまったくの不運に見舞われた被害者としてのみならず，不正義の被害者ともみなしうるという点，そこに見いだされる不運と不正義との境界線の流動性と恣意性は，多くの人びとに理解されよう（河野・金 2012）。一方で，世界各地で生じている特定の事態（たとえば，栄養失調や疾病を招くこととなる絶対的貧困に苦しむ人びとが今も世界には多数いるという事態）を不正義として把握するという見解は，グローバル・ジャスティス運動のように一部の人びとには受け入れられているものの，多くの人びとが当然視しているとは到底みなせない（もし当然視されているのならば，こうした事態の半減ではなく根絶に向けた積極的な働きかけが，国際的にすでになされているはずだろう）。グローバルな文脈における不正義に対する一般的な見解は，国内的な文脈以上に固定的に把握されていると考えられる。

こうした人びとの常識的な道徳観に対し，その再考を促す論拠を提示するものとしてグローバルな正義論が近年論じられてきた。しかし，不正義を指し示すうえで一見すると必須であるように思えるこうしたグローバルな正義論に対して，実践的な観点や理論的な妥当性からの嫌疑がかけられている。

実践的な観点からの批判としては，問題とされている世界の事態（ここではグローバルな絶対的貧困の存在として一応想定しておく）の解決においては，規範理論を精緻化，明確化する取り組みなど必要ではなく，実際の働きかけこそが現状で求められている，といったものがあげられる。人権の世界的実践に際して，互いを人類とみなしていくことのできる道徳共同体を拡張していくことこそが必要であり，そのために求められるのは人権の理論的基礎づけではなく情操教育であると主張した，リチャード・ローティの議論がこれにあたる（Rorty 1993）。

理論的な妥当性に関する批判としては，政治理論家の提出する完全な正義についての構想は，現実世界において不正義とみなされる事態を改善させるという役割を念頭に置いた場合，十分にその役目を果たすこともできず，さらに必要不可欠というものでもない，といったものがあげられる。アマルティア・センは近年，こうした完全な正義にかかわる構想を「超越論的制度主義」と呼び，これらに固執する従来の政治理論家への批判を展開している (Sen 2009)。彼はこうした構想を，超越論的側面――現実の状況や制約を離れて完全に正しい社会を描写するという側面――と，制度主義的側面――制度やルールに直接的な問題関心が抱かれ，実際の人びとが享受している状態は間接的にのみ考慮されるという側面――という２つの要素をもつものとして特徴づけている (Sen 2009：5-6)。

彼の批判は「グローバルな」正義論に限ったものではなく，いわゆる社会正義論全般（とくにジョン・ロールズの正義論）に当てはまるものではあるが，その含意は世界的な文脈にも大きく及ぶ。セン自身，「超越論的制度主義」と密接に関連する「閉じた不偏性」の限界の１つとして，不正義をグローバルに論じていく際のこうした構想の不十分さや非現実さを示唆している[1]。そして，不正義（とされるもの）に応答していくうえで，「超越論的制度主義」の正義構想をどれか１つ選び取って参照する必要もない。センは次のように言う。

> ……不正義の診断は，「正義にかなった社会」という唯一無二の明証を要求しはしない。というのも，たとえば大規模な飢餓，広範な非識字，蔓延した医療ネグレクト，これらがつきまとう社会には欠陥がある，という誤りようのない診断は，これ以外の点では極めて多様な，完全に正義に適った社会の仕組みについての数々の明証とともになしえるからだ。(Sen 2009：100)

かくして，「超越論的制度主義」の問いの立て方は，国内のみならずグローバルな不正義とも何ら必然的関係を有しないものであるとされる。

こうしたローティやセンに即した批判が全般的に妥当なものであったとしよう。その場合，今ある世界のなかでも特定の事態を不正義とみなしその除去を目指していく営みにあって，グローバルな正義をめぐる議論は有意義な役目を果たすことはないと断定されよう。しかし裏を返せば，つまり，これらの批判――現実の不正義に応対していくうえでの有用性や妥当性への嫌疑――では汲みつくせない現実世界に対する意義をグローバルな正義論のなかに見いだすことができるのならば，これからもグローバルな正義を探究していく試みを続けていくべきだということができるし，こうした理論家の構想を参照していくことは実践的に有用なものとなるだろう。

こうしたグローバルな正義，不正義をめぐる論争状況を踏まえたうえで，本講では，センの批判している制度的関係に着目する正義構想が，彼が自明視している「明白な不正義」の新たな形態――可視化されていない形態――を見いだすうえでの助けになると論じていく。それによって，上記の批判では汲みつくされないグローバルな正義の諸構想の意義を示していきたい。

そうした論証を行う際に本講では，広い意味でグローバルな正義を論じてきた既存のいくつかの構想を，世界の事態と正義構想によって提起される規範原理との相互の関係性に着目する形で再構成していく。そうすることで，グローバルな正義という構想がたんなる特定の正／不正をめぐる構想の一般化ではなく，まさに文字どおりに1つの世界，グローバルな正／不正をめぐる構想であったことを確認していく。そして，現代的な新たな事態――正義の行為主体の多様化――を踏まえたうえで，それに応答するグローバルな正義構想を展開した理論家として，アイリス・ヤングの不正義に対する責任構想を検討する。彼女自身の問題関心は，グローバルな不正義を構造的なものとして理解したうえで，その不正義への責任（問題となっている不正義を除去するために働きかけを行うという責任）が当の構造への参与者全体に付与されるということを示す点にあった。しかしながら，彼女の議論の射程は責任概念の読み換えにとどまらず，（センからすれば自明視される）「不正義」の読み換えにまで及びうることを示し，それに際して，（センの批判する）制度的側面への特別な着目が不可欠なものとなる，ということを明らかにしていく。つまり，字義どおりの「グローバルな不正義」をこれから可視化していくうえで，グローバルな構造に特別に注意を払った，制度主義的なグローバルな正義構想が必須となる，ということを全体の議論を通して本講では明らかにしていく。

はじめに，現代のグローバルな正義論の端緒とみなされる代表的な2つの議論――ピーター・シンガーの道徳理論とチャールズ・ベイツのグローバルな正義論――を概観し，それぞれの世界の事態との関係性を整理していく（**1**）。次に，現代的な新たな世界の事態のいくつかを確認したうえで，ヤングの責任構想の特徴を明確化する（**2**）。最後に，グローバルな不正義を制度主義的に考察することの意義を明らかにする（**エピローグ**）。

1――遠く離れた人びとに私たちが負っているもの　世界の事態と規範原理

★普遍的原理の徹底によって，世界の事態を問題化する――シンガーの道徳原理

あらためて言うまでもなく，世界の各地域に日々の生存も脅かされてしまうような絶対的貧困に苦しむ人が存在し，それとは対照的に別の地域では豊かな，もっといえば豪華な暮らしを営む人びとも十分に存在するといった事態は，現代世界に固有の特徴ではない。しかし現代に至るまで，貧しい人びと，とくに自分の属する共同体――家族，職業団体，国民――外の貧しい人びとに対して援助の手を差し伸べる行為は，もっぱら慈善の行為として理解，推奨されてきた。慈善としての援助とは，援助をするという行為は善いこととみなされ，援助を行った者も称賛に値するとみなされるが，たとえそうしなかったとしても道徳的な叱責を受けるわけではない，といったことを意味する。

シンガーが1972年の論文，「飢きん，豊かさ，道徳性」(Singer 2008 [1972]) で試みたのは，豊かな人びとが距離的にも心理的にも遠く離れた人びとに対して負っているものは，こうした慈善の義務ではなく，それをしなければ道徳的非難に値するという道徳的な義務である，ということの論証である。慈善行為とみなされていたことを道徳的義務として読み換えることは，第1節の冒頭でふれた，不運な状況を不正義な状況と読み換えることと符合する[2)]。こうした道徳性に関する読み換えにあたって，シンガーは次のような推論を展開している (Singer 2008 : 3.)。

想定：食料，住居，医療の欠乏による困窮，死は悪いこと (bad) である。
原理：何か悪いことが生じることを防ぐ力が私たちにあり，たとえそうしたとしても相応の道徳的に重要な事柄が犠牲になるわけでもない場合，私たちは道徳的にそれをしなければならない。

この推論において，一般的でない事実 (たとえば日本人の間だけで妥当すると考えられているような性質や事実) は何ら参照されていない。それゆえ，こうした原理を人びとが受け入れているのであれば，問題となっている悪いことを蒙っている人びとが自分たちから遠く離れた存在であろうがなかろうが，そして，手を差し伸べられるのが自分一人であろうが複数人いようが，その困窮者を可能である限り助けだすよう積極的に関与していくことを道徳的な義務として受け入れなければならない。実際に誰が困窮者を助けることになるのか，誰が援助をしやすい立場にあるのかといった事柄は，たとえ効果的な援助方法といった観点から考慮されたとしても，上記のような普遍的原理に由来する道徳的な義務の有無そのものを限界づける要素とはなりえない (Singer 2008 : 4.)。

ここで注意する必要がある点は，シンガーは上記の原理の妥当性を，それをそもそも受け入れていない人びとに対して正当化しようとしていたわけではないということだ。彼は，ここでの想定のみならず原理についても，ほとんど論争の余地のないものだと考えている。彼はこの原理を多くの人びとが受容していることを示すために，この原理の適用例として次のたとえを導入する。

浅い池を私が通り過ぎる時，そこで溺れている子どもを発見したのならば，私は池に踏み入りその子を引き上げてあげなければならない。その子が死んでしまうことは極めて悪いことであろうから，助けることで私の衣服が汚れてしまったとしても，それは重要なことではない。(Singer 2008：3.)

このたとえの状況に人びとが置かれたのならば，確かにほとんどすべての人はそこで子供を助けることを慈善としてではなく道徳的な義務として考えるだろうし，子供を見殺しにしてしまった人に対して間違いなく道徳的な叱責を浴びせるだろう。シンガーの狙いは，このように自明視されているケースの根底にある道徳的原理を省みたのならば，それは遠く離れた困窮者を救うべく行為しなければならないということを含意する，ということを明らかにするものであったといえよう[3)]。

シンガーがこのように自明なものとして受容されている原理にあらためて注意を喚起した背景には，遠く離れた困窮者に対して先進国に住まう豊かな人びとは何ら道徳的な義務を負っていない，ということもまた自明なものとみなされていたという，当時の（そして今もおそらく蔓延している）世界の一般的な道徳観をめぐる情況がある。彼はとくに，1971年，直近の世界の事実であった東ベンガル（現バングラデシュ）飢きんに対する先進国の人びとの反応の薄さを問題視している。じつのところ，こうした世界の事態を救うためには，先の原理に比べて穏当な原理（私たちが犠牲にすべきものを困窮者の援助と相応の道徳的に重要な事柄ではなく，何らかの道徳的に重要な事柄，と書き換えたもの）に従って人びとが行為するだけでも十分なはずである（Singer 2008：3, 12.）。

もっとも，世界の事態は，たんに道徳的義務の履行を促すような原因としてのみ重要なものではない。距離の遠さにかかわらず，困窮者を助け出すことができるということが今の世界の状況であるということも決定的に重要である。シンガーは，簡便なコミュニケーションや迅速な運搬手段によって，世界が1つの「グローバルな村」となっている点を強調し，距離の違いによる対応の区別は正当化できないと論じている（Singer 2008：4.）。

かくしてシンガーの議論は，自明な普遍的原理と，自明視されておりまた現実でもある世界の事態とを照らし合わせる試みであったと理解することができる。そしてその結果として，慈善の義務と道徳的義務との境界線が引き直されることとなる。このことは，人びとの日常的な行為の道徳的意味合いを大きく変化させることとなる。困窮者への援助が慈善行為にあたるのだとすれば，それにお金を回さずに見た目のためだけに新しい衣服を購入したところで何ら非難される筋合いはない。ところが援助がじつのところ（つまりその人自身の道徳信条からしても）道徳的義務にあたるのだとすれば，新しい衣服の購買を控えたところで道徳的に重要な事柄が何ら損なわれない以上，古い衣服で我慢してその分のお金を援助に回さなければならないし，そうしなかったのならば道徳的非難を免れない（Singer 2008：7.）。普遍的原理の徹底とその含意としての道徳的義務の存在の主張は，このように私たちが自明視している世界の現状の１つ――日常的な消費行動――の積極的再考を促す視点を提供するものとなる。

★世界の事態に照らした社会正義論の世界への適用――ベイツの類推

遠く離れた人びとへの道徳的義務の存在を主張するにあたってシンガーが試みたのは，世界の事態への普遍的原理の適用であった。それに対して，特定の文脈で妥当とみなされた理論を世界の文脈でも妥当するものとして類推することで，世界的な不平等，絶対的貧困の存在を不正義として描写する議論を展開したのが，チャールズ・ベイツの『国際秩序と正義』（Beitz 1999［1979］＝1989）である。彼はそこで，国際関係において道徳を論じることへの懐疑論や国家の自律性を強調する議論への批判を加えた後に，国際的な所得や富の分配状況の正／不正の規範的基準を提供するための国際的な分配的正義論を主張している。その際に彼が理論的出発点として参照するのが，国内社会というまさに特定の文脈における分配的正義の理論を展開していたロールズの『正義論』であった。[4)]

ベイツはロールズの議論を参照するにあたって，ロールズが用いた次の２つの観念を主に援用している。１つは，ロールズがみずからの正義構想を正当化する際に導入した無知のヴェールを伴った原初状態という観念である（Beitz 1999：130，邦訳196頁）。もう１つは，ロールズが問題化したのは社会的協働から生じる有利，不利の分配に関してであり，彼はそうした社会的協働を特徴づける制度や慣習（それを統制するものとしての社会の基本構造）を分配的正義の主題に据えたという点である（Beitz 1999：131-2，邦訳198頁）。

ベイツはそこから，２種類の原理を国際関係にも妥当する分配的正義として導出している。１つは，世界中の人びととの平等という観点に照らして天然資源を再分配するという原理である。現実世界の天然資源のばらつきは（才能の分布以上に）偶然的なものであり，たまたま自分の手元にあった資源を自分の所有とみなす考えは，無知のヴェールに覆われた当事者の観点からすれば恣意的な発想である。それゆえこうした当事者たちは天然資源の再分配を要求するだろう，とベイツは論じる（Beitz 1999：136-40, 邦訳206-11頁）。もっともこれは，無知のヴェールという観念だけをもっぱら活用しており（Beitz 1999：141, 邦訳212-3頁），現実の世界の事態に格別の注意を払った原理ではないといえる。

ベイツの主張する別の種類の原理とは，ロールズが国内社会で主張した正義の二原理（平等な基本的自由にかかわる第一原理と，公正な機会均等ならびに格差原理からなる第二原理）をそのままグローバルに拡大するものである。ここで経済的な財の分配にもっぱら関連する格差原理だけを取り上げて述べるならば，諸国家ではなく個人を対象として，世界中の最も恵まれない人びとの立場を最大化するような形での経済的な財の不平等のみが正当化される，という原理である。

そしてこうした適用範囲の拡大において，いまある世界の事態を各国国内社会と類似なものとみなせるということ，言い換えれば，ロールズが国内的な文脈で念頭に置いていた社会協働や社会の基本構造といったものがグローバルなレベルでも見いだせるという事実が，正義原理の妥当性において重要な役割を果たすことになる。ベイツはとくに，現代における国際的な相互依存の深化，「コミュニケーション，旅行，貿易，援助，対外投資といった国境を越えて流れる取引の量」が事実として増大している，という点に注意を向けさせる（Beitz 1999：144, 邦訳216頁）。それはそのまま，国際関係においても有利不利を生じさせるような社会的協働が存在することを意味するし，それを調整するような制度として，グローバルな統制構造と呼ぶべき関係性が現に発展してきている（Beitz 1999：148-9, 邦訳221-22頁）。ベイツからすればまさにこうした構造こそが，国内社会においてと同様に，分配的正義の主題とみなされるべきものなのだ。

このようにベイツは，現実の世界の事態に目を向け，そこから見いだされる国内社会と世界との類似点を大きな1つの根拠として，国内的な分配的正義のグローバルな類推を試みた[5)]。そして彼もまた，シンガーと同様に，みずからの主張が慈善としての対外援助という従来の見解に変更を迫るものであると述べている。正義の原理に基づく再分配を目的とした対外援助は，慈善活動としての寄付とは違って，人びとの任意で行われるようなものとみなされるべきものとはならないからだ（Beitz 1999：172, 邦訳253-4頁）。つまり，貧しい人びとの住まう国々への対外援助は，援助をする側の好みや気分，さらには名誉のために行われるものとして理解される以前に，それをしなければ不正義とみなされるような行動とみなされることになる。

★世界の各国の不正ではなく，グローバルな不正として

以上でみてきたようにシンガーとベイツは，互いにまったく異なる内容の道徳原理を主張しているし，彼らの理論的なアプローチは正反対に位置するものとして理解できる。それにもかかわらず彼らの議論は同じように，遠く離れた人びとに対しての私たちの道徳的見解の修正を迫る結論を導き出している。つまり，シンガーは広い意味での功利主義的原理を念頭に置き，世界の事態に照らしてその普遍性を徹底的に追求する形で，絶対的貧困に苦しむ人びとへの援助が慈善行為ではなく道徳的義務であることを論証している。そしてベイツは，国内社会に特殊なものとして理解されていた正義原理を，国内社会と世界との類似性を媒介としてグローバルに拡大し，貧しい人びとの住まう貧困国への対外援助を，慈善の寄付ではなく正義原理の指示する再分配という正義の義務にあたるものとして論じている[6)]。両者の議論とも，遠く離れた人びとが未だ絶対的貧困に苦しんでいるという現状が，褒められるべき慈善行為がなされていないというだけの残念な事態というわけではなく，ましてや私たちの手ではどうすることもできない不運の結果だというわけでもなく，非難されるべき不道徳な事態，場合によっては強制的にでも是正すべき不正義な事態である，ということを示したものである。

とはいえ，両者の試みはある行為——貧しい人びとへの援助——の道徳的意味合いの読み換えという意義にとどまるものではない。現実としての世界の事態と照らし合わせた時に彼らの議論が示しているのは，そうした援助がなされていないという事態は，**グローバル**な不道徳，不正義な現状である，ということだ。

たとえばシンガーの議論で問い直されていたことは，たんに，「困窮者を救うことは道徳的義務とみなされるべきだ」ということではない。たとえを用いることで各人の自覚は促されていたものの，彼の主張する道徳的原理が世界中の人びとに受け入れられてしかるべき原理だ，という論証がなされていたわけでもない。つまり，援助を道徳的義務とみなす原理の普遍的な妥当性をそこで論じていたわけではない。現代の世界の事態と照らし合わせることでシンガー

の議論がとくに明白にしている点とは，上記の原理を彼とともに実際に受け入れているのならば，世界的な絶対的貧困に対して不都合なく手を差し伸べられる人がそのように援助をすることは道徳的義務である，と論じた点にある。

ベイツの議論も同様である。彼はロールズの正義論は世界中のいずれの国家においても妥当な正義構想である，といった主張をそこで展開しようとしていたわけではない。また，人びとの関係性のすべてにおいてこの正義構想が普遍的に妥当するということを主張しているわけでもない。ベイツはあくまで，現代の世界の事態を国内社会と類似のものととらえることによって，この世界（グローバルな基本構造）に対しての正義構想を主張していた。

つまり彼らは，不道徳，不正義とみなされる事態——絶対的貧困に苦しむ人びとが放置されていること——が世界中に遍在しているといったことを言わんとしていたのではなく，私たちが現に受け入れているとみなせる道徳原理の一貫性の観点から，1つの世界の不道徳，不正義として世界の現状は把握されなければならない，ということを明らかにしているのだ。慈善と道徳との組み換えに即して言うならば，慈善行為とみなされていた領域を上書きする形で，道徳的義務，正義の義務が空間的に拡大される主張を行っていたと理解することができよう[7)]。

このような「グローバルな」正義論の特徴を十分に考慮するのならば，これらの探求は実践上の観点（私たち人類という道徳的共同体の拡大）においても有意義な営みであるということができる。グローバルな正義論は不正な状況を空間的な拡大でもって把握することで，私たちから遠く離れた苦境を私たちとかかわりのある不正義として再描写する。この点で，人類という道徳的共同体に属することへの自覚を促す，情操教育とは別の，そして相補的な回路となりうる。

それでは，不正とみなされる事態に対していかに改善案となる指針を示していくのかという点についてはどうだろうか。そうした指針を備えていないグローバルな正義構想は現実世界における不正義を除去するという役割を十分に果たせない以上，不適切なものとならざるをえないのだろうか。

2 ――現実世界の事態と規範の応答

★正義主体の多様化

ここまで，遠く離れた絶対的貧困に苦しむ人びとの苦境を1つの世界の不正義として把握する，グローバルな正義論の意義を確認してきた。ここではまず，従来のグローバルな正義論では十分に考慮されていなかった現実世界の事態――正義主体の多様化――を踏まえたうえで，そこでの理論的な課題について明確にしていく。

ここで正義主体の多様化というのは，絶対的貧困の存在といったグローバルな不正義の改善，除去を担いえる行為主体が各国家以外にも多様な形で存在する，ということを指し示すものである。実際に絶対的貧困に苦しむ人びとへの援助は，国家間の開発援助という形，INGOs（国際非政府組織）の活動，企業の対外直接投資やCSR（企業の社会的責任）の一環としての貢献，個人の寄付，といったあらゆるレベルで応答されている。またその裏返しとして，このことはこれら国家以外の行為主体もまた不正義の担い手となりうることを意味してもいる[8]。もちろん，絶対的貧困に苦しむ人びとが住んでいる当該国家こそが依然として貧困根絶に取り組むうえでの主要な行為主体である，ということはできる[9]。しかし，そうした国内的な事象に関する国家の有用性を認めつつも，それと同時に多様なレベルでこの問題にアプローチしていくことができるという点が，複数国家の存在を念頭に置いてグローバルな正義を論じるうえでの，そしてそれら正義構想を現実世界と照らし合わせて検討していく際に，見過ごすことのできない重要な特徴の1つであるといえよう。

そしてこの点において，先にみたシンガーやベイツの議論は，それぞれ異なるレベルにおいて過度に単純化されてしまっているという，一定の弱点をもっていることがみて取れる。シンガーは，道徳的義務の履行の仕方として新しい衣服購入の代替としての寄付を例としてあげているように，各人の個人的な寄付，つまり個人レベルでの富の移転にもっぱら焦点を当てている[10]。一方でベイツの議論は，ロールズの国内正義論からの類推であったことからの当然の帰結として，各国国家ならびに国際的なレジームといった制度的側面に着目した正義構想である。それゆえそこから要請される分配的正義にかかわる義務とは，究極的には，こうした正義に適うように国家間の財の移転や国際的な制度を改革することである（絶対的貧困の根絶は，これらの制度的な働きかけの結果として果たされることになる）（Beitz 2009：181, 邦訳274頁）[11]。

こうしたベイツの立場はまさに，センが批判するような「超越論的制度主義」の典型例であるといえる。実際の人びとが絶対的貧困を免れているかどうかに関して，制度が正義に適っているかどうかは必須の条件ではないのならば，「正義に適った制度はどのようなものか」という問いばかりに着目することは無用である。加えて，多様な行為主体に対しての道徳的な指針を示すことができないという点も理論的欠陥とみなされるかもしれない。シンガーの議論も同様に，彼の道徳原理から導出される義務が個人対個人の財の移転しか意味しないのだとすれば，現実の貧困根絶という不正義の除去に対して必ずしも有効な指針となっていない，と批判されることとなるだろう。

正義をなしうる，不正義に応答しうる行為主体の多様性を所与なものとみなした場合，1つの世界とそこでの正／不正を問うものとしてのグローバルな正義論を構築していくことはできないのだろうか。そして，1つのグローバルな制度的関係性を正義の主題とする必要はなくなるのだろうか。次に，多様な行為主体を考慮したうえで1つのグローバルな不正義を主張しているヤングの議論を検討していくなかで，その可能性をみていきたい。

★不正義と責任とを読みかえる――ヤングの試み

多種多様な行為主体が複雑にかかわりあっている現実世界において，いかに不正義とみなされる事態に対抗していくのか。ある事態を不正義とみなすことが意味するのは，そうした事態は誰かの手によって改善されなければならないということである。しかしそれに向けて行動を促される行為主体が多様に存在する以上，誰がそれを果たすべきなのかという問いが生じることとなる。2006年に逝去したヤングの死後に出版されることとなった『正義への責任』（Young 2011＝2014）は，こうした課題に対して，新たな責任の観念に訴えかけることで応答を試みたものであった。

ヤングはその新たな責任の観念を展開するにあたって，まず，不正義とみなされる事態の読み換えを行っている。というのも，不正義とみなされるべき事態であるにもかかわらず，必ずしも特定の行為主体の意図や行為の帰結にこうした事態が生じることとなった原因を還元することができないケースが存在すると考えられるからだ。彼女はそれを構造的不正義として把握し，次のように特徴づけている。

> 社会的プロセスが，多数の人びとを体系的な支配（domination）の脅威や，自分たちの能力を発展，行使するための手段の剥奪にさらしており，同時にこのプロセスが，他の人びとに支配を可能にさせたり，自分たちに利用可能な諸能力を発展，行使するための幅広い機会を与えていたりするとき，構造的な不正義は存在する。構造的不正義とは，個別の行為主体の不正な（wrongful）行為や国家の抑圧的な政策とは区別される道徳的な不正の一種である。構造的な不正義は，多数の人びとや制度が自分たちの目的や利益を追求していく活動——その多くは受け入れられているルールや規範の制約に収まっている——の結果として生じる。（Young 2011：52. 邦訳74-5頁）

つまり，不正義とみなされる事態は確かに人びとや制度の行為の結果として生じているものの，いずれかに原因を特定化することはできない。そして，そこでの実際の行為自体は，必ずしも不正とみなされるものではないかもしれない。そのような事態をなおも不正な事態として把握していこうとするのならば，それをもたらしている構造自体を問題化していかなければならないことになる。

そうした構造的不正義のグローバルなレベルでの典型例として，ヤングはアパレル産業の構造とそれによって生じてしまっている事態，いわゆるスウェットショップ（搾取工場）の問題を指摘している（Young 2011：125-34. 邦訳189-201頁）。先進国へ輸出されることとなる安価な衣料の生産に携わっている労働者たちは，劣悪な労働環境の下での作業を強いられ続けている。そこでは，長時間の労働が課せられ，トイレ休憩すら十分に取れず，ハラスメントは常態化しており，職場は危険かつ不衛生である。そして病気やケガで静養を余儀なくされてしまえば，簡単に解雇されてしまう。こうした状況が基本的人権を侵害しているのは明白であろうし，そこで十分に配慮されていない排泄や排尿の必要性は，世界中のいずれの文化，社会であっても認められるものである（Young 2011：127. 邦訳192頁）。ところがこうした事態を引き起こしている原因を見ていくとき，職場の上司やその工場の所有企業だけに注意を向けるのは不適当である。こうした企業はしばしば，労働環境を犠牲にしてでも安価な衣料を提供し続けなければ，取引相手である先進国のアパレル企業から簡単に取引を打ち切られてしまうといった，競争的な条件下に置かれている（Young 2011：131. 邦訳197頁）。取引を打ち切られたら工場を閉鎖せざるをえないことを考えれば，労働者に対して悪意をもっていようがなかろうが，彼らを劣悪な環境にさらしてでも，安価な衣料を生産し続けなければならない。

ヤングが従来の責任の観念――被害者の状況を回復する責任をその原因となった加害者に課す「法的責任（legal responsibility）」――の不備をみて取るのは，このグローバルなアパレル産業をめぐる状況に代表されるような，構造的不正義への責任についてである。法的責任は，加害者が十分に特定できる場合は確かに有効な観念であるし，上記の事例においていくつかの点でそうした責任を問うことはできるだろう。雇い主側が不法行為を犯しているならば当然それは罰せられるべきだし，工場の立地国の政府に対して監督責任を問うこともできるだろう（Young 2011：130-1. 邦訳196頁）。しかし当の劣悪な労働状況は，現地の雇い主や政府の存在のみならず，彼らを代替可能な取引相手とみなす先進国のアパレル企業，そしてそうした企業の製品を買い求めている消費者全般といった，多種多様な行為主体の各々の行動の産物でもある（そうしてこうした商取引は，その取引自体のルールに照らせば何ら不当な行為とはなっていない）。そうした構造的不正義においては特定の行為主体を加害者として明示化することができない以上，法的責任という観点のみからここでの不正義への責任を問うていくことは不適切なものとなる。

そこでヤングは，法的責任とは別に，「社会的なつながり（social connection）」に基づく責任という観念を導入する。それは，不正義とみなされる事態を改善するという責任を，それをもたらしている構造への参与者すべてに課すものである。「協働と競争の相互依存的なプロセスというシステム――それを通じて私たちは利益を追求し，事業の成就を追い求めることとなる――の中に他者とともにあるということから，私たちの責任は導出される」（Young 2011：105. 邦訳156）。当の不正義が構造的な形でもたらされている以上，その不正義を取り除くためには構造自体を改革していかなければならない。そのためには，構造下の特定の行為主体間の相互のやり取りといったような，部分的な関係性だけを抽出するのではなく，構造的な関係性への参与に基づいて不正義に対する責任を構築していかなければならない。つまり，不正義とみなされる事態に対して誰が応答しなければならないのか，という問いに対するヤングの答えはこうである。その不正義が構造的なものであるのならば，構造への参与者すべての個々人が不正義に対する責任を共有している。

以上のような構造的不正義への応答としての社会的なつながりに基づく責任構想が，シンガーやベイツが試みてきた１つのグローバルな正義論と親和的なものであることは明らかだろう。すなわちヤングもまた，世界の各地域の個別的な課題のようにみなされてきた不正な事態（たとえば劣悪な労働環境）が，じつのところ，１つのグローバルな構造的関係性のなかでとらえ直されるべき事態であるということを主張している。そしてヤングの議論は，先にふれた行為主体の多様性という現実を十分に踏まえたものだとみなすことができる。つまりヤングは，不正な事態の描写を特定の個人対個人の関係性でのみ理解するという単純化を避けつつも，構造それ自体というよりも構造への参与者となる個々人の責任を強調することで，不正義の除去にあたってこうした参与者個々人の行動が必要である点を考慮している[12)]。ヤングの責任構想はまさに，現実の不正義の縮減という実践的な課題を重く受け止めたうえでのグローバルな（不）正義論である，ということができるだろう。

しかしながらヤングの議論の含意は，現実世界において自明とみなされている不正義の除去という領域にとどまるものではない。最後に，構造的不正義という観念のもつ意味を２つに分節化することで，グローバルな構造的関係（＝制度的関係）に着目する政治理論の特別な意義を明確にしていく。

★構造的な不正義についての２つの考え方

「ある不正な事態は構造的な不正義である」という言明は少なくとも２つに解釈することができる。そしてそれぞれの解釈によって，不正な事態が示す内容が違ってくることとなる。

１つは，先立って想定される不正な事態が構造的に生じてしまっている，という意味での構造的不正義だ。構造的関係は，不正な事態に応答する義務や責任を問う段階で必須の要素として重視されることとなる。これは言い換えれば，ある事態が不正であるかどうかという判断に関して，その段階ではそれが構造的であるかどうかは関係ない，という立場でもある。たとえばグローバルな道徳的義務を導出する際にシンガーが最初に据えた想定が，この先だった想定の一例として当てはまる。ヤングの議論においても，排泄や排尿の必要性をはじめとした劣悪な労働環境を不正とみなす箇所に，こうした要素をみて取ることができる。

もう1つは，構造的関係のなかで，この関係がなければ存在しなかったであろう不正な事態が生じてしまっている，という意味での構造的不正義だ。構造的関係への着目は，たんに応答する段階で参照されるものではなく，ある事態を不正とみなすうえで欠かすことのできない要素とみなされることになる。すなわち，構造的関係の存在がある事態を不正と判断するうえでの前提条件となっている，という立場である。これは，グローバルな分配的正義を主張するにあたってグローバルな基本構造の存在を想定したベイツの2番目の立場（ロールズの正義の二原理のグローバルな拡大）に近い。構造的不正義を「体系的な支配の脅威」とみなしていたという点で，ヤングが自分で念頭に置いていたのはこちらの解釈による構造的不正義であった，と読むこともできよう[13]。

後者の解釈は，いずれかの意味で困窮しているとみなされる人びとの状態に着目するだけでは，あるいは多様な行為主体の個々の直接的なやり取りにのみ注目するだけではとらえきれない不正義といったものが，その関係性が構造的であることによって生じうる，ということを示唆するものである。言い換えればそれは，こうした個々の行為主体の性格や各々の相互作用といったもののありようを規制している構造に特別な注意を払うことで初めて見いだすことのできる，到底自明とはいえない不正義の形が起こりうる（現に生じている）ことを示している。たとえばヤングも示唆していた，構造内で優位な立場にある者の下位な立場にある者に対する直接的なかかわり合いはないものの支配的である関係性を考えてみよう。これは，下位にある者自身の現状であるとか，彼らが直接に被っている他者の行為を見るだけでは何ら不正義とはみなされない。両立場が1つの構造内にともに参与している行為主体だという認識があって初めて，1つの構造として妥当しているルール，慣習といったものが不正義なものとして把握されるのだ[14]。

この点は，グローバルな不正義を論じていくうえでも重要なものである。もちろん，「遠く離れた絶対的貧困に苦しむ人びとに対して豊かな国に住まう私たちは何を負っているのか」という問いを念頭に置くならば，前者の意味での構造的関係もきわめて重要である。というのも，私たちの多くは依然として，こうした困窮者は私たちとは無関係にそうした立場に陥っているのだ，という見解を多かれ少なかれ抱いていると考えられるからだ。慈善的行為の道徳的，正義の義務への読み換えというシンガーやベイツの試みはまさに，こうした見解を批判するものとして提示されていたのだし，グローバルな構造的関係といったものはそうした道徳観の修正を迫るうえでの有力な根拠となる。しかしこのことは，グローバルな構造的関係に着目することの重要性のすべてがこの点に存在するということを意味するものではない。また，構造的関係の２つの解釈を二者択一のものとして考える必要もない。つまり，自明な不正義への義務や責任を導出するための，よりよく応答していくための手段としてグローバルな構造的関係を考慮しつつも，構造自体によって新たな不正な事態が生まれうる，という視点をもち続けることは十分に可能である。

▶エピローグ――これからのグローバルな不正義論

本講ではここまで，たんなる世界各地の不正義ではなく１つのグローバルな不正義として描写することの重要性を強調し，構造的関係に着目することで初めて確認できる不正義がありうる，という見解を提示してきた。最後にこれらを踏まえたうえで，グローバルな正義論における制度主義的な立場に向けられた，理論的な妥当性への嫌疑に応答していこう。

構造的関係それ自体によって初めて不正義とみなされる，およそ自明とはいえない事態がありうるということ。これこそが，たんに制度を自明な不正義を縮減するための手段の１つとみなす立場からは出てこない，各行為主体の相互のやり取りの背景をなす制度に格別な注意を払う，（グローバルであれ国内社会であれ）制度主義的な政治理論が果たすことのできる実践的な意義である。たとえセンの言うとおり，「完全に正義に適った社会」という理想像の描写が明白な不正義の縮減という側面において無用であると考えたとしても，いくつかの不正義を明白なものとして照らし出すためには，社会全体，つまり制度的関係が特別な主題としてとらえられなければならない。つまり，超越論的でなくても制度主義的な観点を保持し続けることは必要となる。そして，超越論的であることと制度主義的であることとは，（密接な関係ではあっても）必然的な関係にあるとみなす必要はない。

グローバルな文脈においては，超越論的でない制度主義的観点に立つことがより重要なものとなる。現実として世界国家のような統治機構もなく，いわゆる地球市民としての私たちという感覚もほとんど共有されていない現状において，「完全に正義に適った世界」に関する正義構想を打ち出したとしても，そこから実践的な意義を引き出すことは困難であるかもしれないし，そもそもそうした構想を参照する必要もないかもしれない。しかし同時にこうした世界の現状のなかでは，どうしても私たちの道徳的な興味関心は，多数の人びとが絶対的貧困に苦しんでいるといった明白に悪い状態にある国家に対して，その状態を直接的にもたらしているように見える当該国家の支配層や，そうした状態と直接的にかかわっている多国籍企業などに目がいってしまう。あるいは，こうした悪い状態を克服した国家とそうでない国家との比較などに注意が向けられてしまう。この場合，複数国家や遠くの人びとと私たちを一定の仕方で結びつけているグローバルな構造にはほとんど目を向けられなくなってしまう。

これまでのグローバルな正義論は，そうした遠く離れた苦境を私たちにかかわる道徳的関心事とみなすうえでの重要かつ説得的な論拠を提示してきた。しかしそれですべてが論じ尽くされたわけではない。それを踏まえたうえでこれからのグローバルな正義論——センに従って超越論的な完全な正義を追い求めないとするのならば——グローバルな「不」正義論は，グローバルな構造的，制度的関係に着目することで初めて，そうした関係性で結ばれている以上存在しうるにもかかわらず未だ明白にはされていない不正義を見いだすという取り組みをしていかなければならない。そしてこれこそが，こうした種類の政治理論でなければ担いえない，実践的な役割であるといえよう。

【注】

1）　つまり，「超越論的制度主義」の正義構想が一国国内社会の成員間関係という閉じた不偏性を主題とするものであったのならば，人びとの関係性は国家の成員という関係性にとどまらないといった点や，外部への影響といったものを考慮できないがゆえに，偏ったものとなってしまう（Sen 2009：128-30.）。一方で，世界全体を「超越論的制度主義」の構想（次節で扱うベイツの構想がこれにあたる）で把握するならば，現段階ではあまりにも非現実的なものとなってしまう（Sen 2009：140-1）。

2）　もっとも，道徳的義務と正義の義務とをまったく同一の観念と見なすことはできないかもしれない。正義の義務は，それに従わない者が道徳的な非難に値するという点では道徳的義務と同じであるが，それぞれの義務が要請されるような状況はいかにして生じたのかという点の説明を要求するのかどうかで，2つの義務を分節化することができる。当の状況が人為的に引き起こされたとみなされる場合，それに応対する道徳的義務を特に正義の義務であるとみなすことができる。つまり，正義の義務は道徳的義務の下位概念であるといえる（もっとも，不運と不正義の区別以上の分節化を試みていないシュクラーが論じているように，人為的に引き起こされた事態と自然的に生じた事態との区別は実際のところ流動的である（Shklar 1990：64-5.）。そして，正義の義務は一般的に，その義務を遵守しない者に対して物理的な制裁を加えるなどといった形で，遵守が強制されうることが含意される。なお本文で見ていくように，遠く離れた人びとの絶対的貧困がどのようにして生じているのかという点に格段注意を払っていない点からもわかるように，シンガーはあくまでこうした絶対的貧困への富裕国の人びとの道徳的義務を論じている。しかしながら，グローバルな不正義の上位概念たるグローバルな不道徳という論証を試みたという点で，シンガーを現代的なグローバルな正義論の先駆者と位置づけることは妥当であろう。

3）　ただし，普遍的原理の応用例たるこのたとえ自体は一般的な状況ではなく特定の状況に依拠したものであり，よって原理自体が多くの人びとに受容されているということを意味しない，といった批判も想定できる。この点については（Miller 2007＝2011）の議論を参照。

4）　本講では紙幅の関係上，ベイツの議論ならびに彼が依拠したロールズの理論の詳細を説明ないし検討していくことはできない。ベイツの議論の詳細については伊藤（2007）を，ベイツとその理論的基盤となったロールズ自身の国際的正義論との対比については上原（2011）を参照。

5）　もちろんベイツも，現実の世界のすべての事実を所与としているわけではない。国内社会と異なるいくつかの事実（たとえば国内政府にあたる世界政府が存在しないこと，世界的な共同体意識の欠如など）については，正義原理の適用を否定する論拠とはならず，その理想の実現に関わる問題（政治理論におけるいわゆる「非理想理論」）として処理している（Beitz 1999：154-61, 邦訳228-37頁）。

6）　一見して明らかなように，両者の議論はいずれも絶対的貧困の是正にはとどまらない，相対的貧困への考慮を射程に収めたものである。しかしここでの論点は，両者の議論が現状の一定の行為——遠く離れた人びとへの援助——の意味合いを変化させたこと，そして以下で示すように道徳的（正義の）義務の射程を拡大したという形式的な側面にある。それゆえ，それぞれの道徳的原理が意味する内容についてはこれ以上踏み込んで論じない。

7）　もちろんこれらの主張は，慈善にあたる行為はまったく存在しない，といったことを意味するものではない。

8）　たとえばトマス・ポッゲは，人権侵害を放置している国家が天然資源売買や国債の借入れを正当に行える国家であると国際的に認められてしまうことで，当該国家の人権侵害を国際レジームが許容，助長してしまっている点を批判している（Pogge 2008＝2010：119-122. 邦訳181-5頁）。多国籍企業と絶対的貧困との関係については，たとえば下山（2009）を参照。

9）　こうした主張の代表例としてAcemoglu and Robinson（2012）を参照。ベイツの参照したロールズ自身のグローバルな正義論も，こうした見解に依拠している（Rawls 1999＝2006）。

10）　シンガーは近年，具体的かつ現実的な提案として，生活に余裕のある人びとに対しては所得の５％，より富裕な人びとに対しては，その所得に応じて累進的により大きな額の寄付を，道徳的な要求として提案している（Singer 2010＝2014）。このことからもわかるように，たとえ媒介としてINGOsをはじめとしたいずれかの制度の活用が利便性の観点から薦められたとしても，シンガーの道徳的義務はあくまで，個人対個人の道徳的義務を基本として意味している。

11）　とくに，ベイツをはじめとしたグローバルな分配的正義論は，前者，つまり先進国から発展途上国への財の移転を促すものとしてもっぱら理解されてきた。ベイツは，こうした財の移転が全体の一部でしかない点を後に強調している（Beitz 2005：23-4.）。

12）　実際にヤングは，ベイツをはじめとしたグローバルな基本構造への正義構想を展開する論者に対して，構造に着目することの重要性には同意しながらも，構造下の有力な行為主体がとりうる実際の行動やその行為規範が，不正義の継続に大きく影響しているという点に注意を喚起している（Young 2011：142. 邦訳210-1頁）。

13）　おそらくヤングのシンガーに対する批判からして，彼女の理解する構造的不正義はこちらの意味であろう。彼女はそこでロックの議論を引き合いに出す形で，構造的な関係性が正義の責務を生じさせる点に注意を喚起している（Young 2011：139. 邦訳207頁）。しかし，法的責任の不十分さを指摘する形で社会的つながりに基づく責任に彼女が訴えかけるとき，前者の解釈が前面に出ていると考えられる。

14）　別の箇所でヤングは，民主的な自己決定権の欠如はあらゆる制度的関係に妥当する不正義であることを示唆している（Young 2006：91.）。それに従えば，グローバルな構造に対してその参与者が民主的権力を保持していない状況を不正義と描写することができるかもしれない。もちろんこうした不正義を明白なものとみなせるかどうかは論争的である。しかしここで重要な点は，自明な不正義とする以前にそこに不正義を見いだすために，そもそも構造的関係そのものに着目しなければならないということだ。

【文献】

Acemoglu, Daron and Robinson, James A. (2012) *Why Nations Fail: The Origins of Power, Prosperity and Poverty*, London, Profile Books.

Beitz, Charles. (1999［1979］) *Political Theory and International Relations: With a New Afterword by the Author*, Princeton, NJ, Princeton University Press.（進藤榮一訳〔1989〕『国際秩序と正義』，岩波書店。）

Beitz, Charles. (2005) "Cosmopolitanism and Global Justice", *The Journal of Ethics*, 9, 1, 11-27.

Miller, David. (2007) *National Responsibility and Global Justice*, Oxford, Oxford University Press.（富沢克・伊藤泰彦・長谷川一年・施光恒・竹島博之訳〔2011〕『国際正義とは何か――グローバル化とネーションとしての責任』，風行社。）

Pogge, Thomas. (2008) *World Poverty and Human Rights: Cosmopolitan Responsibilities and Reforms; Second Edition, Cambridge*, Polity.（立岩真也監訳〔2010〕『なぜ遠くの貧しい人への義務があるのか――世界的貧困と人権』，生活書院。）

Rawls, John (1999) *The Law of Peoples: with "The Idea of Public Reason Revisited"*, Cambridge, Harvard University Press.（中山竜一訳〔2006〕『万民の法』，岩波書店。）

Rorty, Richard. (1993) "Human Rights, Rationality, and Sentimentality", in S. Shute and S. Hurley (eds.), *On Human Rights: The Oxford Amnesty Lectures*, New York, Basic Books, 111-134.

Shklar, Judith N. (1990) *The Faces of Injustice*, New Haven, Yale University Press.

Sen, Amartya. (2009) *The Idea of Justice*, London, Penguin Books.

Singer, Peter. (2008［1972］) "Famine, Affluence, Morality", in T. Pogge and K. Horton (eds.), *Global Ethics: Seminal essays*, St Paul, Paragon House, 1-14.

Singer, Peter (2010) *The Life You Can Save; How to Do Your Part to End World Povety*, New York, Random House Trade Paperbacks.（児玉聡・石川涼子訳〔2014〕『あなたが救える命：世界の貧困を終わらせるために今すぐできること』勁草書房）

Young, Iris Marion. (2006) "Taking the Basic Structure Seriously", *Perspective on Politics*, 4, 1, 91-97.（岡野八代・池田直子訳〔2014〕『正義への責任』岩波書店）

Young, Iris Marion. (2011) *Responsibility for Justice*, New York, Oxford University Press.

伊藤恭彦（2007）「リベラリズムの普遍性をめぐる対抗―グレイとベイツ―」有賀誠・伊藤恭

彦・松井暁編『ポスト・リベラリズムの対抗軸』ナカニシヤ出版，3-21頁。
上原賢司（2011）「グローバル・ジャスティス論：国境を越える分配的正義」小田川大典・五野井郁夫・高橋良輔編『国際政治哲学』ナカニシヤ出版，54-85頁。
河野勝・金慧（2012）「復興を支援することは，なぜ正しいのか——哲学・思想の先駆者に学ぶ」鈴村興太郎他編『復興政策をめぐる《正》と《善》——震災復興の政治経済学を求めて①』早稲田大学ブックレット，51-90頁。
下山晃（2009）『世界商品と子供の奴隷——多国籍企業と児童強制労働』ミネルヴァ書房。

【上原賢司】

講義13
責任ということの思想化　丸山眞男における戦後

Keywords　国家の暴力の身体化／受苦／責任／国家理性（レーゾン・デタ）／「権力と道徳」と「権力の道徳」／状況認識の錯誤／状況認識という政治的責任／政治的リアリズム

▶プロローグ

戦後日本の政治社会の評価をめぐる議論において，丸山眞男の言説は――それへの批判であれ，評価であれ――参照点とされるのが常であるといって過言ではないが，それは，20世紀の日本の政治史上，鋭く問題化した争点に，丸山自身の生身の生涯が不離一体の形で結びついていたばかりでなく，時代的な課題に根源的に応えるべく，その裡に潜む一般的・普遍的な問題を析出しようとした思索の帰結が，今なお，ただならぬ緊張感をもってわれわれに語りかけてくるからであろう。

「政治哲学は原理的なものをもアクチュアルなものをも，普遍的なものをも具体的なものをも貫いていく。政治哲学がこのように時代に依存していることは，政治哲学が形而上学や論理学以上に時代に〈囚われたもの〉たらざるをえないという宿命を背負っていることを意味している。（中略）永遠の哲学と日々の政治の間に立って，政治哲学はその時代に結びつけられていながら，しかも同時にそれを越え出た方向を示している」（シュルフター 1991：5，傍点筆者）。丸山自身，「人間をたんに歴史的社会的条件の束としてしか見ない考え方は，それをもっぱら「永遠の相の下に」把える立場とともに，政治的現実の認識から遠ざかる」（丸山 1993：562-63）と論じ，「インテリジェンスというものは，立場に拘束されつつ，立場を超えたものをもっているというところに積極的な意味がある」（同上 566）と述べている。この意味において丸山は，第2次世界大戦という今日なお「過去になりきっていない過去」を基軸とした戦前，戦中，戦後という時代に深く〈囚われて〉思索しながらも，同時にそれを越え出て，今日の日本の政治社会が直面する問題に対しても示唆を与える政治的思索を展開したといえるだろう。

丸山が〈囚われて生きた時代〉とは――その生涯の後半が「戦後」であったにもかかわらず，根源に遡って思索する丸山の議論の多くを貫く契機が戦争の時代からの刻印を強く帯びているという意味でも――〈20世紀の戦争〉の時代であり，総動員体制の戦争を引き起こした「全体主義国家」の時代である。その構造はそのまま――科学技術の飛躍的革新によってさらに一層深化した――「全体国家」として，われわれの生存を覆い尽くし，その生を規定している。[1)]

本講義が課題とするのは，多面的な姿をもち，両極端な評価の対象でもある丸山の思想の全体像を把えようとするのでもなく，評伝的に辿ることでもない。むしろ本講義のねらいは，政治的次元における「不正義」あるいは政治外的領域おける「苦悩」という〈逆光〉から思想家の営みを〈逆照射〉することによってその特徴の叙述を試みるという本書の共通テーマに根差し，まず，〈囚われて生きた時代〉が丸山に強いた――政治的，また，政治外的な――「受苦」(パティエンス) に目を向け，ついで，その生涯を通して取り組んだ知的課題の一つとしての政治的責任をめぐる議論を辿り，それによって，「受苦」の個別的な時代経験との実存的な対峙を通して，いかに普遍的な問題の解明への足跡を残したかをめぐり１つの断面に光を当てることにある。

1――「受苦的人間(ホモ・パティエンス)」としての丸山眞男

★政治権力によって強いられた「受苦」

丸山がその時代の政治的刻印のもとに強いられた「受苦」に着目したい。前述のように，丸山の生涯は，第２次世界大戦における日本の戦前，戦中，戦後という時代に寄り添うように営まれた。丸山が生まれた1914年は第１次世界大戦勃発の年であり，もっとも多感な青年期である一高時代の始まりは満州事変勃発の1931年，そして一高在学中の1933年に，後の同盟国ドイツでヒットラーの第三帝国が成立したばかりか，日本でも急速な軍国主義化の激流が押し寄せる。しばしばカール・シュミットの言葉を借りて丸山が述べたように，あらゆるものが「政治化」され，政治権力は横へ広がり縦へ深まるばかりでなく (五 127-133)，人間の「行為」という外面的領域のみを支配の対象とする筈の近代国家が変質し，総力戦の担い手として人間の「内面世界」にまで入り込み，内奥に座を占める思想，良心，精神を監視し，独占的な物理的手段によって「忠誠」と「服従」を確保しようとする〈全体主義国家〉として立ち現れてくる。そうした内面性への暴力を丸山は身をもって経験することとなる。

一高時代，19歳の丸山が父の友人，長谷川如是閑を講師とする講演会で特高に捕まり，罵声と鉄拳を受け，留置場に留め置かれたことはよく知られている。それは青天の霹靂であり，言いようのない深い衝撃と屈辱であったが，この経験を初めて公に語ることができたのは，事件から32年が経過した1965年のことである。国家権力による剥き出しの暴力が，丸山の身体と精神を打ちのめした最初の「受苦」である。以来，特高と憲兵との「つき合い」，つまり，絶えず国家の暴力機関の目に「見られている」生活が始まる。

やがて東京帝国大学法学部政治学科での学業を終え同学部助手となった1937年は，盧溝橋事件を端緒として日中戦争が始まり，厳しさの増す言論抑圧のもとで東京帝国大学経済学部教授矢内原忠雄が辞職に追い込まれる。法学部助教授となった翌年の1941年に日米戦争が始まり，本格的なアジア太平洋戦争に突入する。日本政治思想史の本格的な学究生活の中で取り組んだ日本近世儒教や徂徠学をめぐる諸論考は，こうした緊迫した政治社会を背景として世に送り出されたが，研究生活は長くは続かない。結婚した1944年３月から数か月した７月初め，ついに召集令状が届き，30歳の丸山は陸軍二等兵として朝鮮半島平壌に送られる。

「明治以後のナショナリズムの形成を，近代的国民主義から官僚的国家主義（エタティスム）への変貌という視点で思想史的に辿」る意図で，当初「国民主義理論の形成」という原題のもと叙述されたが，「本論の前奏（プレリユード）にすぎない徳川時代の部分」で途絶せざるをえなかった論文「国民主義の『前期的』形成」について，後に（1974年）丸山はこう述べている。

召集令状を受けてから新宿駅を出発するまでに，まだ一週間の余裕があったので，私は，家を出る直前までこの原稿のまとめに集中していた。私がペンを走らせている室の窓の外には「出征」を見送るために，日の丸の旗を手に続々集って来る隣人たちに，私の亡母と，結婚して僅か三ヶ月の妻とが，赤飯をつくってもてなしていた。（中略）1944年７月という時期に応召することは，生きてふたたび学究生活に戻れるという期待を私にほとんど断念させるに充分な条件であった。私はこの論文を「遺書」のつもりであとに残して行った。（丸山 2004：399）

病気のため平壌での軍隊生活は２か月ほどで終わり，丸山は「内地」へ送り返されるが，２か月という短期間にも，「軍人」としての覇気の欠如した振舞いに容赦ない罵声と鉄拳が襲いかかった。軍隊での暴力体験という第２の「受苦」である。

東京に戻り，敗戦の色が濃くなる中，1945年３月，再び召集を受けて向かった広島市宇品町の陸軍船舶司令部参謀部情報班での勤務中，８月６日を迎える。そこは爆心地から約５キロの場所であったが，たまたま朝の点呼の時間に戸外で参謀の「はなはだ退屈な講話を聞いていた時」だったため，「船舶司令部の非常に高い塔」が「熱の直射や猛烈な爆風をかなりさえぎってくれた」のではないかという。司令部前の広場は避難の市民であふれ，「半裸体の若い女性は毛布をまとい放心状態。ベロッとむけた背中に真夏の太陽が照りつけた」(十六 360)。その後，放射能には無知だったから，3日後には爆心地付近を写真を撮りながら歩き回った，と述懐している。相当量の被ばくをしていたことは間違いない。核兵器が初めてもたらした惨禍から，それとは知らずに逃れる術もなく，降り注ぐ放射能の雨を身に受けた第3の「受苦」である。しかしなぜか丸山は被爆の体験，そして原爆それ自体についてほとんど語らず，書くことがなかった。初めて公に被爆について言及したのは，敗戦後20年たった1965年，「8.15記念国民集会」での傍聴席からの発言であり，それ以外には，わずかに下記の新聞インタビューが残されている。

> 戦争については論じた。だが原爆については論じなかった。司令部前に埋まった死体，すさまじいうめき声を見聞きしている。それなのに，念頭になかったのか，意識の下におし込めようとしたのか。なぜか自分でもよくわからない。とにかくビキニまで，原爆について深く考えなかった。これは僕の懺悔だな」(1969年8月『中国新聞』の取材に答えて)。(十六 361)

この点に関連して丸山はこうも述べる。「あの時，爆心地から離れた宇品にいたんだから，正確に被爆者といえるかどうか。しかも兵隊だから，被爆した市民に対して傍観者みたいな立場にいた。そういう後ろめたさがあるから，自分も被爆者だというのはおこがましくて，広島について語るのをためらっていたんだな」(十六 362-63)。

被爆者手帳交付の申請もせず，被爆者と自称することも躊躇った丸山だが，死の際，「香典類は固辞する。もし，そういった性質のものが事実上残った場合には，原爆被災者に，あるいは原爆被災者法の制定運動に寄付する」と遺言をのこしたという(苅部 2006：113)。だが後述するように，戦後の丸山の学究生活と執筆活動がはなはだしく頻繁な入退院の繰り返しによって度々中断される病弱な半生となったことと，原爆が炸裂した時，その真下にいたこととが無関係であるとは考えにくいのではないか。

ウェーバーが述べたように，政治とは，手段としての権力と暴力性とにかかわる限り「悪魔の力と契約を結ぶ」わざである(Weber1980：554)が，上述した丸山の戦前，戦中の3つの体験は，警察権力，軍隊，そして最新鋭の軍事兵器という，およそ現代国家が振いうるすべての暴力を——しかも正当性の名の下で——その身体に刻みつけられたことになる。それは国家というものの暴力に潜む悪魔との遭遇体験であり，丸山の場合，たんなるエピソードとして語られるべきものではなく，恐らく，およそ政治を論ずる時は必ず参照される思考の根幹としての位置を占める国家という暴力の身体化であっただろう。

時代に〈囚われて生きた〉丸山の半生をこのようにたどってみると，「間一髪の偶然によって，戦後まで生きのびているという感じがする」という自身の実感にも深く頷ける。他方，「ああ俺は生きてるんだなとフト思うにつけて，紙一重の差で，生き残った私は，紙一重の差で死んでいった戦友に対して，いったいなにをしたらいいのかということを考えないではいられ」ない（十六 289）という。生きていることそれ自体への後ろめたさや苛まれるような罪責感がつきまとっていたことを窺わせる。

★政治外的な領域で体験された「受苦」

敗戦後の丸山の目覚ましい「活躍」が「超国家主義の論理と心理」の雑誌『世界』への寄稿から始まったことはよく知られている。その後，「短い春」の終わりとともに始まったいわゆる「逆コース」の時代の，「レット・パージ」「朝鮮戦争」「講和問題」「再軍備問題」「スターリン批判」「安保闘争」「大学紛争」といった怒濤のような国内外の政治的状況において精力的な言論執筆活動が展開され，60年安保では「行動する知識人」の一人として岸内閣総辞職要求・安保反対を訴える大小のデモに参加し，政治家を訪ねて粘り強く説得にあたるなどの市民的活動に駆け回る。公的に積極的に発言する丸山に対し，右翼テロへの警戒から，一時期，武蔵野警察署私服警官による自宅警戒が行われたという（九 438）。実践活動から身を引くと，一転，学究生活に沈潜し，東京大学から定年を待たず退職する。

しかし別の角度から丸山の戦後の歩みを俯瞰すると，通奏低音のように繰り返し見いだされるあるパターンがあることに気づく。31歳で敗戦を迎え，82歳でその生涯を閉じるまでの約50年間に，『丸山眞男集別巻』所収の詳細な「年譜」によれば，少なく数えても24回の入院をしている。それも多くの場合，数日ではなく数か月，長い場合には数年に及んでいる。病歴としては，肺結核，左肺患部の焼灼手術，左肺結核のシューブ（左肺内転移），左肺上葉切除・胸郭成形手術，心不全，肝炎，気管支炎，急性腸蠕動停止状態，肝臓癌，肝臓癌の脊椎への転移を数え，最後に，進行性肝臓癌のため1996年８月15日帰らぬ人となる。こうした病歴による入院の前後には自宅療養の日々が避けられないだけでなく，通院と内服薬による副作用が伴うに違いなく，それらが知的集中力や構想力を阻む苦痛を丸山に強いたことも察せられる。ある種の体系を念頭に置いた構築的な問題意識のもとで構想され執筆された戦中から戦後最初期の論文に比して，それ以降は，現代政治をめぐる時論の叙述，および，「科学としての政治学」の日本での定着に学術的関心を傾注した後，日本政治思想史の分野へと狭く限定されてゆくが，こうした力点とアプローチの移動は，丸山の学問内在的な問題意識の移行に因るだけではなく，その健康問題による制約が働いていたに違いない。

病いとの苦闘が断片的に続き，「年譜」に記すまでもない日常的な不調も含めれば，丸山の戦後の知的活動は，基本的に，病弱からくる苦痛といつ最期がきてもおかしくない不安定な健康状態と切迫感の下で営まれていたといわねばならないだろう[2]。過去の論考に繰り返しみずから詳細な「追記」や「補註」を書き加えたエートスは，自己内対話を通して個別の文脈を縦に横に一般化する思索に由来するとともに，病弱による体力不足といつ死ぬかわからぬという自覚の下で，新たな省察と思索の跡を論文として稿を改めて書くのではなく，註や追記によって補い，その都度言い切っておくことを意識した，研究者としての「責任を負う態度」ではなかったか。

健康上の制約に加えてもう1つ，「語られることのない」丸山にとっての「受苦」があることも忘れてはならない。丸山は戦後，夫人との間に二男をもうけたが，1950年生れの次男は1984年4月15日に33歳の若さで世を去っている。丸山70歳の出来事である（別巻79）。丸山は沈黙している。

これらの「受苦」のリストを前にして，逆にこう問うことの必要性を突きつけられる。意気阻喪するに充分な，政治的な，政治外的なこれらの「受苦」にもかかわらず，自暴自棄や虚無的となる精神の危機に陥ることもなく，政治権力をめぐり，責任をめぐり，日本古来の思想をめぐり[3]，思索し，論究し，執筆し，語り続けようと意欲することを最後までやめなかった態度は，何によってもたらされたのか。沈黙し，自己内対話の底へと沈潜する生へ撤退したとしても不思議ではなかったのではないか。丸山の思想の鉱脈を「その他在において」理解しようとする試みは，言語化され，鋭い洞察に裏づけられた概念や論争を素材としながらも，「受苦」を深く身体化した者の内奥の苦悩を，われわれの理解を拒む〈隔たり〉として意識することを求めているように思われる。

このように〈20世紀の戦争〉の時代は丸山にとって単に思想の対象であるのではない。丸山は，国家の暴力を身体化した「受苦者」の一人でもある。死の瞬間まで終わることがなかった内面的，身体的な「受苦」を負う者として，未曽有の犠牲を生んだ事態への責任（あるいは責任者の不在）をめぐる問いに学問的に応答することを，みずからの責任として引き受ける態度こそ，丸山の知的活動を貫く１本の線というべきではないだろうか。その意味で，「学者としての丸山の長い人生のほとんどの期間において，彼自身が設定した知的課題」の１つが「カタストロフィーに対する日本の責任」だったというジョン・ダンの指摘[4)]は至当であると思われる。

以下では，〈囚われた時代〉に固有の問題としての戦争と天皇制をいかに論じたかを瞥見したうえで，その議論の核心に位置するモティーフがどのように政治の責任をめぐる問題提起と交錯しつつ敷衍されたか／されえなかったかを，丸山の未完の仕事の中にたどってみたい。

2 ――戦争の責任への省察

昭和天皇の死去の折，丸山は，論文「超国家主義の論理と心理」を回想して次のように述べている。

> あの論文を原稿用紙に書きつけながら，私は「これは学問的論文だ。したがって天皇および皇室に触れる文字にも敬語を用いる必要はないのだ」ということをいくたびも自分の心にいいきかせた。のちの人の目には私の「思想」の当然の発露と映じるかもしれない論文の一行一行が，私にとってはつい昨日までの自分にたいする必死の説得だったのである。私の近代天皇制にたいするコミットメントはそれほど深かったのであり，天皇制の「呪力からの解放」はそれほど私にとって容易ならぬ課題であった。実はそのことをいささかでも内在的に理解していただきたい，というのが，私の少年時代からの天皇をめぐる追想をかくも冗長に綴って来た理由にほかならない（1989.1.31）。（十五 35-36，傍点丸山）

論文執筆から43年の歳月が経過した後に想起した敗戦直後の「自画像」であるが，丸山にとっていかに天皇制イデオロギーの呪縛と刻印が強靭であったかを物語っている。国家的暴力としての「戦争」の思想化は同時に，天皇制イデオロギーの思想化を回避しえない課題として丸山に課すことになるが，その消息を次のように述べる。

> 敗戦後，半年も思い悩んだ揚句（あげく），私は天皇制が日本人の自由な人格形成——自らの良心に従って判断し行動し，その結果にたいして自ら責任を負う人間（傍点筆者），つまり「甘え」に依存するのと反対の行動様式をもった人間類型の形成——にとって致命的な障害を成している，という帰結にようやく到達したのである。（十五 35，傍点丸山）

★「権力の倫理化」と「個人の被規定性」

天皇制が自由な人格形成を阻み，「その結果にたいして自ら責任を負う」人間類型の形成を挫く根源であるという丸山の洞察は，2つの点，すなわち，「権力の倫理化」および，「個人の被規定性」という点で示される。第1に，「倫理と権力との相互移入」を体現する天皇制の下，「それ自体「真善美の極致」たる日本帝国は，本質的に悪を為し能わざるが故に，いかなる暴虐なる振舞も，いかなる背信行為も許容」され，究極の倫理的実体に基づく政治権力の行使において「政治の持つ悪魔的性格は，それとして率直に承認されえない」（三 25-26，傍点丸山）。

第2に，天皇を中心として，上から下への支配の根拠が天皇からの距離に比例するという国家秩序の下では，無規定的な個人は存在しえず，人間や集団は上から下へと規定され規定する縦の連鎖の中で「被規定的意識しか持たぬ個人」であり（三 31，傍点丸山），それゆえ「主体的責任意識の成立を困難ならしめた」（三 32，傍点筆者）。しかも個人の被規定性は「権威の中心的実体であり，道徳の泉源体」である天皇にさえ及んでおり，「天皇も亦，無限の古にさかのぼる伝統の権威を背後に負っている」。丸山によれば，天皇制の下では，頂点の天皇自身から末端に至るまですべてが被規定的存在であり，一人として自由なる主体的責任意識は存在しえない（三 34，傍点筆者）のである。

★「既成事実への屈服」と「権限への逃避」

責任意識の不在の分析を別の視点から論じた「軍国支配者の精神形態」（1949年）で，丸山は，東京裁判における戦犯たちの「異口同音の戦争責任否定」の発言から，戦争遂行者らの「自己弁解の論理的鉱脈」として2つの点，すなわち「既成事実への屈服」と「権限への逃避」を浮き彫りにする（四116，傍点丸山）。

「既成事実への屈服」とは，「軍の縦の指導性の喪失」と「過去への繋縛」により，「軍務局長がおさまらないから—軍務課長がおさまらないから—出先軍部がおさまらないから，という風に，そうして最後は国民がおさまらないから」，そしてついには「『英霊』がおさまらぬ」と，匿名の勢力がつくった「既成事実」に追随すること，そして，「柳条溝や盧溝橋の一発はとめどなく拡大して行き，「無法者」の陰謀は次々とヒエラルヒーの上級者によって既成事実として追認されて最高国策にまで上昇して行った」状況を指す（四 119-124）。

他方，「権限への逃避」とは，みずからに対する訴追事項が官制上の形式的権限の範囲には属さないと主張することによって責任を回避し，ついに責任主体が宙に浮いてしまうことを指す（四 127-133）。

以上を概括すれば，戦争という国家的暴力がもたらした多大な犠牲に対する「責任意識の不在」は，一方で，究極の倫理的実体としての天皇制イデオロギーが「権力の倫理化」の機能を担うことで際限のない悪事を正当化しながら，いかなる悪魔的行為をもそれとして認識しえない自己欺瞞をもたらし，上から下まですべての戦争関与者を包摂し，その被規定性が「権限への逃避」を可能としたことを通して，他方で，天皇制メカニズムがおびただしい「既成事実への屈服／追認」を媒介しつつ機能したことを通して，説明される。そこで，いかにして政治的責任を確立しうるかを問う知的営為は，第1に，「権力の倫理化」あるいは「倫理と権力との相互移入」という問題の解明と，第2に，「既成事実への屈服／追認」に代わる「状況認識」の方法——みずからを取り囲む政治状況をどう認識し，いかに判断するか——の追及が不可欠となる。

前者のモティーフを，丸山は，普遍的な課題として広大な歴史的理論的問題圏に位置づけて論じようとしたが，未完に終わっており，後者のモティーフを「政治的リアリズム」の思考法の必要性として取り上げる。その経緯を以下で跡づけてみたい。

★「国家理性」と「権力と道徳」——「権力の道徳（virtu）」とは何か

前者のモティーフに潜む根源的な理論的問題にかかわる議論の構想を，丸山は「近代日本思想史における国家理性の問題」（1949年1月）と「権力と道徳—近代国家におけるその思想史的前提—」（1950年3月）で展開しようとするが，いずれも続稿を予定しつつ，それを果たせず未完であることが，これに代わるものとしての「補注」(1992)(十五 171-183) および「追記」(1964)(丸山 1993：567-69) で記されている。

マイネッケの『近代史における国家理性の理念』[5] に啓発されて著された「国家理性」論は当初，3回連載予定の第1回であったものの「筆者の事情により中断した」が，当初の構想と意図は，第1に，明治中期からしばしば登場する「国是」の意味論を追い，第2に，明治10-20年代の福沢を含む「国権論」の諸相を展望し，第3に，民友社系の思想家のみならず，その対立的立場の「国粋論者」らにおける国家理性への目覚めが——大日本帝国の膨張期以後と比較して——国家理性に必然に随伴する「魔性」を魔性として自覚する明徹さを具えており，それが陸奥に代表される政治家たちの自己抑制の効いた外交政策の決定に対応していたと証示することであったという(十五 171-72，傍点丸山)。この構想の背後にあった問題意識は，「明治前半期の国権論と，1930-40年代の『皇国日本』の使命論との対比」にあったと丸山は述べ，「皇道の宣布」「皇恩に東亜の民を浴びせしめる事業」「八紘一宇の精神」「大東亜共栄圏」等々の美辞麗句が氾濫しただけでなく，「当局者」自身が宣伝の手段性の意識を失い，美辞麗句への自己陶酔に陥っていった「1930-40年代の日本の精神的気候」を指摘する(十五 181-82，傍点丸山)[6]。

> 権力政治に，権力政治としての自己認識があり，国家利害が国家利害の問題として自覚されているかぎり，そこには同時にそうした権力行使なり利害なりの「限界」の意識が伴っている。これに反して，権力行使がそのまま，道徳や倫理の実現であるかのように，道徳的言辞で語られれば語られるほど，そうした「限界」の自覚はうすれて行く。「道徳」の行使にどうして「限界」があり，どうしてそれを抑制する必要があろうか。「利益線」には本質的に限界があるが，「皇道の宣布」には，本質的に限界がなく，「無数」の伸長があるだけである。戦争の激化のただ中で，マイネッケの著を読み，私が学んでいた日本近代史に照らして戦慄に近い感銘をもって脳裏にきざまれたのは，まさに上記のような精神的態度のコントラストであった。(十五 182-83，傍点丸山)

丸山は，「国家理性」論の上述の「狙い」は，「「国家」という重しが突如として消失したかのような，戦争直後の日本の精神的雰囲気においてほとんど理解されず「論壇時評」などでも黙殺された」，と40年余りの歳月を経て1992年に苦言を述べている(十五 183，傍点丸山)。

「国家理性」論が主として日本の戦前の「精神的気候」の対比を問題としたのに対して，「権力と道徳」は，同じモティーフを歴史的理論的により広い座標軸に移し変えて論じようとした野心的な構想を背後にもつ。当初，「権力と道徳のイデオロギー的関係について大ざっぱな歴史的見取り図をえがいて，そこから問題の理論的な焦点を見出して行く」予定だったが，「史的背景のところまでで息が切れてしまった」ため問題の理論的な焦点にほとんどふれずに終わったが，本来は，第1に，クリスト教における国家と教会の二元性の伝統に対する巨大な例外としてのロシア帝国の場合をドストエフスキーの思想を中心として述べ，第2に，儒教の有徳者君主思想とそこから帰結される易姓革命の思想を1つの世界史的類型として挙げた後，第3に，明治以後の「国是」という概念をめぐるレーゾン・デタの思想をそれらと対比する，という「とてつもなく大きな」構想を描いていたという（丸山 1993：567，傍点丸山）。

さらに「権力と道徳」との関係の歴史的見取り図から始める以外に，道徳を倫理性一般ということでなく，「権力維持の方向に動く徳（秩序の徳など）」「権力の妨害になる徳（宋襄の仁など）」「既存権力を打破する徳（革命的モラルなど）」などの諸徳（virtues）に具体化・個別化し，その相互関連性を解明する方法もありうると例示し，以上の追及を通して「権力の道徳」を解明することが，「道徳的感傷主義といわゆるマキアヴェリズムとの二者択一的思考を政治的観察と実践から排除する上に重要な課題」であり，真の「政治的リアリズム」のため不可欠だと述べる（同上 567-68，傍点丸山）。丸山にとって「政治的リアリズム」とは，後述するように，「いわゆる「現実政策（リアル・ポリティックス）」と同語ではなく」（同上 568）真に政治的な責任意識を生むうえで不可欠な思考法とされる（七 310，傍点筆者）。

では，「権力の道徳」とはいかなるものか。「近世の国家理性（レーゾン・デタ）のイデオロギー」の最初の告知者であるマキアヴェリの企ては，「教皇の世俗的支配権の武器として機能していたようなクリスト教倫理に対するアンチテーゼ」の追及を通じて「政治権力に特有の行動規範」，すなわち，「いわば政治に対する外からの制約の代りにこれを内側から規律する倫理」を確立することだったと丸山は述べ（1993：403，傍点丸山），「政治に内在的な行動規範とはどのようなものか」をいずれ論ずる（同上 494，傍点筆者）としたが，これも果たされなかった。キリスト教倫理を武器として用いながら暴力的支配を貫徹する教皇権力の「偽善乃至自己欺瞞への堕落」を問題化したマキアヴェリの言説にたびたび言及し，あるいは，「権力の苛烈な追求と人道主義的な要請との間に巧みにバランスをとる術を伝統的に心得ているアングロサクソン民族に対するドイツ人の偽善者呼ばわり」に共感を示して，[7]「ウェーバーのいわゆる「吐気（エーケルハフト）をもよおすような道徳化」」[8]と記すとき（同上 410，傍点丸山），それはそのまま，明々白々な権力利害に基づく際限のない残虐行為に天皇制イデオロギーが倫理的粉飾を施したことへの痛切なる問題意識と接するものであろう。

問題は2つある。第1は，権力者はその利害に基づく行為を美しく崇高なロジックで装うが，倫理的装いと赤裸々な利害行動との間の葛藤・緊張の自覚／認識を敢えて維持しつつ行為するか，あるいは，粉飾された倫理的意図への陶酔的合一化と虚偽意識に陥るか，という問題であり，第2は，被支配者は，あらゆる権力がまとう倫理的レトリックとその陰で貫徹される権力意図との背反と合一化を識別しうるか，という問題である。いずれにせよ問われるのは，政治の「認識」にかかわる問題であり，それは，上述の天皇制メカニズムの一契機としての「既成事実への屈服／追認」，および，これに代わる「状況認識」のあり方という問題にかかわる。

★状況認識における「既成事実への屈服／追認」と政治的リアリズム

政治的な状況認識に何が求められるのか，という問いを丸山は講演「政治的判断」（1958年）で取り上げている。丸山は，政治とは本来可能性の技術（ビスマルク）であるから（七 319，傍点丸山），現実を複数の可能性の束としてみる状況認識が重要だと主張し，この状況認識を「政治的リアリズム」と位置づけ，真の「政治的な責任意識」の成長にはこの思考法が不可欠だと述べる。既発表の諸論考のほとんどが基本的に手を加えられずに収録された『丸山眞男集』の編集において，本講演は1995年に，つまり死の前年にみずから加筆修正を行った（七 408）数少ない論稿である点で，丸山にとって重要な位置を示すものと解すべきであろう。

日本では多くの場合，現実をすでに出来上がった固定的なものとみなし（既成事実の追認），理想がどうあれ現実はそうはいかないと，1つの選択だけが唯一必然的であると結論づける見方が「政治的現実主義」と称されるが，むしろその認識方法こそ政治的にリアルでない結果を導く，すなわち「政治的リアリズムの不足」は意図とはなはだしく違う結果を生むという（七 307）。

日華事変からの戦線拡大を例に挙げ，丸山は，みずからの「状況認識の錯誤」からくる失敗を敵の謀略に帰する態度を指摘し，また一般的に「不徳のいたすところ」とか「ずるい相手にしてやられた結果」と弁解することで「状況認識の錯誤」を自覚せず，政治的責任の問題が解除されると述べ，そのうえ，致命的な政治的錯誤を犯した為政者に対し，その動機の純粋性を引き合いに出して是認し弁護する風潮があるという（七 308-11，傍点丸山）。

だが「結果責任」として問われるべきなのが政治的責任である以上，行動の意図・動機の純粋性ではなく，冷徹な認識それ自身が政治的な次元での道徳だ，と丸山は語る（七 312，傍点丸山）。また「政治的リアリズム」の思考法は政治家には必須の徳だが，どんな非政治的団体や一般人にも政治的な場で機能する際，不可欠だという。生活の隅々まで「政治化」された現代社会では，最も非政治的な行動も全体の政治状況に影響を与え，多数の生命の損壊をもたらしうるゆえでもあるが，抵抗力が弱いとみなす所を狙って目的実現を企てるのが権力の常道であるから，政治家や労働組合などの政治的存在よりむしろ（マッカーシズムがそうであったように）教育者，学者，映画人，ジャーナリストなどを狙い，あるいは突如として普通の個人を攻撃目標とするので，「政治的リアリズム」の思考訓練は大衆こそ必要だという（七 341）。

▶エピローグ

政治という営みは常に権力と暴力性を伴い，悪魔と手を結ぶことを通してしかなしえない悲劇的なものであるが，しかし他方，価値的理念的契機ともかかわり合う。その意味で，クラートスとエートスという相反する両極の間を揺れ動きつつ，両極が相互に混ざり合う無気味で不分明な中間帯（Zwischenzone）を持ち続ける宿命にある（Meinecke 1976：1-26）。しかし政治権力から暴力を排除することはできず，国家的暴力から悪魔的性格を拭い去ることはできないばかりか，天使の姿を装いつつ悪魔的暴力を振う政治的現実がある。政治的な責任は，その中で，いかなるものでありうるのか。戦前，戦中に身体化した国家的暴力の原体験は，丸山からこの認識と問いを一貫して消し去ることがなかったように思われる。

明々白々な利害に基づく権力行動は，その貫徹に必ず道徳的——ときに宗教的，神話的——な外皮を要するが，権力者自身，その手段性を自覚する葛藤・緊張を保持しつつ，「にもかかわらず（デン・ノッホ）」あえて行動するか，その葛藤・緊張なく，倫理や正義の実現者として権力行動を貫徹するか，という権力者の自覚の有無の対比に丸山が執拗に関心を向けたのは，こうした権力内在的な徳のあり方が，権力行動をどこまでも際限のないものとするか，限界を画するものとするかを分節化し，そこに政治的責任が宙吊りとされるか否かがかかわると考えたからであろう。

本書のテーマに立ち返りつつ，以上の丸山の議論をあえて単純化して述べるならば，多数の「受苦」を帰結する国家的暴力による政治的な「不正義」は，倫理や正義の実現と称して貫徹される権力行動（「倫理と権力の相互移入」）によっても，政治的な「状況認識における錯誤」によってももたらされるが，権力が用いる倫理と暴力の手段性の自覚のない倫理的粉飾は，権力行使の限界をなくし，責任を曖昧化する，という構図が立ち現れてくる。その意味で，「権力の倫理化」と「状況認識における錯誤」は「無責任」を媒介しつつ「不正義」を帰結する。政治的責任を確立するには，権力者には，権力内在的暴力の手段性の自覚を保持し続ける権力内在的な徳のあり方が求められることに加えて，市民には，権力行動と倫理的言説との癒着を識別し，権力者の「状況認識の錯誤」を問題化する「政治的リアリズム」の思考法をもつことが不可欠なのである。

国家権力の暴力性がもたらす「不正義」に伴う「責任」という問題，そして「権力と道徳」／「権力の道徳」をめぐる問いは，そのまま，「3.11後」にもたらされた「受苦」の前に立つわれわれに深刻に突きつけられており，同時に，「責任意識の不在」という構図は今日においてなお健在である。丸山の未完の構想の中に残された空白のアクチュアリティにわれわれはどのように応答すべきであろうか。

【注】

1）「全体国家」と「全体主義国家」の異同については高橋（2007：294-98）参照。

2）この点に関する貴重な証言として上原一郎「療友としての丸山先生」『丸山眞男集』第5巻付録「月報」参照。

3）古代日本論の分析を通して「古層」「執拗低音」などの研究へと立入っていく丸山の関心には，「無責任の体系」論をはじめ「決断主体（責任の帰属）の明確化を避ける行動様式」など，「丸山が戦後長い間問うてきた問題」が一貫していた，という指摘について，松沢弘陽「解題」（十二 382）参照。

4）第3回丸山眞男記念講演「日本のたどる政治的麻痺への道」（2001年4月9日カルフォルニア大学バークレー校日本学センター）において，ジョン・ダンは，バブル崩壊後の「失われた10年」という政治的麻痺の責任を誰が負うべきかを厳しく問いつつ，この問いは，「丸山がその生涯をかけて答えようとした問い」，すなわち，「日本はかつて政治的麻痺に陥ることで，自国民の大半と非常に多くのその他の人類に対して圧倒的な犠牲を与えた」が，「誰が，或いは何がこの点で責めを負うべきか」という問いに接続すると述べ，さらに，こう述べる。「我々すべてが今生きなければならないこの世界において政治的責任とは何であり，何を意味するのかを見出すべき十分な理由をいかに我々自身持ち合わせているかを絶え間なく理解しようとするなら，丸山に焦点を当てる以上にふさわしい方法はないであろう」（Dunn2001：11, 14傍点筆者）。

5）筆者はかつて，マイネッケの該著［Meinecke1976］における「国家理性」概念をマキアヴェリ論争の文脈で論じられる従来の枠組みから解放し，その本来の意図に即して再構成することを試みた（高橋 2002参照）。

6）「国家理性」に必然的に付随する「魔性」をそれとして自覚する「醒めた」意識の有無をめぐる明治前半期と軍国主義時代との対比（精神的態度のコントラスト）が，丸山の狙いであったとはいえ，歴史的現実として２つの時代は連続していたのであり，丸山は「軍国主義的な〈国家理性〉の大言壮語が冷厳な〈国家理性〉の認識に基づく植民地の獲得，経営，防衛の結末でもあることにほとんど目を閉ざ」しており，「植民地帝国の記憶を忘却」していたとする批判について姜（1997：10-25）参照。

7）カール・シュミットもまた「政治的なるもの」を「倫理・経済の両極性」に基づく「平和主義的な用語」で語る欺瞞性を指摘する（Schmitt 1963）。

8）わざわざルビを振った「エーケルハフト（ekelhaft）」の出典として丸山が記す Marianne Weber, *Max Weber. Ein Lebensbild.* にこの語が出てくる２ヵ所は異なる文脈で使われており，出典表示は誤りであると思われる。対応するのは恐らく，同じく Marianne編集により1921年に刊行された*Gesammelte Politische Schriften.* 中の，第１次大戦後のドイツの戦争責任についてWeberが論じたZum Thema der “Kriegsschuld”（Januar 1919）［Weber1980］, S.497であろう（「講和は，現実的な政治家の手に委ねられるか，あるいは，大民族に対する勝利にしてはあまりにも小粒の，吐気をもよおすような聖職者風の聖油式（eine ekelhafte priesterliche Salbung）のやり方で政治的経済的な利益追求を行う粗野な連中に任されよう」)。

【文献】

Dunn, John, 2001, Japan’s Road to Political Paralysis: A Democratic Hope Mislaid, in; *Two Lectures by John Dunn: the maruyama lecture & seminar 2001*, occasional papers, number 2, center for Japanese studies, university of California, Berkeley, pp.5-23.（安武真隆訳「日本のたどる政治的麻痺への道―置き去りにされた民主的希望―」『思想』2002.6, 4-26頁）

Meinecke, Friedrich, 1976［1924］, *Die Idee der Staatsräson in der neueren Geschichte*, Werke Bd. I., 4. Aufl., R.Oldenboug, München, Wien.（岸田達也訳『世界の名著65マイネッケ』中央公論社1999，菊盛英夫・生松敬三訳『近代史における国家理性の理念』みすず書房1960）

Schmitt, Carl, 1963, *Das Begriff des Politischen. Text von 1932 mit einem Vorwort und drei Corollarien*, Duncker und Humblot, Berlin.（菅野喜八郎訳「政治の概念」『危機の政治理論』（清水幾太郎責任編集，ダイヤモンド社1973）所収，田中浩・原田武雄訳『政治的なものの概念』未来社1970）

Weber, Max, 1980, Zum Thema der “Kriegsschuld”（Januar 1919）, in; *Gesammelte Politische Schriften, mit einem Geleitwort von Theodor Heuss, hrsg. von Johannes Winckelmann*, 4. Aufl., J.C.B.Mohr（Paul Siebeck）Tübingen, SS.488-497.（嘉目克彦訳「「戦争責任」問題について」『政治論集１，２』みすず書房2013，539-549頁）

――, Politik als Beruf（Oktober 1919）, in; *a.a.O.*, SS.505-560.（脇圭平訳『職業としての政治』岩波文庫1980）

アーレント，H.（1997）（大久保和郎訳）『イェルサレムのアイヒマン―悪の陳腐さについての報告』みすず書房［初版1969］

――（2007）『責任と判断』（ジェローム・コーン編・中山元訳）筑摩書房
苅部直（2006）『丸山眞男―リベラリストの肖像』岩波新書
姜尚中（1997）「丸山眞男における〈国家理性〉の問題」『丸山眞男を読む』状況出版
――（2003）『反ナショナリズム―帝国の妄想と国家の暴力に抗して』教育史料出版会
『現代思想』2014臨時増刊号・総特集丸山眞男生誕100年（vol.42-11）青土社
シュルフター，W.（1991）（今井弘道訳）『社会的法治国家への決断―H.ヘラー：ヴァイマール国家論論争と社会学』風行社
将基面貴巳（2014）『言論抑圧―矢内原事件の構図』中公新書
高橋愛子（2002）「《国家理性》再考―権力と道徳という問題領域から―」『社会科学ジャーナルNo.48』国際基督教大学社会科学研究所
――（2004）「「シュミット問題」が投げかけるもの―「歴史学」の一つとしての政治思想史研究をめぐる一考察―」『社会科学ジャーナルNo.53』国際基督教大学社会科学研究所
――（2007）「〈合法性〉をめぐる二つの次元―法と政治の間についての一試論―」『聖学院大学総合研究所紀要No.39』聖学院大学総合研究所
フランクル，V.E.（2011）（山田邦男・松田美佳訳）『それでも人生にイエスと言う』春秋社［初版 1993］
松澤弘陽・千葉眞（2003）『政治学講義』国際基督教大学教養学部
丸山眞男（1993）『現代政治の思想と行動　増補版』未来社［初版1964］
――（1995/97）『丸山眞男集』全16巻，別巻１，岩波書店［引用は第三巻210頁の場合（三 210）とする］
――（2004）『日本政治思想史研究』東京大学出版会［新装１版1983］

【高橋愛子】

講義14
悪の政治学　逆光のポリティクス

Keywords　神義論／神々の闘争／悪／自由の閉塞と帰属／新しい野蛮／悪魔のひき臼／「政治宗教」拡大と「国家悪」

1――問題提起　グローバル化と「憎悪」の再燃

★神義論的な問い

全知，全能にして慈悲深い神が存在するのに，どうして悪が栄え，それによってもたらされる苦難が絶えないのか。この問いは，神義論的な問いとして，アウグスティヌスからトマス・アクィナス，さらに宗教改革者を経て，一九世紀のプロテスタント神学者シュライエルマッハー，そして現代の神学者に至るまで，連綿と続く神学の歴史を彩ってきた。

ギリシア語の「theos」(God) と「dike」(justice) に由来する「神義論」(theodicy) は，神が「正義」であること，すなわち，神の万能と悪の存在，悪によってもたらされる苦難との「和解」に心を砕いて来たのである。しかし，悪が絶えることはなく，そして苦難もまた絶えることがないとすれば，神義論の妥当性は根底から揺らいでこざるをえない。

神義論の抱えるディレンマを，ヒュームは，「自然宗教に関する対話」(Dialogues Concerning Natural Religion) の中で次のように定式化している。

「神は悪を防ぐ意志を持ちながら，しかしどうしてそうすることが出来ないのか？　神は悪を防ぐ事が出来るのに，その意志がないのか？　とすれば，神は悪意の持ち主になってしまう。そして神は悪を防ぐことが出来るし，その意志もあるのに，悪が存在するとすれば，そこからは神が悪ということになってしまう。」

このディレンマは，その後，ドストエフスキーの名作『カラマーゾフの兄弟』の中の，神の創造した世界を否定するイワン・カラマーゾフの問いかけにいたるまで，様々な文学作品や神学的な言説の中で取り上げられ，論じられてきた。

もちろん，神の死を前提に置けば，そもそも，神義論的な問いとそのディレンマそのものが砕け散り，悪の存在とそれによってもたらされる苦難そのものはただ無意味な出来事でしかなくなる。しかし，それは，人間の存在そのものを無意味なものに貶めてしまわざるをえないはずだ。だが，それにわれわれは耐えられるだろうか。

悪によってもたらされる苦難そのものよりも，その苦難の意味がわからないことがわれわれの最大の苦難である（ニーチェ）とすれば，依然としてわれわれは悪の存在と苦難の意味について問わざるをえない。なぜなら，われわれは，「意味への意志」（V・フランク）によってその生を紡いでいく存在だからだ。とすれば，神の死を受け入れるとしても，にもかかわらず，神義論的な問いは，世俗内的な形をとって生き続けているとみるべきではないか。

その世俗的な神義論的ドグマを，マックス・ウェーバーはマルクス主義の中に発見していたと思われる。ウェーバーが，宗教社会学の中で，あえて「幸福の神義論」と「苦難の神義論」を区別し，キリスト教などの世界宗教が，後者の系譜に属していると解説したのも，その念頭に「苦難の神義論」の，いわば「直系卑属」としてマルクス主義を想定していたからではないか。

ウェーバーからみれば，マルクス主義は，資本主義の生産力を歴史の弁証法を通じてより高次の段階の社会システムの中に「揚棄Aufheben（否定＝確保）」する世俗的な「苦難の神義論」とみなされていたのかもしれない。つまり，ウェーバーのとらえたマルクス主義からすれば，資本主義は，その原始蓄積のはじめから原罪を背負い，数々の苦難をばらまき，肥え太る「悪のシステム」であるにしても，それは歴史の弁証法を通じて「和解」（＝救済）と導かれるべき悪ということになる。

★「神々の闘争」

しかし，20世紀という「憎悪の世紀」あるいは「殺戮の世紀」を通じて，われわれが目撃したのは，弁証法の「失効」という歴史である。マルクスの思想やマルクス主義のレガシー（伝説）は，依然として生き続けているにしても，歴史の弁証法が主体性の契機を通じて働くことになるという確信はほとんど消え失せつつある。冷戦の崩壊は，そのことを現実のポリティクスを通じてわれわれの前に印象づけた。

その限りで，誤解を怖れずにいえば，資本主義というシステムを，いわば悪の存在論として否定しつつ受け入れたウェーバーの時代診断は，依然として現代的な意味を帯びている。

「鋼鉄の檻」と化した現代資本主義の世界では，「自由の喪失」と「意味の喪失」が限りなく進行し，化石燃料の最後の一片が燃え尽きるまで，その「非人間性」のシステム（悪のシステム）は存続し続けるだろうという悲観的な予測は，今でもリアリティを失ってはいない。明らかにウェーバーは，マルクス主義のような革命的な「神義論」はもはや成り立ちえなくなったと告白していることになる。

にもかかわらず，世俗的な有象無象の「神義論」の息の根が断たれたわけではない。ウェーバーは，そうした「自由の喪失」と「意味の喪失」の時代が，逆説的にも「神々の闘争」を呼び寄せると予測していたからだ。そしてそのアリーナこそ，政治の世界にほかならないとウェーバーは考えていた。

明らかに，ウェーバーは，政治的な創意と活動の中に，資本主義の内在的な「鉄の法則」にあらがい，その意味で，人間の自由と意味の絶えざる創造と再創造の可能性の領域を見いだそうとしたのだ。それは，権力をめぐる闘争の世界であり，「神々」がせめぎ合うアリーナにほかならない。と同時に，それは，暴力を究極的な手段とする闘争の領域であるがゆえに，潜在的には生死を賭けた闘争にならざるをえない。つまり，政治的なるものの限界には，常に悪とそれがもたらす悲惨が伴わざるをえないのである。

それが，巨大な規模で現実の悪夢となったのが，ウェーバー以後の20世紀の歴史といえるかもしれない。右派の歴史学者のニーアル・ファーガソンは，20世紀を「死が満ちあふれた世紀」と呼んだが，その異常な過剰殺戮の背景に，民族対立と社会関係の断絶，経済成長のバラつきと物価や雇用，利率の急激な変化に伴う社会的緊張，さらに新旧の帝国間の角逐があったとすれば，その問題群はグローバル化が地球的規模で広がりつつある現在，過去の一時の逸脱の歴史として葬り去られるわけではないはずだ。

民族浄化や宗派対立，ナショナリズムの台頭と民族憎悪，地球的規模の貧困の格差と急激な経済変動，格差の固定化と社会の分極化，さらに中国をはじめとする新興国の台頭と先進諸国の相対的な凋落など，グローバル化された世界の問題群は，見方によっては，「憎悪の世紀」に似通っているといえなくもない……もちろん，歴史は繰り返すわけではないにしても。

以上のように考えなるならば，悪と悲惨，世俗化された神義論の問題は，政治的なアリーナの中であらためて問い直されるべきテーマである。

2 ――悪のポリティクス

★悪の遍在

ところで，悪とは何なのか，この問いを深めていけば，必然的に人間の自由の問題に突き当たらざるをえない。われわれが悪と認めることができるのは，それが自由とかかわっているからだ。つまり，悪は何らかの形で人間の自由な選択の問題と関連しているのである。それ以外でありえる，つまり，悪をなさず，善をなすことも可能な選択としてありうる，その場合に，われわれは悪ということを想定することができる。

ウォーラーステインが言うように，近代世界システムの最も支配的なイデオロギーが，自由主義であるとすると，自由（liberty）こそ，近代の資本主義システムと政治システムの核心的な原理といえる。そして，グローバル化が地球的規模で拡大しつつある現在，資本主義的な市場経済と自由民主主義（liberal democracy）は，達成可能な究極のシステムと政治制度とみなされている。

しかし他方で，経済にも政治にも，いやすべての人間の営みの中で，自由こそが不可侵の普遍的な原理だと考えられながら，身近な人間関係から国際関係に至るまで，われわれの世界が，様々な悪が遍在するような「汎悪主義」的な様相を呈しつつあることをどう理解すればいいのか。殺人のための殺人や無差別の殺戮，テロや民族浄化，拷問やリンチ，「聖戦」や「正戦」の名による大量殺戮など，グローバル化された世界のあちこちで，悪としかいいようのないものがばらまかれているのである。

人間性の根っこが病に冒されているような倒錯や攻撃性が，どす黒い悪となって噴出してくるような事件が連続すれば，われわれは，それをどうとらえていいのか，わからなくなってくるはずだ。

たとえば，米国映画『ノーカントリー』は，そのような砂を噛むような違和と虚しさを見事に映像化している。コーエン兄弟監督，コーマック・マッカーシー原作（『血と暴力の国』）の『ノーカントリー』は，スペインの名優バビエル・バルデムが，ひたすら狙いを定めた「獲物」を殺しまくる異常な殺し屋アントン・シガーの役を演じている。シガーはひたすら淡々と人を殺して行くのだが，しかし，彼はたんなる冷酷非情な殺人鬼，あるいはモンスターのような殺人機械というわけではない。

映画の中で殺し屋の標的となったベトナム戦争帰還兵の妻を殺そうとする直前，妻はシガーに哀願するように訴える。「殺す必要もないのに，どうして？」

シガーは事も無げに言う。「どうしてって？　みんなそう言うのさ」と。殺し屋のシガーにもどうして殺さなければならないのか，わかっていない。ただ，殺すから殺す。それだけ。しかし，シガーの身体からは虚無の湯気のようなものが立ち上がってくるのがわかる。

殺し屋のシガーは，その乾いた荒れ地を血に染めた，西部開拓時代の血と暴力の原罪を背負った寓話的な人物であり，また戦後も，ベトナム戦争からイラク戦争に至るまで，海外で戦争を，殺戮を繰り返してきたUSA――「血と暴力」の国の象徴である。そこに漂う虚無感を，映画の冒頭，トミー・リー・ジョーンズ扮する老保安官は，次のように慨嘆している。「少し前，少年を死刑にしたことがある。14歳の少女を殺害した。……本人は感情はない。誰か人を殺そうと思った，出所したらまた殺す。自分は地獄に行く。15分後は地獄だと。どう考えたらいいのか，分からない。」

現在の米国は，もはや「老いたる者たちの国ではない」(No Country for Old Men) と呟く老保安官の溜め息と虚しさが聞こえてきそうだ。

「ノーカントリー」，それは，W・B・イェーツの詩（『ビザンチウムへの船出』）の中から取り出された言葉であるが，そこには，この世の無情な生の彼方にある死への旅立ちの夢が語られているのである。映画は，神義論やその世俗的なドグマがもはや色褪せてしまい，残るのは，無情な生の彼方にあるかもしれない死への旅立ちだと言おうとしているのかもしれない。

★自由という空虚

ただ，この映画から明らかなことは，自由が過剰なほどに許容されているにもかかわらず，いや，そうであればあるほど，悪がはびこるとすれば，過剰な自由そのものに問題が孕まれていると考えざるをえないということだ。悪は，自由が解放ではなく，むしろ孤独や無力感をもたらすことの中から産声をあげるからである。

自己の身体すらも処分可能な自由の過剰が，逆に，「最も耐えがたい束縛状態として体験」されることを，社会学者の大澤真幸は次のように指摘している。

> 過剰な自由は，言わば人を窒息させてしまうのだ。自由は，むしろ拘束を前提にして可能になる。だからこそ，今日，民族への帰属や環境倫理が要求されるのである。民族への本源的な帰属やエコロジー思想へのコミットメントは，自由の牢獄からの解放の意義をもっている。（大澤 2015：51）

外的・内的な羈絆や拘束から解き放たれ，自由にみずからの人生を柔軟に管理，調整していく個人。そのような「個人化」への圧力あるいは「強迫」は，神経症的なパーソナリティ，あるいは「権威主義的なパーソナリティ」を生み出していかざるをえない。大澤のいう「民族的への本源的な帰属」願望も，過度の自然回帰願望を孕んだエコロジー思想へのコミットメントも，「社会喪失」と意味の喪失によってもたらされる，耐えがたい孤独や無力感から脱却しようとする試みといえないだろうか。

すでに半世紀以上も前，社会心理学者のエーリッヒ・フロムはそのような「自由からの逃走」の試みを権威主義的パーソナリティの問題として指摘している。

> 個人的自我を絶滅させ，たえがたい孤独感にうちかとうとする試みは，マゾヒズム的努力の一面にすぎない。もう１つの面は，自己の外部の，いっそう大きな，いっそう力強い全体の部分となり，それに没入し，参加しようとする試みである。その力は個人でも，制度でも，神でも，国家でも，良心でも，あるいは肉体的強制でも，なんでもよい。ゆるぎなく強力で，永続的で，魅惑的であるように感じられる力の部分となることによって，ひとはその力の栄光にあやかろうとする。（フロム 1966：174）

確かにエコロジー思想が，すべてこのような逃避のメカニズムの捌け口ではないことはいうまでもない。しかし，ナチス・ドイツの「血と大地」のスローガンの中には，ナチス的な優生学思想と無垢の自然への回帰願望が含まれていたことは間違いない。

自由の領域が拡大し，個人の中に空虚な浮遊感覚が浸透すればするほど，何かに帰属し，何かに拘束され，何者かでありたいという願望はより強くなってこざるをえないのである。それが，バーバリズム（野蛮）への回帰願望となり，それに道具的理性（テクノロジー）が結合したとき，どんなことが起こるのか。

それが「新しい野蛮」の台頭につながることを，作家トーマス・マンは『ファウスト博士』の中で寓話的に明らかにしている。

> 君を高揚させるもの，君の力と権力と支配の感情を増大させるもの。ええい，そうとも，それが真理なんだと。……たとえそれが道徳の見地から見れば，十倍も嘘だとしても。力を高揚させる性質の非・真理は，あらゆる不毛な道徳的真理に比肩すると僕は主張する。……生は気難しいものではない，道徳のことなど気にかけはしないのだ。生は病気の大胆な産物を摘みとり，貪り喰い，消化する，そしてそれをわがものとして血肉化するや否や，それは健康に化する。（『ファウスト博士』）

「自分を高揚させる」もののためには，どんな手段も選ばない。『ファウスト博士』は，明らかに病に冒された力と権力と支配への陶酔という「新しい野蛮」（＝ナチズム）の誕生を告げているのである。

自由が自由になりきれず，むしろ閉塞として感じられ，その空虚さの中から，おぞましい悪が産声をあげることになる。この啓蒙の弁証法こそ，悪と自由のポリティクスを語っているものはない。

なるほど，グローバル化とともに新自由主義的な「個人化」が進み，リベラル・デモクラシーがより「普遍的な」モデルとして受け入れられつつある現在，「新しい野蛮」が再び頭をもたげつつあるとはいえないかもしれない。

しかし，それでも，民族への本源的な帰属や宗教的原理主義，歴史修正主義などが，「自由からの逃走」の結集軸としてこれまで以上に大きな意味をもちつつあることは否定できない。日本に限っていえば，「反日」勢力の一掃を掲げるヘイト・スピーチや人権すらも敵視するような反知性主義の動き，さらに戦前の「国体明徴」運動を想起させるような「日本会議」の全国的な広がりなど，これらの「対抗運動」は，戦後啓蒙に対する「新しい野蛮」といえないことはない。

インターネットをはじめ，様々なソーシャル・メディアを通じて微分化されて拡大する，こうした「新しい野蛮」の対抗運動は，同時に，国政のレベルに結集点を見いだしつつ，確実に公共的な空間を占拠しつつある。自由な言論に対する恫喝や抑圧，牽制。「不偏不党」をタテにした公共メディアへの干渉や管理・統制，教育現場への国家的な介入，教科書の検閲強化と修正主義的な教科書の採択など。ソフトな「新しい野蛮」とでもいえる運動が，政治的なアリーナで存在感を増そうとしているのである。

3 ――悪の連鎖と「国家悪」

★悪の連鎖

過剰な自由が，反転して「自由という牢獄」となり，「自由からの逃走」がアルカイックな（原始的な）幻想の共同体への熱狂に反転しまうとき，そこに姿を現すのは「新しい野蛮」という悪にほかならない。政治的なアリーナが，そのような悪の跳梁の場と化したとき，ナチズムが誕生することになったのである。

ナチズムだけではない，「憎悪の世紀」（ニーアル・ファーガソン）とも呼ぶべき20世紀は，ユダヤ人大虐殺のみならず，スターリンによる大粛正，南京大虐殺，ヒロシマ・ナガサキの原爆投下，中国文化大革命の血塗られた歴史，ポルポト政権下のキリング・フィールドなど，さながら世界的殺戮の場となった。

しかも，冷戦崩壊以後，新しいミレニアムになっても，大規模なテロと報復攻撃，国家崩壊と内戦，大規模な難民の流出など，依然として悲惨の連鎖は断ち切られることなく，現代史を揺るがしつつある。その連鎖のひとつひとつに，ウェーバーの言う「神々の闘争」が演じられ，そのたびに悪が，いや悪以上の悪が跳梁跋扈（ばっこ）し，悲惨がばらまかれているのである。

ピューリタン革命から名誉革命と続く激動の時代を生き，失意のうちに世を去ったミルトンは，すでに『失楽園』の中で，あたかも20世紀以後の殺戮の時代を予言するかのように次のように述べている。

> 人間よ，恥を知れ，と私は言いたいのだ！　呪われた悪までさえも，悪魔同士で固い一致団結を守っているのだ，それなのに，生けるものの中で理性的な人間だけが，神の恩寵を受ける希望が与えられているにもかかわらず，互いに反噬し合っている。神が，地には平和あれ，と宜うているにもかかわらず，互いに憎悪と敵意と闘争の生活にあけくれ，残虐な戦争を起しては地上を荒廃させ，骨肉相食んでいる始末だ。これでは，（もうそれに気づけば，われわれは当然一致協力すべきはずなのに），あたかもこの地に地獄の敵が人間を囲繞し，その破滅を日夜眈々として窺っているのを，まったく知らないもののごとくだ。（ミルトン 1981）

ミルトンの中には，まだ神義論への大胆不敵な挑戦はみられないが，しかし人間への絶望にも近い諦念があふれていることは間違いない。人間は，被造物は，神の恩寵に値しない。この挑発的な懐疑が神義論的な正統性そのものへの異議申し立てになり，さらにこの世界そのものの否定，破滅の願望となった時，どうなるのか。

それは，後にドストエフスキーの作品の中に預言者的なテーマとなって立ち現れることになる。長編『カラマーゾフの兄弟』の中の「大審問官」の章で，大審問官になり代わって，「この世界は堕落しきっている。この世界に生きる人間は，イエス・キリストの教えに値するだけの人間ではない」と断定するイワン・カラマーゾフは，明らかにミルトンの後継者である。しかし，大審問官は，イワンは，そこに留まってはいない。明らかに世界そのものを，あたかも神になり代わって裁こうとするのだ。

「地上には三つの力がある。そしてただその三つの力のみが，こんな弱虫の反逆者たちの良心を，彼らの幸福のために永久に征服し，魅了することができるのだ。その力とは，奇跡と，神秘と，権威にほかならない。」（ドストエフスキー 1978）

奇跡と神秘と権威。それは，ウェーバーの言うカリスマと置き換えてもいいかもしれない。外に働きかけ，それを通じて内側を変えていく「合理化」と違って，カリスマは，意識の中枢に働きかけ，内部から世界を変えていく威力を指している。

このカリスマを制度化し，官僚制支配の散文的な力に対抗させ，政治的なブレークスルーの潜勢力を政治システムの中にビルト・インしようとしたウェーバーの「人民投票的大統領制」のアイデアは，ウェーバーの鬼子ともいうべきカール・シュミットを通じてヒトラー台頭のペーブメントを掃き清めたといえないわけではない。悪のポリティクスは，習慣と記憶を媒介に連綿として連鎖してきたのである。

★「国家悪」と「悪魔のひき臼」

大審問官が指摘した奇跡と神秘と権威は，ナチズムが示したように，大衆化という名の「水準化」が進み，それが2つの大戦による「社会的平準化」（グライヒシャルトウング）によってより拡大，組織化されるにつれて，デモクラシーは常に全体主義の影に覆われる危険性を孕むことになった。デモクラシーの危機の中で，国家が社会を丸ごと飲み込み，「全体国家」を通じて秩序と安定が図られることになる。

そうした国家のありようを，フランツ・ノイマンは，アウグスティヌスが「悪魔」と呼んだ「ビヒモス」に喩えて，次のように述べている。「ナチズムは，国家であり，混沌であり，無法とアナーキーの支配であり，人間の諸権利と人間のdignityを無にするものであり，世界全体を混沌に変貌してやまぬものであるから，まさに“ビヒモス”と呼ぶにふさわしい」(ノイマン 1963) と。

ただ，サタン (ビヒモス) は，国家だけではない。というより，そのようなサタンを産み出す培養土なったのは，資本主義的市場経済のシステムにほかならない。第2次世界大戦の終結が決定的になる中，経済人類学者のカール・ポラニーは，そうした自己調整的な市場経済システムの歴史とその破綻をたどり，それが自己完結的な再生産をもはや産み出す力を失ったとき，「大転換」(Great Transformation) が起き，国家を司令塔とする「グライヒシャルトウング」が進んでいったと喝破した。ナチズムも，そうした大転換のひとつの選択肢であり，ニューディール型の選択肢，さらにスターリン型社会主義の選択肢が併存したことになる。

ポラニーにとって，資本主義的な市場経済のシステムとは，自然を，共同体を，ゲマインシャフトリッヒな諸関係を粉々に粉砕する「悪魔のひき臼」(satanic mill) にほかならない。ナチズムも含めた「国家悪」は，そうした「悪魔のひき臼」に対する防衛的あるいは対抗的な反動であったといえないこともない。悪と，悪への反動が悪を産み出す連鎖。しかし，ナチズムは潰え去り，冷戦崩壊とともにスターリンの亡霊も消えてなくなり，そして70年代末からのサッチャー・レーガン主義を通じて拡大する新自由主義的なグローバル資本主義によってニューディール的な福祉国家の息の根も止められてしまった。

そして唯一甦ったのは，「悪魔のひき臼」の新たなバージョンであり，明らかに世界は1920年代以前に逆戻りしつつあると錯覚するほどだ。われわれは，いわば，世界大に拡大したシステムの悪の中にいることになるのだ。

★エピローグ

バージョンアップした「悪魔のひき臼」の中で，このシステムを支える正統性すら怪しくなりつつある。目も眩むような格差と貧困，中流的な安定装置の剥落と階級的な固定化の進展，そして過剰な流動性が引き起こす金融不安や経済的振幅の大きさ。その中で，社会の原始化が止めどもない勢いで進み，不安と不満が至るところに充満しつつある。
ドストエフスキーの『悪霊』で描かれたような，個人的自我と世界との断絶は，ますます，そのミゾを深め，ルサンチマンや憎悪を掻き立てつつあるのだ。それは，神義論的な問いが塞がれてしまった世界の中での虚無と暴力への誘いを示唆している。
みずからが世界の，社会の一部であり，他者の，社会（「第三審級」）の承認を通じて他者とともに生きているという実感が失われた時，他者否定，世界の否定は，暴力やテロルとなって噴出せざるをえない。
そうならなくても，自己と権威とを一体化する感情的な強さは大きくならざるをえない。とりわけ国家への情動的な愛着と固執が，「激情的な世俗的宗教（奇跡と神秘と権威）」を産み出し，「力をめぐる競争は，善悪間の闘争というイデオロギーの次元」に還元され，戦争は「世界の他の地域に住む人びとに真の政治宗教をもたらす十字軍として遂行」（モーゲンソー 2013）されることになるのである。
「9・11」からイラク戦争，アフガン戦争と続く米国の戦争は，まさしくそうした「政治宗教」拡大の試みといえなくもない。その試みは破綻したにもかかわらず，そうした激情的な世俗宗教の外皮を被った「国家悪」は依然としてわれわれを掴んで離さないようにみえる。それとどう立ち向かうのか，それが問われている。

【文献】

大澤真幸（2015）『自由という牢獄』岩波書店
フロム，エーリッヒ（1966）『自由からの逃走　新版』日高六郎訳，東京創元社
ミルトン，ジョン（1981）『失楽園　上』平井正穂訳，岩波文庫
ドストエフスキー（1978）『カラマーゾフの兄弟　上』原卓也訳，新潮社
ノイマン，フランツ（1963）『ビヒモス』岡本友孝他訳，みすず書房
モーゲンソー，ハンス（2013）『国際政治　上』原彬久訳，岩波書店

【姜　尚中】

人名索引

あ 行

アーヌソン, R. ……… 3
アーレント, A. ……… 120, 129, 130, 133-135, 137, 139, 141, 144
アイヒマン, A. ……… 120
アインシュタイン, A. ……… 131
アウグスティヌス ……… 23, 24, 209, 218
アクィナス, T. ……… 27, 209
アッバ, G. ……… 106
アドルノ, Th. ……… 114, 115, 121, 122, 127
アリストテレス ……… 27, 68, 69, 118
アンダーソン, E. ……… 13, 15
イェーツ, W.B. ……… 213
イグナティエフ, M. ……… 11
ヴァッテル, E. ……… 42
ウェーバー, M. ……… 196, 204, 210, 211, 216, 217
ヴェルガ, G. ……… 106
ウォーラースティン, I. ……… 212
ヴォルテール, F. = M.A. ……… 122
エストランド, D. ……… 12
エンツェンスベルガー, H.M. ……… 121, 124
大澤真幸（おおさわ・まさち） ……… 214

か 行

カーライル, T. ……… 51
カフカ, F. ……… 131
カント, I. ……… 11, 35-39, 43-45, 47, 72, 117, 122
キケロ ……… 27
ギンスブルグ, C. ……… 104, 105
グラムシ, A. ……… 97, 99, 101-103, 108-110
クローチェ, B. ……… 101, 102
グロティウス, H. ……… 69
コーエン, G.A. ……… 3, 169
コノリー, W.E. ……… 8
コラール＝ロワイエ, P.P. ……… 73
コンスタン, B. ……… 72

さ 行

サド, M. de ……… 117
シェーンベルク, A. ……… 116
シャフツベリ, A. ……… 29
シュクラー, J. ……… 2, 6, 8, 9, 11, 50
シュトラウス, L. ……… 19
シュミット, C. ……… 66, 67, 81, 217
シュライエルマッハー, F. ……… 209
シンガー, P. ……… 175, 176, 180, 182, 183, 186, 188
スウィフト, A. ……… 148
スキャンロン, T.M. ……… 12, 144, 145
スターリン, И. ……… 218
スタール, G. ……… 72
スミス, A. ……… 146
スミス, M. ……… 107
セン, A. ……… 1, 16, 103, 174, 183, 188

た 行

ダン, J. ……… 199
ツェラン, P. ……… 121
デューイ, J. ……… 119
ドゥオーキン, R. ……… 3, 11, 149, 150
トクヴィル, A. de ……… 66, 67, 73, 74, 76, 77, 79-81
ドストエフスキー, Φ. ……… 203, 209, 217, 219
トリアッティ, P. ……… 100

な 行

ニーチェ, F. ……… 117, 122, 210
ニチェーフォロ, A. ……… 97
ヌスバウム, M. ……… 14
ネーゲル, T. ……… 148, 151
ノイマン, F. ……… 218
ノージック, R. ……… 15

は 行

バーク, E. ……… 57, 58, 59, 61
ハーバーマス, J. ……… 10, 114, 125-127
ハイデガー, M. ……… 122, 130

長谷川如是閑（はせがわ・にょぜかん）…… 194
ヒトラー , A. …… 115
ヒューム , D. …… 57, 209
ファーガソン , N. …… 211, 216
フィルマー , R. …… 26, 70
フーコー , M. …… 63
プーフェンルドルフ , S. von …… 69
フォイエルバッハ , L.A. …… 87
フォルスト , R. …… 12
フォルトゥナート , G. …… 101, 102
プラトン …… 118
フランク , V. …… 210
プルースト , M. …… 131
フロイト , G. …… 117, 131
フロム , E. …… 214
ベイツ , Ch. …… 178, 180, 182, 183, 186, 188
ヘーゲル , G.W.F. …… 85, 122
ベシャール , F. …… 73
ベンサム , J. …… 49, 51-54, 59, 61-64
ベンヤミン , W. …… 123, 179
ボダン , J. …… 26, 27
ホッゲ , T. …… 16
ホッブズ , T. …… 69, 70
ホネット , A. …… 2, 10
ポパー , K. …… 50
ポラニー , K. …… 218
ボリングブルック , H.St.J …… 57
ホルクハイマー , M. …… 114, 115, 118, 119, 122, 127

ま 行

マーラー , G. …… 131
マキアヴェリ , N. …… 26, 27, 30, 203
マッカーシー , C. …… 212
マティエ , A. …… 104
マルクス , K. …… 83-89, 91-95, 131, 210
丸山眞男（まるやま・まさお）…… 194, 197-199, 201, 202, 204-206, 193
マン , T. …… 215
ミル , J …… 56
ミルトン , J. …… 216
メンデルスゾーン , F. …… 131
モンテーニュ , M. de …… 27
モンテスキュー , Ch. De …… 70, 71

や 行

ヤスパース , K. …… 130
ヤング , I.M. … 7, 158, 160-162, 164-168, 170, 171, 175, 183-185, 187

ら 行

ライプニッツ , G. …… 122, 123
リクター , M. …… 68
リトルトン , G. …… 107
リプシウス , J. …… 26, 27
ルカーチ , G. …… 110
ルソー , J. = J. …… 71
ルター , M. …… 24, 25
ローティ , R. …… 11, 173
ロールズ , J. …1, 4, 14, 15, 143-145, 147, 152, 158, 160, 161, 165-168, 171, 174, 178, 179, 182
ロック , J. …… 28-33, 42, 70, 71, 84
ロベスピエール , M. …… 72
ロメオ , R. …… 103

■**執筆者紹介**（＊印は編者，執筆順）

＊姜　尚中（かん　さんじゅん）	東京大学名誉教授，熊本県立劇場館長
＊齋藤　純一（さいとう　じゅんいち）	早稲田大学政治経済学術院教授
山岡　龍一（やまおか　りゅういち）	放送大学教授
金　慧（きむ　へい）	千葉大学教育学部准教授
小畑俊太郎（おばた　しゅんたろう）	甲南大学法学部准教授
髙山　裕二（たかやま　ゆうじ）	明治大学政治経済学部准教授
植村　邦彦（うえむら　くにひこ）	関西大学経済学部教授
千野　貴裕（ちの　たかひろ）	日本学術振興会特別研究員（PD）
細見　和之（ほそみ　かずゆき）	京都大学人間・環境学研究科教授
山田　正行（やまだ　まさゆき）	東海大学政治経済学部教授
田中　将人（たなか　まさと）	高崎経済大学経済学部非常勤講師
大澤　津（おおさわ　しん）	北九州市立大学法学部准教授
上原　賢司（うえはら　けんじ）	横浜国立大学非常勤講師
高橋　愛子（たかはし　あいこ）	聖学院大学政治経済学部教授

逆光の政治哲学
──不正義から問い返す

2016年4月30日　初版第1刷発行

かん　さんじゅん　さい　とうじゅんいち
編　者　姜　尚中・齋藤純一

発行者　田　靡　純　子

発行所　株式会社 法律文化社

〒603-8053
京都市北区上賀茂岩ヶ垣内町71
電話 075(791)7131　FAX 075(721)8400
http://www.hou-bun.com/

＊乱丁など不良本がありましたら，ご連絡ください。
お取り替えいたします。

印刷：共同印刷工業㈱／製本：新生製本㈱
装幀：白沢　正

ISBN978-4-589-03761-9